JN223302

編著◉川﨑二三彦

# 障害児の虐待死問題

## 事例の分析と障害児支援・家族支援

福村出版

# はじめに

　まずは本書の構成を紹介する。

　第 1 部では、最初に障害児の虐待死の歴史について、象徴的な例も取り上げ
つつ振り返った。次に、自治体が公表した 200 を超える昨今の死亡事例検証
報告書から、被害児童に障害があると思われる事例を抽出し、その全体像を概
観した。その上で、一つ一つの検証報告書を読み込み、より詳しく分析、検討
した。今後の支援を考える際、第 1 部の全体がさまざまな示唆を与えるものと
なったはずである。

　次いで第 2 部では、第 1 部で示した虐待死も念頭に置いた上で、現在のわが
国において障害児支援に関わる各分野の第一人者が、障害児やその家族に対す
る支援のあり方を論じている。具体的な事例、具体的な実践についても触れら
れており、障害児問題に関わる方々だけでなく、障害児を育てる当の保護者や
家族にとって、さらには種々の困難を抱える子どもや家族を支援する人にとっ
ても、新たな視点、視座を得ることができよう。

　さて、個人的なことで恐縮だが、本書刊行の今年は、編者である筆者が児童
福祉に関わるようになって、ちょうど 50 年の節目に当たる。

　そこで、時計の針を 50 年前に戻してみたい。筆者はこの年、以後 30 年以上
を勤務する児童相談所に心理職として配属された。当初は児童相談所の何たる
かも知らなかったが、わが国で発生するさまざまな児童問題は、解決策のある
なしにかかわらず、その都度児童相談所に持ち込まれ、児童相談所は未踏の道
を歩むがごとくに、それらの問題にぶつかっていたのであった。

　それはさておき、赴任した当時、児童相談所では就学前の障害児とその家族
に対する支援が大きな課題となっていた。社会資源も限られ、障害があること

で保育所等の受け入れ先もなく、保護者は孤立し、養育に並々ならぬ困難を抱えていたのである。そんな実情をふまえて企画したのが、障害幼児母子通所指導（以下、母子通所）である。管内の京都府北部全域から、毎週毎週時間をかけて来所した母子に対し、小集団でのプレイセラピーと母親のグループ面接を併行して行った。加えて、一人ひとりの母親と各担当者が交換ノートを交わした。ノートは児童一人につき2冊。母親がその時々の思いや疑問を自由に記入すると、スタッフがそれに応答し、互いが持つノートを交換した。午前の母子通所が終わると、午後にはスタッフ全員が集まり、プレイルームでの子どもたちの様子、母親面接の状況などを報告し、支援のあり方などを話し合った。1日かけて児童相談所全体で母子通所に取り組んだのである。母親面接では、苦労多い中に笑いもあり、母子通所は、母親の拠りどころとなっていたが、市町村が自らの事業として療育システムを構築するようになると、母子通所はその役割を終え、児童相談所の業務の中心は非行問題や不登校相談にシフトしていった。

　筆者が再び障害児の問題と取り組むようになったのは、時を経て地域担当の児童福祉司になってからである。心理職の時代は発達保障への関心が高かったが、児童福祉司には家族の生活に目を向けた支援、ソーシャルワークが求められる。立場を変えて子どもや家族と接してみると、障害児を育てる困難は、当時と何ら変わっていなかった。

　前任者から引き継いだケースの中には、ダウン症があって京都から遠く離れた埼玉県の国立施設に入所し、そのまま成人している方もあった。就学猶予・免除の利用を余儀なくされ、地元には入所できる施設がなく、ようやく探し当てた施設だった。一時帰省も難しく、保護者は毎年施設を訪ね、何泊かを子どもと過ごしていたが、筆者も折を見て施設を訪問した。施設からは、成人としての処遇、支援ができる地元の施設を考えてほしいと希望され、保護者と話し合い、福祉事務所等とも協議して取り組んだが実現せず、この方は、その後、当該施設で息を引き取ったと聞いている。

　その他にもさまざまな相談があった。障害のある子どもを抱えた家族にあっては、日常生活の中で起こる普通の出来事が、直ちに困難な問題に転化する。

　「重度の脳性マヒの娘がいるが、親戚の結婚式に参列させられず、困っている」

「知的障害のある2人の娘を育てている。離婚した元夫の子を妊娠していて近く出産するが、その間、子どもの面倒を見る人がいない」

「母子で散歩中、自閉症の息子に押し倒されて怪我をし、安静が必要となった。すぐにでも息子を預かって欲しい」

中には、当時の担当児童福祉司に宛てて、次のような手紙を認めた父もいた。

「話は6歳の頃に戻りますが、小学校入学前の息子は、うつろな視線で絶えず苛立ち、ともすれば手づかみでものを食べ、外で手を離せばどこへ行ってしまうかわからず、スーパーに積み上げられた商品の山を崩し、大きな子どもには無関心、小さな子どもは突き飛ばす、他人の買物かごに足を突っ込む、怒れば『キーッ』と奇声をあげる、座り込む。まさに狂乱怒涛の毎日でした」

「我が家でも、小生と妻は息子のことを話し合いますが、『私がいなければ息子は……』という自負が、今日までの妻を支えてきた力でした。……今後ともよろしくお願いいたします」

このような手紙を残した後、父は病没していた。担当者が何人か交代した後で引き継いだ筆者が母と面接すると、体格も母をしのぐほど大きくなった息子のパニックを止められず、時には非常手段として画鋲をばらまいて制止するしかなかった、などと述懐する。

一方、こんな事例もあった。知的障害児施設に入所している児童の療育手帳判定の申し込みが、保護者の居所とは違う自治体から届けられたのである。母親単独で隣接自治体に仮の住所を設定し、そこから申請をしたもので、地元で手広く商売をしていた両親は、子どもが施設に入所していることや障害があることを、地元の役場職員に知られたくなかったのであった。

ところで、こうした相談に応じている間にも、社会は少しずつ児童虐待問題への関心を高めていた。厚生省（当時）は1990年度から児童虐待に関する統計を取り始めていたし、東京や大阪では、児童虐待についての電話相談が行われるようになり、メディアも虐待死事件などを積極的に報道するようになった。そのため、児童虐待の通告を受け、子どもの保護を行う権限を持つ唯一の機関としての児童相談所は、俄然注目されるようになり、児童虐待への対応が業務の中心に座るようになった。

筆者も児童相談所の係長や課長として、虐待対応に追われることとなった。

虐待通告は休日夜間を問わないので、寝ついたばかりの時間に起こされて急遽職場に急行したことは数知れず、子どもの安全確保のため権限を行使して家庭内への立入調査を実施し、緊急的な保護も行った。保護に納得しない保護者と4時間、5時間、さらには8時間以上にわたる面接も行ったし、子どもの保護を聞かされて駆けつけた保護者と、深夜の午前3時から面接したこともあった。

　障害児の例もあった。職権で一時保護した後、面接した若い母の言葉は、今でも忘れられない。

　「5歳で手術してもらい、やっと歩けるようになりました。でも自分の気持ちなんてわかってくれる人がいません。保育所の懇談会に行っても、うちはまだ抱きかかえて育てている状態やのに、話題はテレビゲームがどうのといったことばかり。接点がありません」

　「子どもだってわがままなところがあるし、悪いこともします。でも周りの人は "可哀そう" としか思わないから、ちゃんと注意もしてくれない」

　「小学生になって障害児の集いに行ったことがありました。でも親の年代が私と全然違うんです。だから話も合わないし、障害の中身も違うからひとりぽつんとしてたのを覚えています」

　障害児を育てる苦労や苦しみ、つらさ、孤立感、さまざまな気持ちが渦巻いて、母は最後、涙をあふれさせるしかないのであった[※1]。


　こうしたなか、京都府長岡京市で、3歳男児がネグレクトによって死亡する事件が発生した。排泄が自立していないことにストレスを感じた父母が、「この子、食べるの好きやし、食べられへんかったら、おしっこ言うんやないか」などと考え、食事を与えていなかったのである。

　本事件が報道されると、児童相談所の対応に不備があるとして電話やFAXその他、全国から千件以上の抗議が寄せられ、国も事件発生後、わずか3か月で児童相談所運営指針を改定した。私は、当時も京都府の児童相談所で勤務していたが、翌年には子どもの虹情報研修センター（以下、虹センター）で研究部長となることが決まっていた。だから後ろ髪を引かれる思いで京都府を退職したのだが、虐待死は以後の私の大きな関心事となった。

---

　虹センターでは、さまざまな形で虐待死に関わった。10 か所近い自治体で個別の死亡事例や重篤事例の検証に携わり、おそらくは 30 事例以上を検討し、それに基づく種々の改善策も提言した。また、虐待死事件で逮捕、起訴された母親の公判に、弁護側証人として出廷したこともある。さらに、国の死亡事例等の検証にかかる専門委員会委員となり、委員長も経験した。虹センターにおける研究でも虐待死を取り上げた。「親子心中」や「嬰児殺」などは、自治体での検証もあまりなされていなかったことから研究テーマとし、社会を揺るがした重大事件については、その一つひとつを詳細にレポートした。これらは、その意義を認めた福村出版から、後に上梓することとなった[※2]。また、虐待死に関する文献研究も行った。百を超える自治体の検証報告書を読み込み、メタ分析を試みることで、虐待死を防ぐために必要な留意点を明らかにする努力をしたのである。

　こうした取り組みを続けていると、一口に虐待死と言っても全貌を捉えるのは簡単ではなく、多様な切り口から考える必要があることを自覚させられるのだが、その一つに障害児の虐待死があった。
　「障害を理由に虐待死する例がある」
　「親子心中の研究では、障害の問題を意識しながら、きちんと扱えなかった」
　「障害と児童虐待について、深めるべきことが多々ある」

　いつのまにか、こうした問題意識が芽生えていたことが、本書刊行の出発点となった。実際に調査や研究を始めてみると、障害児の虐待死の歴史に驚かされ、今日の虐待死と過去のそれとの共通点と相違点を知ることとなり、支援について、改めて深く考えることとなった。それらをまとめたのが本書である。具体的な内容については、本文各章でご確認いただきたい。

2024 年 11 月　川﨑二三彦

---

※ 2　川﨑二三彦・増沢高（編著）（2014）『日本の児童虐待重大事件　2000-2010』
　　　川﨑二三彦（編著）（2018）『虐待「親子心中」—— 事例から考える子ども虐待死』
　　　川﨑二三彦（編著）（2020）『虐待「嬰児殺」—— 事例と歴史的考察から考える子ども虐待死』

# 第1部　障害児の虐待死についての検討

## 第1章
# 障害児の虐待死
# その歴史的検討

川﨑二三彦

# はじめに

　こども家庭審議会児童虐待防止対策部会児童虐待等要保護事例の検証に関する専門委員会（以下、専門委員会）が公表している報告書「こども虐待による死亡事例等の検証結果等について」[※1] は、すでに第 20 次を数え、児童虐待による死亡の実態をかなり詳細に示している。これらの死亡事例の中には、障害のある児童が被害に遭っている例があり（表 1-1-1[※2]）、なおかつ、そうした障害が加害の動機となっている場合がある。ただし、子どもの病気や障害が加害の動機とされている件数は、「心中による虐待死」では計上されていても（図 1-1-1）、「心中以外の虐待死」においては、明確な形で示されてはいない。なお、「心中以外の虐待死」における加害の動機として挙げられている項目には、「しつけのつもり」「子どもがなつかない」「慢性の疾患等の苦しみから子どもを救おうという主観的意図」「泣き止まないことにいらだったため」などがあり、それらの背景に子どもの障害が隠されている可能性があることは、十分考えられる。つまり、「心中以外の虐待死」においても、子どもの障害等が加害の動機、もしくは背景要因となっている例があることは疑いない。

　だが、専門委員会の報告は、必ずしもそれらについて言及しておらず、具体

---

※1　こども家庭庁が発足する前は、厚生労働省が設置した「社会保障審議会児童部会児童虐待等要保護事例の検証に関する専門委員会」が「子ども虐待による死亡事例等の検証結果等について」を第 18 次まで公表していた。ここでは、両方を区別なく「専門委員会」と呼ぶ。

※2　本稿で掲載している図表は、各種資料等を参照して、全て筆者が作成した。

表 1-1-1　虐待死した子どもの疾患・障害等（複数回答）

| | | 心中以外の虐待死 | | | | | | | | | |
|---|---|---|---|---|---|---|---|---|---|---|---|
| | | 11 次 | 12 次 | 13 次 | 14 次 | 15 次 | 16 次 | 17 次 | 18 次 | 19 次 | 20 次 |
| 身体疾患 | | 5 | 4 | 3 | 2 | 5 | 5 | 2 | 5 | 5 | 8 |
| 障害 | | 1 | 1 | 1 | 0 | 2 | 2 | 1 | 4 | 2 | 7 |
| 障害の内訳（再掲） | 身体障害 | 1 | 1 | 0 | 0 | 2 | 0 | 1 | 3 | 1 | 5 |
| | 知的障害 | 0 | 1 | 0 | 0 | 1 | 2 | 0 | 2 | 1 | 5 |
| 発達の問題 | | 1 | 1 | 2 | 1 | 3 | 2 | 1 | 3 | 4 | 6 |
| 身体発育の問題 | | 3 | 4 | 1 | 3 | 3 | 4 | 3 | 7 | 1 | 7 |
| 全体の人数 | | 36 | 44 | 52 | 49 | 52 | 54 | 57 | 49 | 50 | 56 |

| | | 心中による虐待死 | | | | | | | | | |
|---|---|---|---|---|---|---|---|---|---|---|---|
| | | 11 次 | 12 次 | 13 次 | 14 次 | 15 次 | 16 次 | 17 次 | 18 次 | 19 次 | 20 次 |
| 身体疾患 | | 3 | 1 | 4 | 1 | 1 | 3 | 1 | 5 | 0 | 2 |
| 障害 | | 3 | 0 | 6 | 1 | 0 | 1 | 3 | 3 | 2 | 2 |
| 障害の内訳（再掲） | 身体障害 | 3 | 0 | 2 | 0 | 0 | 1 | 0 | 0 | 0 | 0 |
| | 知的障害 | 3 | 0 | 5 | 1 | 0 | 0 | 3 | 3 | 2 | 2 |
| 発達の問題 | | 3 | 4 | 6 | 2 | 0 | 1 | 2 | 6 | 1 | 2 |
| 身体発育の問題 | | 3 | 0 | 2 | 2 | 0 | 0 | 0 | 0 | 0 | 0 |
| 全体の人数 | | 33 | 27 | 32 | 28 | 13 | 19 | 21 | 28 | 24 | 16 |

注 1：第 10 次報告以前は、第 11 次報告以降の集計方法と異なるため、示していない。
注 2：障害の内訳（再掲）欄では身体障害と知的障害が重複する場合は両方で計上。
注 3：第 13 次報告の「心中以外の虐待死」では障害あり 1 となっているが、身体・知的いずれも 0 と計上されていたので、そのまま記載した。

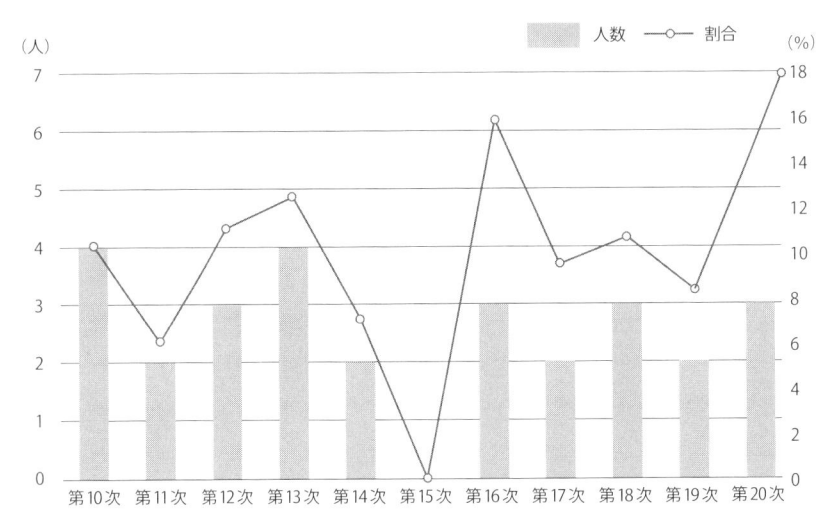

図 1-1-1　心中による虐待死における加害の動機としての病気・障害のある子どもの人数と割合

的な実情が明らかになっているとは言い難い。ここでは、障害児に対する虐待を防止するために、児童本人の障害が、虐待死においてどのような形で影響しているのかについて、過去に遡って検討することとした。

# 1.　検討の方法

　そこで、虐待死に関する過去の文献[3]の中から障害児、および障害児の虐待死にかかる内容が含まれているものを抽出し、加えてそれら文献に掲載されている引用・参考文献などを再度検索した。次に、これらの文献で取り上げられている障害児に対する虐待死事例の中から、社会的に大きな関心を呼んだ事例、あるいは事例の具体的な状況や背景などが一定程度記載されているものをいくつか選び出し、それらについて、時代的な変遷も意識しながら分析、検討し、障害児に対する虐待死の実態を把握することとした。ただし、関連文献のすべてを網羅して検討することは不可能であること、また、選ばれた事例が、それぞれの時代を代表するとまでは言えないことをお断りしておきたい。

　以下では、本章で取り上げた事例について、簡単に触れておきたい。最初に示す【事例 A】は、1967 年に発生したもので、飯塚進（1973）「心身障害に係わる『道連れ自殺』について（Ⅰ）」等でも取り上げられている。本事例に関してはヨミダス歴史館によって読売新聞の報道なども参考にしながら述べる。次の【事例 B】は 1974 年に発生しており、河口栄二（1982）『我が子、葦舟に乗せて』にまとめられたものを検討した。【事例 C】は、1970 年に発生したもので、【事例 B】より前の事件だが、本章の構成の都合で【事例 C】としている。また、【事例 D】の発生は 2002 年、【事例 E】は 2006 年の事件である。各事例は、それぞれの時代背景、社会状況なども含めてさまざまに議論されており、可能な限りそれらも紹介しながら、障害児に対する虐待死の実態に迫ることとした。

　なお、【事例 A】の被害者は、当時 27 歳の成人男性であった。ここで敢えて成人男性の事例を示すのは、本事例が社会の高い関心を招いたこともあって、障害児者に対する当時の社会の認識が象徴的に示されていると思われたことによる。

---

※ 3　子どもの虹情報研修センターで行った川﨑二三彦他（2011）「平成 22 年度児童の虐待死に関する文献研究」、（2012）「平成 23 年度児童の虐待死に関する文献研究」等で取り上げた文献が該当する。

# 2. 1960年代の事件──【事例A】から考える

## (1) 事件の発生

　読売新聞（1967年8月3日付朝刊）によると、1967年8月2日午後4時頃、東京都内に住む開業医（59歳）の妻（50歳）が外出先から戻ると、2階の6畳間にガスが充満していたという。そして、布団の中で夫である医師が意識不明になっており、4畳半の隣室で身体障害者の三男（27歳）が首にタオルを巻かれて死亡していた（図1-1-2）。医師の枕元には、「苦労をかけたが、私と□男（三男）がいなくなれば、あなたも老後の負担がなくなる

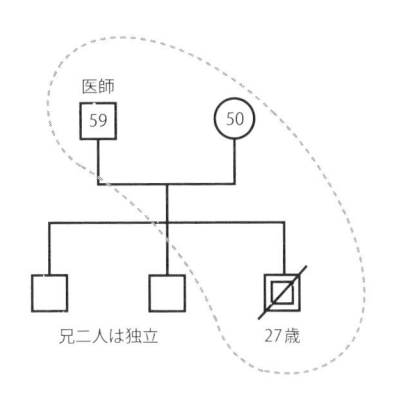

図1-1-2　事例Aの家族図（事件発生時）

だろう」という妻に宛てた遺書が残されていた。医師は、妻が外出した1時間の間に無理心中を図った模様で、睡眠薬を服用した後、ガス栓を開いたと見られている。

　三男は、生まれてまもなく脳水腫にかかり、ずっと寝たきりで、独りで立つことはおろか、あまり話すこともできず、食事はもちろん、排泄の世話まで、両親がいっさいの面倒を見ていた。当時、医師は自分のからだの調子も思わしくなく、すっかり沈みがちで、事件前月の7月中旬から医院も休業していた。

## (2) 書類送検

　続報（読売新聞1967年8月20日付朝刊）によれば、父は8月19日、在宅のまま書類送検されている。なお、父が睡眠薬を飲んだのは犯行前で、医師の妻である□男の母が外出後、遺書を書き、睡眠薬を飲み、息子にエーテルをかがせた上で、タオルで首を絞めたという。決断がつかず何度か中断したものの、意識がもうろうとしたまま夢中で絞殺し、さらに睡眠薬をあおってガス栓を開いたのであった。

　殺人事件で、身柄を拘束しないまま送検するのは異例だろうが、筆者が驚いたのは、送検書類に、「改悛の情が顕著なので、寛大な処置をお願いします」と書き加えられていたことだ。記事の見出しも「温情の書類送検」とされていた。また、本記事の他の見出しに「クローズアップされた身障者『安楽死』」というものがあった。同じ日の読売新聞は、過去の判例から安楽死の条件を挙げ、本件はそれに当たらないと述べているが、以後の記事もすべて「安楽死」「安楽殺人」等が見出しとなっていて、「心中」「無理心中」といった見出しは見当たらない。この点も、当時の社会の意識を示すもののように思われる。

　また、安楽死にかかる解説に加え、「裁かれる冷たい政治」「例はないが無罪の道も」との見出しで、「この事件が、19歳以上の重症心身障害者を収容する国の施設が皆無に近いという現在のわが国の実情から、その責任を（当該）医師にだけ問うのは、おかど違いだという判断も考えられる」「いずれにしろ、ここまで医師を追い込んだ〈政治〉が、弁論などを通じてマナイタにのせられることはまず間違いない」と指摘していた。

## （3）嘆願書

　本件が報道されると、「寛大な処置」を求める減刑嘆願運動が各地で起こった。たとえば、身障児の親たちでつくる東京都肢体不自由児養護学校PTA連合会は、1,831人の署名を添えて所轄署に提出し、「一般の人たちから多数の嘆願書が寄せられていることに、私たちも感謝している。これを機会に、成人した心身障害者の施設拡充を訴えたい」と述べており（読売新聞1967年9月21日付朝刊）、心身障害児を持つ親たちの集まり「江戸川区手をつなぐ親の会」も、目標の2倍にのぼる2,008人分の嘆願書を所轄署に手渡した（読売新聞1967年9月24日付朝刊）。また、医師の戦友でもあった俳優の加東大介氏は、「（当該医師のことは）当時からよく知っていました。おとなしい軍医さんだったという印象が強かった」などと述べて、減刑嘆願を全国の仲間に呼びかけている（読売新聞1967年10月30日付夕刊）。

## （4）起訴

　こうしたなか、医師は入院したまま起訴される。地検は、「同情すべき点は

多いが、身障者といえども生命は尊重されなければならない」との立場から公判請求に踏み切ったとのことであった（読売新聞1967年12月27日付夕刊）。この日の読売新聞は、16通の減刑嘆願書に合計11,455人の署名が集まったとしつつ、「この事件は、わが国の身障対策の貧困を象徴したものだっただけに、百数十万の身障者とその家族、関係者をはじめ、事件を知る人は『裁かれるのは一人の父親ではなく、わが国の政治ではないか』と裁判の行方をじっと見守っている」と書いている。

## （5）家族が困難のすべてを背負ってきた社会

　ところで、こうした事件は何もこの時に始まったわけではない。それまでにも無数の類似事件が生起していた。生瀬克己（1993）『《障害》にころされた人びと——昭和の新聞報道にみる障害の者（障害者）と家族』は、次のように述べる。

　「戦前にあっては、《身体》障害者も、先にのべた《精神》障害者も、ほとんど、変るところがなかった。看病・介護の負担や、経済的な貧しさにおしつぶされて、少なからざる障害の者がころされた。また、家族の手にのみゆだねられた介護体制のなかでの親の老齢化は、当然のこと、親の死後の介護体制への大きな不安につながるわけで、『いっそ、ひと思いに殺してやることが、かえって親の慈悲』といったことにもなりやすかった。そして、親・肉親たちの、こうした不安ゆえの《ころし》の情況は、今日にもつらなっている。さらには、主として介護にあたる者（現実には、妻や母・娘が多かった）の重い苦労を思って、あるいは家族の経済的負担の重さに想いをはせて、障害の肉親さえいなければ、《母の苦しみ》、《家族の苦しみ》はなくなると考えて、肉親の抹殺へと追い込まれる者もいた」

　生瀬（1993）はこのように指摘した上で、新聞報道をもとに戦前から戦後にかけて起こった事件を次々例示する。戦後の例では、たとえば、栃木県に住む61歳の父が、1952年に小児マヒの息子（17歳）をマフラーで絞殺した事例が紹介されていた。

　「同人は一昨年妻（49）に死なれ、26歳を頭に6人の子供を抱えて、生活は窮迫した。三男の〇〇君は4歳で脳膜炎、7歳で小児マヒにかかったが、ろくに医者にも見せられず、病状は悪化するばかり、余りにかわいそうなので、病

院に入院させようと、〇〇君を背負い、なけなしの三千円を懐に、義弟を頼って上京した」

「ところが、息子は注射をこわがって『医者はいやだ』とむずかった。東京都内のあちこちを見物させて、なだめてから、ふたたび病院につれていこうとするが、息子は、どうしても承知しなかった。こんなことから追いつめられて、この父親は『おまえのために、こんなに苦しんでいるのに……』というわけで」

冷静さを失い、事件を起こしたのであった。なお、父はその後自殺を図ったというのだが、遺書には「だましても、怒っても、医者へはどうしても行かぬ。どうにも方法がなかった」と記していたという。この当時、障害児を持つ家族は、その困難をすべて背負う以外に道はなかったと言うほかあるまい。

ただし、1966年に13歳の男児を父が殺害した事件では、「これまで施設に入れようと手を尽くしたが、重症のため長く面倒をみてくれるところがなかった」という背景事情をふまえ、毎日新聞は「身障児に春はこないのか　施設もない　母もない　将来がふびんで　父親　重症の子を殺す」との見出しをつけ、当時の「お粗末な」施設不足を訴えたという。社会が、こうした家族の困難にようやく気づき始める時代に突入したと言えるかも知れない。

そんな時に発生したのが、ここで紹介した【事例A】であった。


## (6) 公判

初公判は、翌1968年2月。読売新聞（1968年2月22日付朝刊）は、「待ち望んでいた裁判の日がやっと来た。なぜなら、裁かれるべきは一人の老医師ではなく、不在の身障者行政そのものだから」との関係者の声を紹介し、「身障者の生活圏をかけた"第二の朝日訴訟"として注目される」とも書いた。

検察も初公判で、「現在身障者は全国で114万6千人だが、収容施設は122か所、収容人員は約7800人に過ぎず、不足している」と異例の冒頭陳述をし、弁護側も「政治の貧困がこの事件を生んだのだ」と訴えた（読売新聞1968年12月4日付夕刊）。

本件の記事を追いかけていて驚かされたのは、1968年4月8日の参議院予算委員会の質疑である。心身障害者対策に関する質問に対して、当時の園田厚生大臣が、「被告人医師が心身障害者である自分の子どもを安楽死させた事件の裁判は、同医師に対するものではなく、国の施策に対する責任の究明と心得

て、先に裁判所、弁護団側へ私自身が特
別弁護人として出廷したいむねを連絡し
てある」と答弁したのである（実際に裁
判所に出廷したとする記事は見つからな
かった）。報道によると、大臣は、国の
施策が不十分であったためこのような事
件が引き起こされたと考えており、特別
弁護人としてその旨を訴え、被告医師に
対する減刑を求めるつもりだという（図
1-1-3）。

　なお、刑法学者の植松正（一橋大学教
授）は、事件発生直後、『時の法令』に
「重症心身障害児の殺害」と題する論考を
寄せ、次のように述べている（植松, 1967）。

図 1-1-3　厚生大臣の意向を報じる新聞記事
（読売新聞 1968 年 4 月 8 日付夕刊）

　「さきごろ医師が 27 歳になる重症心身障害の三男を殺して自殺を図った事件
が世間に大きく伝えられてから以後、1 箇月ばかりの間に同種の事件が一度なら
ず報道されるのを新聞記事で見た。私はあの医師の立場に十分同情すべきも
のを認めるし、その後に伝えられた事件も、みなそれ相応に同情を禁じ得ない
ものがあるとは思うが、こう頻発するようになると、司法当局も処分に苦慮す
るだろうと思う」

　「最初に問題になった犯人を同情的に扱ってやったために、重症心身障害児
は殺してもいいのだという観念を植えつけるようになり、たやすくそれを行う
者が続出するようになると、もともと犯罪になる行為なのだから、今後そう寛
大にばかり扱っては、弊害が出てきはしないかということに、心を用いざるを
えないだろう」

　本件に関して、社会の趨勢が施策の貧困に焦点を当てるなか、情状を否定し
ないまでも、犯罪行為であることを冷静に判断する必要があることを示唆した
ものと言えよう。


## （7）判決

　検察側は、殺人罪としては最低の懲役 3 年を求刑し、弁護側は「心神喪失で

あった」として無罪を主張した。地裁は、事件から 1 年 4 か月後の 1968 年 12 月 4 日、医師の無罪を宣告した。判決理由は概ね次のような内容であった（読売新聞 1968 年 12 月 4 日付夕刊）。

　被告人は、（事件の約 5 年ほど前から）不眠を訴え、手が震えるなどの憂うつな状態が続き、入院して抑うつ状態と診断された。退院後も（同 2 年前頃から）症状が悪化し、酒と睡眠薬を併用していた。犯行後の診断では「内因性抑うつ状態」と鑑定されたが、これには被害者である三男の養育負担が影響していたと思われる。一方、本年になって、家族が医院を廃業して転居することを相談していると知って、「被害者を抱えてはどこへも行けない。□男と自分さえいなければ妻も老後を安楽に暮らせていける」と考えた末の行動であり、「心神喪失」というべきである。なお、犯行に当たってエーテルを嗅がせたり、首を絞めた時に「許してくれ」と言うなど、善悪判断もある程度できたと疑う余地もあるが、内因性抑うつ病では、意識障害がなくとも、いったん決意すればそれ以外に他の行動を選択する余地がなく、決意のままに行動したと認められる。

　裁判長は上記のように述べた上で、安楽死で違法性がなくなるケースではなく、無罪はあくまでも「心神喪失」状態であったことによると指摘し、最後に「たとえ重症心身障害者でも生きる権利、幸福を求める権利はあり、その生命は尊い。身障者の親たちがこの不幸なこどもを生きながらえさせようと日夜努力している崇高な気持ちを考えると、公の “擁護” が一日も早いことを願う」と結んでいる。

## （8）当時の社会状況と重症心身障害児者に対する施策

　飯塚（1973）は本件を取り上げて、「この事件は、小児科の医院を開業していて、看護には事欠かぬはずの医師でさえも、道連れ自殺を図った── ということで、障害者をもつ親の苦しみを露呈したものとして世間の注目を引き、心身障害者を救えという国民運動の切掛けとなった」と述べる。

　心身障害者をめぐる実情は、公判等で縷々述べられた証言に譲るが、国の施策について見ていくと、事件が発生した 1967 年には、次のような児童福祉法改正が行われていた（厚生省児童家庭局, 1978）。

　「昭和 41 年（1966 年）度予算において全国的に国立療養所内に重症児病棟を新設することとなったが、同年中央児童福祉審議会から重症心身障害児施設を

児童福祉施設として法律上確立するよう、具体的な意見具申がなされた。これに基づき、翌 42 年（1967 年）に児童福祉法の一部改正が行われ、重症心身障害児施設は、児童福祉施設であるとともに医療法上の病院としての基準をもち、この重症心身障害児施設は、重度の精神薄弱及び重度の肢体不自由が重複している児童を入所させて、これを保護するとともに、治療及び日常生活の指導をすることを目的とすることが明確にされた。これと同時に従来の児童福祉施設入所対象児童の年齢が満 18 歳未満とされていたが、この重症心身障害児施設にあっては、入所期間が極めて長期にわたることなどから、児童福祉施設ではあるが満 18 歳をこえる者も入所できることとした」

　本事例が発生したまさにその年、重症心身障害児施設が創設され、この施設は 18 歳を超える者に対しても門戸を開いたわけである。本件発生を受けてこうした改正がなされたわけではないかもしれないが、当時は、こうした重症心身障害児者に対する施策が大きな課題となっていたのであり、本件は、飯塚（1973）がいみじくも述べたように、重症心身障害児者に対する施策の展開の大きなきっかけとなったものと思われる。

## 3. 1970 年代の事件──【事例 B】から考える

### (1) 本事例を取り上げた理由

　1974 年 7 月、「重いてんかん症状と発作をもち、軽い知恵遅れ[※4]がある」当時小学校 2 年生の男児（以下、本児）が、母によって殺害されるという事件があった。

　本事例の詳細は河口（1982）にまとめられているが、これを取り上げるのは、【事例 A】と違って、軽度の障害を抱えた学齢児に対する殺害であること、著者の調査が多岐にわたり、問題を深める上で種々の情報を与えてくれることなどによる。ちなみに、調査に協力したのは、加害者母やその家族だけでなく、本児を担当した医師や、幼稚園・小学校の教師、PTA の関係者、「重症児を守る会」「日本てんかん協会」「子殺しを考える会」「青い芝の会」等のメンバー、

---

※4　「知恵遅れ」といった表現は、現在では適切でないとして用いられていないが、ここでは河口（1982）の文言をそのまま引用した。厚生省児童家庭局，1978 で引用した用語「精神薄弱」も同様。

さらには母の弁護人に加えて、担当検事、担当裁判官、警察官や拘置所の職員、服役した刑務所の刑務官等にまで及び、加えて問題を研究している多数の有識者、マスコミ関係者にもインタビューをしていた。現在では考えられないような広範な方々が取材に応じているのである。

## （2）被害児童

### ◇障害の状況

さて、本児の知的能力は、就学時でIQが90、2年生進級時ではIQ82であり（後述）、学習状況は以下のように表現されていた。

「2年生にも関わらず、数は1から10までしか数えることができず、足し算、引き算は無理だった。漢字が読めず、ひら仮名も多少読める程度というものだった。読めても文章の意味を理解する能力はなかった。自分の名前だけは書くことができた。テストはいつも零点で、成績は体育を除いてオール1の、クラス中最下位だった。体育だけは2をもらっていた[5]」

夏休みに入る少し前、母が全校参観日に出かけてみると、教室では3桁から2桁を引く引き算に取り組んでいた。計算のできた生徒は手を挙げ、黒板に答えを書いていたが、本児は「母親が来ているので嬉しがり、しょっちゅう後ろを振り向いて、母の顔を見てはニコニコとしていた」という。母はこの様子を見て、「どうしてこんな計算ができないのか、愕然とした」のであった。

### ◇生育歴

本児は、農業に従事する家族の第三子であった。母は、妊娠8か月で稲刈りなどの農作業に終日3日間従事し、最後の日に陣痛が起こったため、助産師に来てもらって自宅出産している。2,000gに満たない低出生体重児で、数日後に訪問した保健師は入院を勧めたが、母は断り、簡単な保育器で育てた。

生後10か月で最初の発作があった。単なるひきつけと考え、母は手持ちの薬を飲ませている。1歳を過ぎると発作の回数が増え、3歳になって強い発作が起き、12日間入院した。脳波検査を勧められ、「未熟児出産によるてんかん」と診断される。抗てんかん剤が処方されたが発作は完全には止まらず、薬の種

※5　河口（1982）による。以下、本児や家族にかかる状況等は本書から引用、要約している。

類も何度か変えられた。診察のため、母は本児を連れて 20 日に一度の割合で通院した。4歳になり、翌年春から近くの幼稚園への入園を考えたが、幼稚園での面接では、机の下にもぐってごそごそしたり奇声を発するなど、面接どころではなかった。児童相談所を紹介され、知能検査などの心理検査を受けて「普通の幼稚園に入れても大丈夫」との意見をもらったが、母はその後、家庭訪問した児童福祉司に施設入所の可能性を尋ね、それほど重い障害ではないとの返答を得ている。

　就学時に神経内科クリニックで受けた知能検査の結果は、IQ 90 であった。入学後、母は担任にも「できることなら施設に入れてください」と相談している。学校では勉強の意欲がまったくなく、授業中しばしば椅子から立ち上がり、教室内をふらふらと歩き回った。教室で自分のベルトを抜き取り、振り回して遊んでいるうちにクラスの女の子の顔を傷つけたことがあった。ただ、性格的には明るく親しみやすい子で、職員室によく出入りし、教師の間では人気者だった。

　2年生の新学期が始まる前、先のクリニックで再び知能検査を受け、IQ 82 という結果が出た。この間、発作の回数は減少し、直近では、1年生の9月と2月の2回だった。ただし、発作の程度は非常に重くなっていると、母は感じていた。2年生になったとはいうものの、服の着替えは母の手助けが必要で、歯磨きもいい加減にしかできないからと、母が毎朝丹念に磨いてやっていた。学校の準備も母が毎日鞄に詰めてやり、風呂も必ず母が一緒に入り、夜寝る時も、発作に備えて大抵は同じ布団で寝た。この頃、母は工場に勤めるようになっていたが、母は夜なべして、本児の衣類もほとんど縫ってやっていた。2年生最初の参観日が4月下旬にあったが、当日朝に発作が起こり、休ませている。母は新しい担任にも施設入所の相談を持ちかけ、校長から「福祉事務所に相談してみましょう」との返事を得たものの、そのままになっていた。

　学校では、午前中に居眠りが多くなり、離席して教室内をぶらぶら歩き回る頻度も増え、注意すると戻るが、長くは持たないような状況だった。学校に行きたくないと口にするようになり、母が途中まで車で送る回数が増えていた。

## （3）家族

　母は専業農家の長女。下に3人の弟妹がいる4人きょうだいの長子として育った。中学2年の時に父親（本児の母方祖父）が病没し、農家の中心的な働

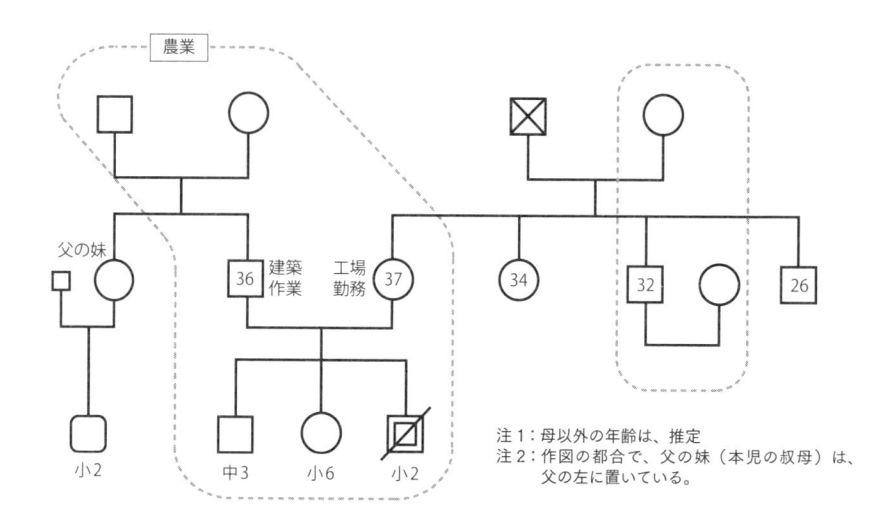

注1：母以外の年齢は、推定
注2：作図の都合で、父の妹（本児の叔母）は、
　　　父の左に置いている。

図 1-1-4　事例Bの家族図（事件発生時）

き手を失った家族は、必然的に一番年上の母に期待をかける。担任教師は、成績上位だった母に高校進学を勧めたが、母は諦めざるを得なかった。

　父も、中学を卒業するとすぐに家の農業を継いだが、自身の父（本児の父方祖父）は婿養子で、勝ち気な性格の妻（本児の父方祖母）の尻に敷かれていたらしく、同じように、父も自分の母親に対して頭が上がらなかった。

　結婚後、母は何かにつけて姑（本児の父方祖母）から咎められ、夫（本児の父）も相談相手になってくれず、実家に「別れたい」と訴えたが諭されて断念している。結婚の翌年、長男（本児の兄）が未熟児で生まれ、畑仕事に家事・育児と身体を休めることもできず疲れ果て、こたつで子どもと添い寝していると、姑から「呑気な嫁だ」などと嫌みを聞かされたりもした。母は父に「別れてほしい」と頼んだが、「嫌だ」と断られたという。

　その後、第二子となる本児の姉が生まれ、兄が就学を迎える年に本児が生まれた（図1-1-4）。出産時の状況は生育歴のところで記したとおりだが、結婚した父の妹（本児の父方叔母）も同じ年に出産し、本児とは対照的に順調に育っていた。家庭内では母と姑（父方祖母）のもめごとが絶えなかった。原因はたいがい本児のことで、本児が祖母の茶菓子を食べたり、テレビのチャンネルを勝手に変えたりすると、祖母は本児を叩いたり蹴ったりする。そのたびに母と祖母とが激しく口論するのである。そのうち父母世代が離れ（別棟）で暮らす

ようになり、祖父母世代とは食事を別にするようになった。それでも米だけは母屋から分けてもらっていたところ、ある日、祖母が孫に「米ぐらい自分らで買ったらいいだろう」と愚痴をこぼしたらしく、それが原因で母と祖母との口論が始まった。父は仲裁できず、母を別棟に引っ張っていくだけであった。

　父は家計をすべて母に任せ、「おまえの切り盛りが悪いから支出がかさむ」などと不平を言い、本児をてんかんの専門医に診せたいと相談されても、「どこに連れて行っても無駄だ」と取り合わなかった。

## (4) 事件

### ◇動機

　先に述べたように、夏休み前の参観日に出席して本児の様子に愕然とした母は、次のように考える。

　「□男がこの世からいなくなれば、皆んなから貶（けな）されたり、苛（いじ）められることもなく、家族の足手まといにもならず、兄や姉の将来の結婚や就職に支障をきたす懸念もなくなる。自分が生きているうちはよいが、□男はどうせ家族の厄介者となり独りで生きてゆけはしない。だとすれば、このまま□男が生きてゆくのは不憫だ。□男のような子を一生抱えてゆく "重荷" からも自分は解き放たれ、村の人たちの目を終始気遣い、絶えず虚勢を張ることもなく、また授業参観で赤恥をかかされ、肩身の狭い思いもしなくて済む。それが□男のためにも、私のためにもお互いいいことなのだ」

　参観日の翌日、工場での勤務を終えた母は、薬局で安定剤を購入し、次の日、別の薬局で同じ薬を求めると、錠剤を砕いてオブラートに包んでしまい込む。

　その後 3 日間は何事もなく推移し、終業式を迎えた。本児の 1 学期の成績は、理科と体育が 2、それ以外はすべて 1 だった。この日、母が仕事を終えて帰宅すると、本児が学校で禁じられている広い道路での自転車乗りをしていたと、姉が報告した。それを聞いた父は、夕食を食べずに寝ようとした本児をベランダへ放り出した。

### ◇殺害

　「夏休みで家にいれば、祖母に叱られることも多くなる」
　「薬を飲ませるには今日が好都合だ」

　食事に戻ってきた本児に、母は用意していた薬をこっそり飲ませて寝かせると、父と2人、車で実家へ出かけた。「ひとりでいることが無性に寂しく、夫にしがみついていたい気持ちに駆られていた」とのこと。夜間に帰宅したが、母は怖くて本児の様子を見ることができず、寝付けないことからコップ半分ほどの日本酒を飲み、いつの間にか寝た。

　朝方、本児の様子をうかがうと、寝小便をしていて身体は温かく、脈もあった。母はいったん部屋を離れ、父の朝食準備などしたあと、再び本児の元に戻ってエプロンから紐を取り出し、首を絞めた。本児はぐったりし、首に一筋の傷跡が残った。そこへ本児の兄が入ってきた。

　「□男が死んじゃった」

　母がそう叫ぶと、兄はワッと泣き出し、祖父母や姉がやって来た。父はすでに仕事に出かけていて不在。祖父が首の傷を発見して問うと、母はとっさに「発作を起こして電気コードにからんで死んだ」と説明した。やって来た警察にも同じような説明をしたが、事情聴取のために連れて行かれた警察署で、「殺ったのは私です」と自白した。

　翌日の地元紙は、「病弱の子あわれ――母親、思い余り絞殺、夏休み遊べず、将来を悲観」との見出しで事件を報道した。

　一方、PTA会長は、事件から1か月近く経って「減刑嘆願運動」を考え、役員と相談を始めた。役員の中には「子どもを殺したのだから罪の償いを受けるべきだ」など、難色を示す者もいたが、近隣住民200人以上の嘆願書が集められた。

　10月29日に初公判が開かれ、母は公判途中の1975年1月、保釈されている。

## (5) 当時の社会状況

### ◇障害児者をめぐる事件

　ところで、事件が発生した1974年は、厚生省が「児童の虐待、遺棄、殺害事件に関する調査結果」を公表した年に当たる。調査対象は「昭和48年（1973年）度中に児童相談所が受理した3歳未満児に対する虐待、遺棄のケース並びに各児童相談所管内で発生した3歳未満児の殺害事件のケース」だが、調査実

施の背景には、1970 年代に入って「コインロッカーベイビー事件[※6]」が社会的な関心を呼んだことがあった。この時代は子殺しに関する研究、検討も活発に行われており、種々の論文が発表されている[※7]。また、河口（1982）は、この頃発生した障害児者に対する子殺し事件を拾い出し、次のように紹介している。

【1973 年の事件】

1 月 8 日広島市で病気に苦しむ 70 歳の老母が小児マヒの 30 歳の息子の将来を悲観してガス心中／4 月 13 日横浜市で 34 歳の主婦が自閉症児の 8 歳の息子をタオルで絞殺／6 月 16 日東京都で 55 歳の母親が 23 歳の知恵遅れの息子の将来に絶望し絞殺、自分も服毒自殺を図る／8 月 6 日川崎市で 29 歳の主婦が生後 10 か月の脳性マヒの息子を腰紐で絞殺し自分も精神安定剤を飲んで自殺を図る／8 月 21 日京都市で 38 歳の父親が 1 歳の脳性マヒの娘を「生きているより死んだ方が幸せ」と青酸カリで毒殺／9 月 3 日千葉市で 8 歳の脳性マヒの長男のゆく末を悲観した 31 歳の母親が、長男と次男を道連れにしてガス心中／9 月 4 日茨城県内で未熟児出産による発育遅れの 2 歳の息子を 37 歳の母親が虐待して死なす。

【1974 年の事件】

4 月 7 日岐阜県内で 38 歳の父親が 9 歳の脳性マヒの息子の施設入所に悩み麻縄で絞殺／5 月 5 日東京都で股関節脱臼による身障児の 5 歳の娘を 39 歳の父親が酒に酔ったいきおいで殴り殺す／10 月 24 日横浜市で足の不自由な生後 3 か月の次男の将来を悲観した 27 歳の母親がガス心中／12 月 1 日東京都で目と耳の不自由な生後 9 か月の次男の将来を悲観し 28 歳の母親が窒息死させ、自分も首つり自殺をする／12 月 3 日富山県内で小頭症の 5 歳の長女をふびんに思い、夫婦が生後 1 か月の長男も道連れにして一家 4 人が車の排気ガスを吸って心中。

---

※6　1970 年 2 月、東京・渋谷に設置されたコインロッカーから遺棄された嬰児の遺体が発見されると、類似の事件が、この年 2 件、71 年 3 件、72 年 8 件、73 年 46 件と急増した。こうした現象を「コインロッカーベイビー事件」と呼んでいる。

※7　事件があった 1974 年に限っても、厚生省の調査の他、栗栖瑛子「子どもの養育に関する社会病理的考察——嬰児殺および児童の遺棄、虐待などをめぐって」ジュリスト, 577 ／新田康郎他「Battered Child」小児科診療, 37（6）／押田茂実「最近の嬰児殺」法医学の実際と研究, 17 ／佐々木保行他『子殺し』の心理学的研究（1）——母親の意識調査からみた『子殺し』宇都宮大学幼児教育研究協議会研究報告 第 1 集／高屋豪瑩他「長期にわたって生存した Battered Child Syndrome の 1 剖検例」小児外科・内科, 6（8）／土屋真一他「嬰児殺に関する研究」法務総合研究所研究部紀要, 17 などがある（川﨑他, 2011. p.78 から引用）。

## ◇「子殺しを考える会」

　こうした社会状況をふまえてのことであろう。研究者だけでなく、子育てをする母親たちも問題解決を願って会を立ち上げている。必ずしも障害児に限定しているわけではないが、たとえば、1974年11月18日付の朝日新聞は、激増する嬰児殺し、子殺しを見つめようと、母親たちが「子殺しを考える会」をつくったという記事を載せ、次のような声を紹介した。

　「仕事、家事、育児と忙しいが、夫はなかなか手伝ってくれない。出産後、何度か子殺しをするような気になったこともある」

　「障害児をもっているが、会合などに出ると、この子のためには何もかも捨てて世話すべきだと身内から非難され、打ちのめされる」

　本件を担当した男性弁護士もこの記事に注目し、最も身近な妻に記事を見せて感想を尋ねている。

　「これまでどの母親もやってきたことが、こんなに問題にするほどのことなのか」

　「現に私もノイローゼになったわ」

　「あなたに相談してもまともに乗ってくれないし、私はもう諦めて何も言わなかっただけ」

　具体的なエピソードも聞かされ、弁護士は驚愕するとともに「これは他人事ではない」と考え、会の代表者に会い、公判では「子殺しを考える会」の代表に弁護側証人として来てもらうこととした。

　一方検察側も、身障児殺害に対する世論の評価として、一つの新聞記事を証拠資料として採用するよう申請し、認められた。

## ◇「青い芝の会」

　その記事は、1975年6月17日付朝日新聞家庭欄に載ったもので、脳性マヒ者協会「青い芝の会」による"俺たちの兄弟を殺すな"という親への告発記事だった。「青い芝の会」は1957年頃に結成されたと思われるが、「青い芝の会」神奈川県連合会会長の横塚晃一が1975年に著した『母よ！殺すな』（すずさわ書店）[8]が当時反響を呼んでおり、横塚は本書で、「重症者を殺した親に無罪

---

[8]　本書は1981年に増補版が出されているが、絶版となっていたところ、2007年に生活書院から再刊された。再刊本は1981年増補版を底本として、新たに未収録原稿などを加えて刊行されている。本稿は、この再刊本から引用、要約している。

の判決が下り、重症児をもつ母親がその判決を『ほんとによかった。他人ごとではない』と言っているのに出合った経験がある。これ程重症児の人権を無視した話があるだろうか」と書く。

◇【事例 C】

　ところで、本件に先立つ 1970 年 5 月 29 日、横浜市で 30 歳の母が 2 歳の重度脳性マヒの娘を絞殺する事件が発生していた。【事例 C】である（図 1-1-5）。兄も脳性マヒで、2 人の障害児を抱えて被害児の施設入所を希望していたものの、満床で断られていたことがわかり、「神奈川県心身障害児父母の会連盟」（以下、父母連）は、「施設や家庭に対する療育指導もなく、生存権を社会から否定されている障害児を殺すのは、やむを得ざる成り行きであり、福祉の貧困に抗議する」として横浜市長に抗議文を提出、地元で減刑嘆願署名運動が行われた。

　これに対して、神奈川県青い芝の会は激しく反発し、事件後 2 か月も経たない 7 月 10 日付で意見書をまとめる。以下は、その抜粋である。

　「働かざる者人に非ずという社会風潮の中では私達脳性マヒ者は『本来あってはならない存在』として位置づけられるのです」

　「たとえ寝たきりの重症児でもその生命は尊ばれなければなりません。本事件の原因を施設が足りないこと、福祉政策の貧困に帰してしまうことは簡単です。しかしそのことによって被告の罪が消えるならば、即ち本裁判においてももしも無罪の判決が下されるならば、その判例によって重症児（者）の人命軽視の風潮をますます助長し脳性マヒ者をいよいよこの世にあってはならない存在に追い込むことになると思われます」

　「私達は被告である母親を憎む気持ちはなく、ことさらに重罪に処せというものでは毛頭ありません。それどころか彼女もまた、現代社会における被害者の一人であると思われます。しかし犯した罪の深さからいって何等かの裁きを受けるのは当然でありましょう。どうか法に照らして厳正なる判決を下されるようお願い申し上げます」

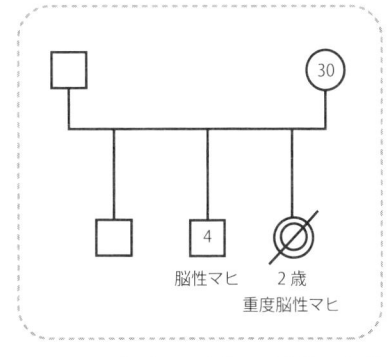

図 1-1-5　事例 C の家族図（事件発生時）

　意見書は地検や裁判所等に提出され、同時に、父母連の構成団体である「神奈川県重症心身障害児を守る会」との話し合いも持たれた。

　「障害者は生産活動に参加できない故に『本来あってはならない存在』とされるのであり、あなた方が減刑運動に参画し、施設の不足を叫べば叫ぶ程そのことによって我々とあなた方の子供は首をしめられることになる」

　横塚らの主張に、守る会の父母たちも言葉を返す。

　「殺すことはよくないが、それが起こる現実に問題がある」

　「施設が足りないのは事実であり、施設をゴミ捨て場のように考えるのは極端だ」

　横塚も負けてはいない。

　「施設を必要としているのは親達ではないのか、親達の要求で作られた施設が障害者福祉だとすりかえられている」

　話し合いは平行線のまま終わった。

　それはさておき、障害児の施設が、単に保護者のためのものにとどまっていれば、確かにそれは本末転倒だろう。施設は何よりもまず障害児にとって必要なものでなければなるまい。その意味で、施設内で、当の入所児が虐待に遭っていたり、不適切な対応にさらされていることは許されない。仮にそのような事象があるなら、その実態を明らかにし、改善を図ることは不可欠であろう。

　なお、【事例 C】の母は、懲役 2 年、執行猶予 3 年の判決となった。


## (6) 判決

　話を【事例 B】に戻したい。1976 年 6 月 15 日に 9 回目の公判が開かれ、論告求刑と最終弁論が行われた。検事は「本件には酌量すべき特段の事情は見いだせず、□男一人を犠牲にすることによって自己を取り巻く問題の全てを一度に解決しようとしたのが真の動機である」として懲役 5 年を求刑した。一方弁護人は、「新憲法は、男女平等を宣言し、母親に対する法律上の制限を撤廃しました。しかし現実の母親の生活、とくに農村における母親は戦前と同様な犠牲を強いられています。本件被告人が正にそうです。……□男が生まれてから今日まで、被告人は一度も気を休める暇がなかったのです」などと述べ、執行猶予を求めた。

　判決の言い渡しは、1 か月後の 7 月 20 日。懲役 2 年の実刑判決となった。

弁護側は直ちに控訴し、合わせて保釈の申請をして認められた。しかし高裁は、11月17日に開かれた第2回控訴審で、「□男を殺すほど差し迫った状況に追い込まれていた事情は認められず、その動機は自己中心的、非情なものと言ってよく、しかも犯行は計画的……」として控訴を棄却、刑が確定した。翌月、母は地検に出頭し、服役したのであった。

# 4. 法感覚（道徳観）

## （1）陶久利彦（2003）「障害児との心中事件と法感覚」

　ここまで、1960年代後半に発生した【事例A】と1970年代前半の【事例B】、またその間にあった【事例C】を見てきたが、保護者による障害児者の殺害に対する社会の意識は少しずつ変化してきているように感じられる。それはとりもなおさず、この時代に、障害児者の権利を一個の人間として等しく認めようとする意識の高まりがあったとことを表しているのかもしれない。

　折しも1975年12月には、第30回国連総会で「障害者の権利宣言」が採択された。

　「障害者は、その人間としての尊厳が尊重される生まれながらの権利を有している。障害者は、その障害の原因、特質及び程度にかかわらず、同年齢の市民と同等の基本的権利を有する」

　このように謳われたが、障害児の養育を一身に背負う苦労や苦悩は並大抵のことではなく、その後も、保護者による障害児者殺害事件は繰り返され、そのたびに、「青い芝の会」と「重症児を守る会」の話し合いで見られたような意見の対立、若しくは食い違いが続く。その点の整理を試みようとした論考が、法哲学を専攻する陶久利彦（2003）「障害児との心中事件と法感覚」ではないだろうか。この論考は、裁判員制度の施行を前にして、「特定の法的結論を導くことができるほどの論理的展開力」を持たない、いわば司法に関する素人が司法判断をする際の感覚（それは道徳観と大幅に重なるとのこと）を検討している。

## (2)【事例 D】——高機能自閉症児殺害事件

まず最初に、陶久（2003）が参考とした事例の一つを紹介しよう。【事例 D】である（図 1-1-6）。

高機能自閉症と診断された息子と長年にわたり格闘してきた家族があった。ところが、

「結婚を控えていたその姉が、交通事故にあって意識不明の重体に陥ってしまう。娘の看病のため両親は息子を精神病院に一時入院させたものの、（彼は）新環境にうまく適応できず病院に長くいることができなかった。一方では、娘の意識は依然として回復しないまま寝たきりの状態が続く」

加えて、退院して帰宅した息子は、一時的な平穏はあったものの再びパニック症状がひどくなり、その頻度と度合は悪化の一途を辿っていく。そんな時、「心身共にほとほと疲れ果てた父親がふと気づくと、妻の手首には自殺を図ったような傷跡」があった。「追い打ちをかけられた父親は安らかな寝顔を見せている息子を絞殺し、その後自殺を図ったが未遂に終わった」のであった。2002 年に発生した事件で、父親は殺人罪で起訴された。

## (3) 法感覚 A と B

本件が報じられると、約 2 万人の減刑嘆願署名が集まり、懲役 3 年執行猶予5 年の判決が言い渡される。新聞は「温情判決」と呼んだ。

陶久（2003）は、減刑嘆願や「温情判決」に法感覚の一つが示されていると

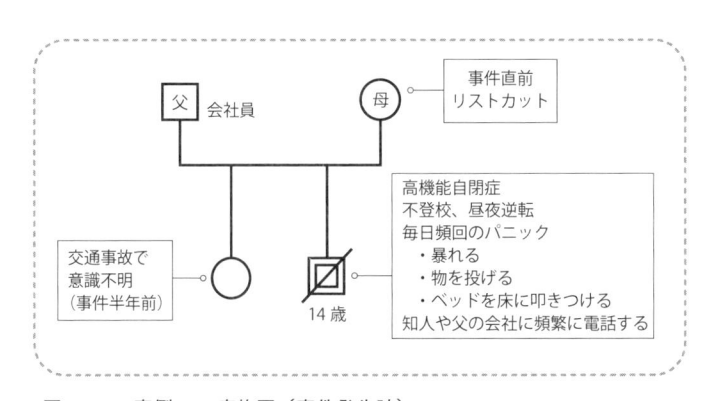

図 1-1-6　事例 D の家族図（事件発生時）

して、それを法感覚 A と呼び、次のように定式化した。

「理不尽な運命に懸命に立ち向かっていた善人がもはや耐えきれないほどの状況に追い込まれ、神聖不可侵の価値を侵害することなくしてその状況を打破できないと判断した上で当該価値を侵害し、且つ行為後自殺を企てるなど自らの行為に対する処罰を試みたときは、情状を酌量し重い刑罰を科すべきではない」

ただし、法感覚 A に真正面から反対する考えもあるとして、次のように述べる。

「右の定式は被害者が障害をもっていることに何ら言及していない。だが、無垢の障害児が実の父親から無抵抗の状態で絞殺されたことこそ本件の本質である。同情が両当事者を包み込んでしまう右の定式ではすべてが運命的悲劇に還元される結果、行為者の責任が曖昧になってしまう。障害児の生命は軽視され、障害児にとっての親の危険性は隠されたままである。だが、人の命は無条件に尊重されるべきである上、被害者が自ら抵抗できないなどの弱い立場にあるときには、加害者への非難は増しこそすれ減じることはないはずである。運命の過酷さや社会制度の不備に訴えたところで、殺人の責任が消えるわけではないのである」

こうした考えを法感覚 B と位置づけ、「法感覚 A は障害児を取り巻く人々の体験に、B は何よりも障害児者本人の体験に根ざしている」と述べ、その上で、【事例 D】に関する限り、「法感覚 B の方により強い説得力を感じさせる」と述懐する。ただし、体験しないものはわからない、と開き直られる危険性があることを指摘し、それを避けるためには、「体験や生活感覚や法感覚が伝えるものを、各人ができる限り言葉で表現するしかない」という。

本論考を読む限り、【事例 C】をめぐって 1970 年に行われた「青い芝の会」と「重症児を守る会」の熱い討議の根底に流れるものが、ようやく整理された感がある。

## (4) 判決理由

【事例 D】の判決公判は 2003 年に行われ、「（被告人は）就寝中で無抵抗の被害者を殺害したものであり、犯行動機は、被害者の人格を無視した身勝手で独善的なものといわざるを得ず、相応の非難は免れない」とし、「現代の医学水

準では完全な治療、回復が見込めない高機能自閉症の障害を有していたとはいえ、これからの人生においてなお、幾多の可能性を有していた当時 14 歳の少年であって、その生命は何よりも尊いものであることはいうまでもない」「被害者は、これまで強く信頼していた父親である被告人から、安らかな睡眠中に、突然全く抵抗するいとまもなく首を絞められて絶命し、わずか 14 年間という短い人生をこのような無惨な形で終えざるを得なくなったもので、結果はまことに重大である」と述べる。

　その上で、「被告人は、高機能自閉症の障害を有する者に対する社会的認知度及び治療・療養施設等の公的支援体制がいずれもかなり不十分である中で、長年にわたり被害者の障害と正面から向き合い、被告人になし得る限りの監護養育をしてきたと評価できる。そして、被告人は、被害者が毎日のようにパニック症状を起こし、その状態が目に見えて悪化しているとき、長女が交通事故で意識不明の状態になったり、妻が自殺を図っていたことを知るなどしたことから、ますますその苦悩の度合いを強め、本件は、極度に追いつめられた当時の精神状況下、発作的に被害者を苦しみから解放したいなどと考えて犯したものであると認められる」とした。

　陶久（2003）によるなら、判決理由の前段が「法感覚 B」で、後段が「法感覚 A」ということになろう。筆者の意見を述べれば、1975 年の「障害者の権利宣言」や、児童が権利の主体者であることを明確に謳った 2016 年の児童福祉法改正を待つまでもなく、こうした事件における基本的立場は、まず何よりも「法感覚 B」であって、それをふまえた上で、情状として「法感覚 A」を検討すべきであろう。

## 5.　水蛭子神話

　ところで、【事例 B】を取り上げた河口（1982）の書名『我が子、葦舟に乗せて』は、おそらく『古事記』や『日本書紀』に出てくる水蛭子（蛭児）神話を意識したものであろう。国産みの際、伊耶那岐命と伊耶那美命との間に生まれた子どもが不具であったため、葦の舟に入れて流したとされる神話だ。

　国作りの始めに不具の子、すなわち障害児を捨てるという話がなぜ出てくるのか、障害児問題を考える際、この点が疑問として浮上する。そこで本稿を執筆するに当たり、わかる範囲でその背景を探ってみた。まずは当該部分の現代

語訳を、上代日本文学の研究者である次田真幸（1977）『古事記（上）全訳注』から引用しておこう。

「イザナキノ命が仰せになるには、『それでは私とおまえとこの神聖な柱を回り、出会って結婚をしよう』と仰せになった。そう約束して男神は、『おまえは右から回って会いなさい。私は左から回って会いましょう』と仰せられ、約束のとおり回るとき、イザナミノ命が先に、『ああ、なんとすばらしい男性でしょう』と言い、その後でイザナキノ命が、『ああ、なんとすばらしい少女<sup>おとめ</sup>だろう』と言い、それぞれ言い終って後、男神は女神に告げて、『女が先に言葉を発したのは良くない』と仰せられた。しかし聖婚の場所で結婚して、不具の子水蛭子<sup>ひるこ</sup>を生んだ。この子は葦の船に乗せて流し棄てた※9」

## （1）次田真幸の解釈

次田（1977）は、これを次のように解釈している。

「女神が先に言葉をかけたのを良くないとしたのは、中国の『夫唱婦随』の思想によって、不祥の子の生まれた理由を説明したのである。最初に水蛭子が生まれたのは、女神先唱のためとされているが、本来はイザナキ・イザナミ二神は兄妹であって、二神の結婚は兄妹結婚説話の系統をひくものであろう、といわれている。兄妹結婚によって、不具の子が生まれたとする説話は、中国南部から東南アジアにかけて広く分布している。葦船に入れて流す話には、古代の水葬の風習が反映しているらしい。また蛭と葦とはともに沼沢に関係が深く、しかも蛭は水田耕作をする農民に嫌われたことであろう」

## （2）福島秋穂の解釈

他の意見にも耳を傾けておきたい。やはり上代日本文学を専攻する福島秋穂（1988）『記紀神話伝説の研究』は、次のように述べる。

「イザナキ・イザナミ二神の登場とオノゴロ島の創造及びヒルコの出生とい

---

※9　『日本書紀』にも、次のような記載がある。「一書（第二）にこういっている。日と月とが生まれられたあとに蛭児（ひるこ）が生まれた。この児は年が三つになっても脚が立たなかった。はじめ伊奘諾尊（いざなぎのみこと）・伊奘冉尊（いざなみのみこと）が、柱を回られたときに、女神が先に喜びの言葉をいわれた。それが陰陽の道理にかなっていなかった。そのため蛭児が生まれた」（宇治谷，1988）。

う一連の物語は、其の発生原初段階において既に、現在広く世界に分布していることの知られている、世界の初めを襲った洪水の物語[10] の一つとして、我国に伝承・保存されていたものが、其の前半部を落として記紀に載録されたもののようである」

　福島（1988）は、中国や台湾、フィリピンなどの例を挙げて、『古事記』や『日本書紀』の物語は、世界の神話、伝説とつながっていると指摘する。また、「長子出産の失敗（異物出産）を重要な構成要素としているものまである」とも述べる。そして、

　「ヒルコが、其の表記に際して用いられた文字通り、蛭のような子であり、然も我国周辺地域の類話に見られるような一種の身体不具児であるとしたならば、其の出生に続いて語られる、両親による其の放流譚も容易に理解することが出来る」

　「狩猟・漁撈により生活の糧を得ている民族、または農耕を知っても未だ日が浅く、生産量のさ程多くない民族において、人口の増加が重大な問題となることは容易に想像出来、獲得する食物で養うことの出来る限界を超えて人の数が増加した場合に、彼らが生まれる子供の生命を人為的に奪うということも当然あっただろう」

　「未開状態にある人々が、近親者同士の結婚では未熟児或いは不具児の誕生する率の大きいことを経験的に認知し、其の事実を一個の物語に纏めたもの、其れがヒルコ誕生譚の原初的形態であり、恐らくイザナキ・イザナミ二神は皇室の祖先神などと看做されるような存在ではなく、単なる民間に伝承・保存された一個の物語の登場者に過ぎなかったと思われる」

　「要するに、（中略）記紀両書に記載されているものの冒頭部に位置する、イザナキ・イザナミ二神によるヒルコ出産の話は、本来不具児或いは異常形態の子供が生まれた時、未開・古代人が其れを河或いは海に放流するという風習を基に創られたものであり、其れが文献に載録された時に、イザナキ・イザナミ

---

※10　福島（1988）によると、洪水の物語の構成は概ね以下のとおり。1　太初、大洪水が起こったが、既に其の時、人類は存在していた。2　洪水の原因は、A 人類の堕落による、B 偶然の出来事による、C 全く自然に起こる、D 不明とされている、の孰（いず）れかに属する。3　極めて少数の人間だけが生き残る。4　此れらの人々は、A 船或いは筏に乗り、B 高山に逃れ、C 大木に登り、死を免れた。5　洪水を逃れた者が、其れ以後の人類の祖となる。と、孰れの地においてもほぼ其の要素を同じくしているのであるが、特に、原初突如として起こった大洪水の後、極く少数の人々——伝承の多くは、其れを一組の男女とする——が生き残り、其れ以後の人類の祖となる点では、何故かほとんどの伝承が一致している。

を主人とする物語に織り込まれ、更に種々の物語構成要素が結び付けられ、其の一方においてあるものが削除され、私たちの今日眼にするような首尾一貫した物語にまで仕上げられたものなのである」

　福島（1988）の説では、生まれた障害児を川や海に流すことが例外的なことであれば、こうしてわざわざ古事記や日本書紀に載るはずもなく、古代の風習として実際に行われていたからこそ、このような物語として残されたということになる。この点に関しては、文学者だけでなく考古学者も、不具児に限定しているわけではないが、次のように述べているので、一定の根拠があるかも知れない。

　「北部九州の弥生社会に、はたして女児を間引きするような行為が蔓延していたのかどうか、今のところそれを詳しく検証する手立てはなかなか得られそうにない。ただ、遺跡の密集具合から見ても人口がかなり飽和状態にあった可能性は高いし、（中略）そうした特異な現象が発生した可能性もあながち否定できないように思う」（中橋, 2019）（傍点筆者）。

## （3）原田信一の問題提起

　ところで、原田（1994）は、次のように問題提起している。

　「一連の記述史料をみて、種々なる疑問の涌くところであるが、中でも何故に、『記・紀』すなわち、古代朝廷による、歴史編纂あるいは撰史の行程を経るなど、国家的な力を注いで推進し、創作した国家正史ともいうべき重要なる古伝書の冒頭文脈絡部分に、唐突とも思われるような失敗児『水蛭子』に纏る誕生文を、あえて記載せねばならなかったのであろうか。また、その文中に不具児を登場させたばかりか、『水蛭子』或は『蛭児』の文字を使用して命名した意味は何であったのだろうか」

　筆者もこの点がかねてからの疑問であった。ただし、本論考でそれに対する明確な回答は見当たらず、原田（1994）は、福島（1988）が指摘した点をさらに深め、「『水蛭子神話』に含有する類似ならびに共有する話素の有無を他国神話との比較から深く探求する」ことに力を注いでいる。

　なお、本論考では、『古事記』『日本書紀』から何世紀も経て「水蛭子」が再出現したとして、次のように指摘している。

　「歳月を経た室町中後期頃になり、突如として、民衆等が民衆等の手によっ

て『水蛭子』を再び、民衆の生活の中に甦らせることになる。つまり、今日われわれも周知の、民衆の守護神『恵比寿（須）神』（夷・戎・衣毘須・狄）と改名して蘇生させる現象が生起するのである」

　「恵比寿神」は、現代においても非常になじみ深い神となっているが、原田（1994）は、こうした例は「世界の何処の国にも（中略）見出せない」と述べ、根底に、『水蛭子』が産れて海に流されたところから、まずは漁労者等の間で、海神として祭祀するようになり、やがて歳月が経過して、江戸期に入る頃には頗る商人達の間にまで広く、信仰の輪がひろがるところとなり、漁労者自らと家族等が海上における親族らへの生命保全や、商人間では、商売繁昌、多福招来の願いと成就の守護神として造化させたとする史実がある」と指摘する。障害がある者に対するわが国独特の文化として注目したいところだが、本題から話が逸れてしまった。水蛭子伝説に関する検討はここまでとし、次の事例を検討したい。

## 6. 2000 年代の事件──【事例 E】から考える

### (1) はじめに

　2006 年 12 月 4 日の夜半、いずれも知的障害があり養護学校（現在の特別支援学校）に在籍する姉妹（14 歳・10 歳）と父の 3 人が、車中で死亡しているのが発見された。死因は車に持ち込んだ練炭による一酸化炭素中毒。滋賀県日野町の家族に起きた事件であった（図 1-1-7）。

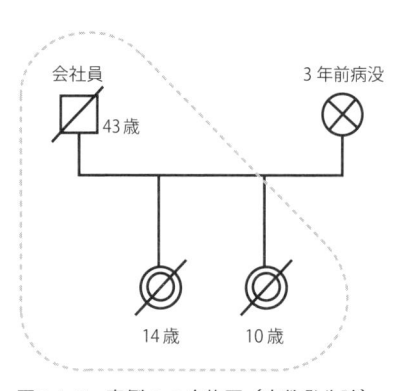

　滋賀県は、「この子らを世の光に」と主張して知的障害児施設「近江学園」や重症心身障害児施設「びわこ学園」などを創設した糸賀一雄が活躍した地であり、福祉先進県を自認していた関係者に衝撃を与えた。そのため早くも同月末には、本事例の何が問題であったのかを究明し、二度とこのような悲惨な事件を発生させないことを目的として調査団が結成された。本稿では、

図 1-1-7　事例 E の家族図（事件発生時）

黒田学・渡邉武・日野障害児家族心中事件調査団（2009）をベースに報告したい。

## （2）事件の発覚

　ところで、子どもの虐待死では、身内や関係機関を含めて、事件が起こる（もしくは起こっている）ことに気づかず、死亡事例が発生、発覚してから、「まさかそんなことになっているとは」と驚くことが多い。ところが本事例では、週明けの月曜日、姉妹が登校せず、連絡もなかったことから、養護学校職員は、父親も会社に出勤していないことを確認して「緊急事態」と受けとめ、すぐに町の福祉課に連絡して両者で家庭訪問し、不在を確認すると、警察に事故や事件の情報はないかを問い合わせ、該当する事案がないことを知って捜索願を出したのであった。そして当日の午後8時半、警察が3人の死亡を確認する。

## （3）寄宿舎

　事件当時、姉妹はいずれも養護学校の寄宿舎を利用しており、月曜から金曜まで寄宿舎で寝泊まりし、土日は自宅で過ごしていた。事件が発覚したのは、父が週末自宅に連れ帰った翌月曜である。本事例では、当時の寄宿舎をめぐる動向が大きな問題とされる。

　そこで、姉妹が寄宿舎を利用するようになった経緯について、黒田他（2009）によって確認しておきたい。もともとは、母の病状が悪化し、入院加療が必要になったことで、養護学校の寄宿舎への「緊急入舎」が認められたものだ。ただし、当時は父の希望で宿泊はせず、放課後から夕食までの時間だけを利用し、父は会社の帰りに母の病院に行き、必要な看護、介護を済ませた後、寄宿舎に子どもたちを迎えにいくという生活をしていた。その後、母が亡くなり父子家庭になったことから、「家庭による通学困難」を理由に、以後2人とも本格的に寄宿舎を利用することになったのである。

## （4）姉妹の障害の状況

　次に、姉妹の障害の状況について。黒田他（2009）によると、姉は、「活発

ではないが単独通学可能な、比較的障害の軽い中学部3年」で、「病床の母親の指示を受けながら父を助け、母と妹の面倒も見ていた」という。一方、妹は小学部4年で、「身辺自立も言葉で伝える力も不十分な、重度に近い知的障害」があったという。寄宿舎で妹の生活指導を担当していた思われる能勢ゆかりは、「養護学校寄宿舎をなくさないで！──滋賀・父娘心中事件の背景にあるもの」(2007) において、次のように説明する。妹には「自閉的傾向があり」「3年生になった頃から、少しずつ言葉が出てきたこともあり、徐々に人に関われるようになって」いた。また、「偏食が強くて、なかなか食べられるものが増えて」いかなかったものの「昼間に充分身体を動かして活動することで、食事の時間には、ちゃんと座って食べられるようにもなって」いった。能勢 (2007) は「障害はあっても、たくさんの友だちとの生活の中で、少しずつ確実に成長していました」と述べている。

## (5) 父について

　父は滋賀県の出身ではないが、県内で就職し、当地の女性（姉妹の母）と結婚している。事件の7年前に住宅を新築したものの、地域での人間関係は乏しかったという。転居して数年後、知的障害のある本児らの母が病気で倒れたため、父は、母と2人の子の世話をしながら生活していた。母は病気の体ながら気丈に娘さんに接し、教育的だったというが、発病後1年も経たずして亡くなってしまう。父は「大きくて深い喪失感」に襲われ、父子3人の孤立した家庭となった。

　父を知る人は、その性格について、「真面目、大声をあげたり怒ったりもしないし、弱音も吐かない。必要なことだけは必ず連絡する律儀さ、でも強くはない人」と見ていた。また、「経済的には特に困った状況にあったとは思えなかった。必要なサービスの支払いをためらうこともなかった」という。

　ただし、死後に、会社に借金を依頼して断られていたことや、自宅から消費者金融からの督促状が見つかったとのことで、読売新聞 (2006年12月6日付朝刊) によると、発見された遺書には、「預金もなく、生活費が底をついた。娘の面倒をこれ以上みられない」などと書かれていたという。

## （6）支援について

　当時は、養護学校の再編整備計画が進められており、姉妹が通う八日市養護学校の寄宿舎が廃止される一方、新たに新築移転する野洲養護学校に寄宿舎が設置されることとなった。そのため、父との話し合いの末、2年後に実施される再編時点で、「妹は寄宿舎のある野洲養護学校へ転校、姉は八日市養護学校に残り、家庭から通学する」という方向となった。ただし、姉妹が別々の学校に通うことなどを、父はたいそう残念がっていたという。

　一方、父子が死亡した2006年は、障害者自立支援法が施行された年で、父の負担は「一気に膨らんだ」という。たとえば、ヘルパーの支援が1時間当たり2,200円から7,000円に引き上げられたというし、長期休暇中の施設利用も一夏で約10万円になると試算されていた。こうしたことをふまえ、黒田他（2009）は次のように述べる。

　「お子さん二人に障害があった。妻に先立たれたという事実があった。そこに、日常的な介護負担、借金返済や自立支援法による負担の増加、寄宿舎廃止に伴い家族が引き裂かれることなどによる、将来に対する不安が重なり、悲観が増幅していったのだろう」

## （7）今後の課題

　事件発生から1年後、調査団による中間報告を兼ねたシンポジウムが開かれた。以下、シンポジウムでの支援機関職員等の発言要旨を、黒田学（2008）『滋賀県日野町・父娘（障害児家族）心中事件から1年──「いのち・くらし」を励ます地域福祉のあり方を考えるシンポジウム』から紹介したい。

　養護学校職員は、「学校で事件を振り返って検討している最中だが、寄宿舎廃舎が大きな要因であると考えている」と述べ、本家族をよく知る保護者は、「保護者同士が繋がりあって、話し合える関係、預かってもらえる場が必要」と述べつつ、「行政にも不安を解消する取り組みをお願いしたいが、実際にはヘルパー不足から来てもらえない、費用負担が大きい問題がある。ただ命を長らえばというのではなく、人間らしく育っていけるように、行政や地域のみなさんに支援してもらいたい」と、行政への要望を話した。一方、本シンポジウムには日野町福祉課長も出席し、次のように発言し、声を詰まらせた。

「日野町は、人口 2 万 3 千人、合併しないまちづくりとして、よりよいまちをつくろうと奮闘している。何が原因だったのか、課でも話し合ってきた。行政として感じたことは、利用者の思い、本心をしっかりとお伺いする姿勢に欠けていたように思う。もちろん、課員が家族を訪問して、本人や家族から話をお伺いすることが大切と思って、できるだけ訪問している。行政が利用者、家族から信頼される関係がなければ、本心をなかなか伺うことができない。そういう思いで、仕事に努めている。また、生活保護にかからないが、低所得者への対策、支えが日本の制度には欠けている。制度の隙間の問題があるように思う。今回の家族に対しても、親身になって相談もしてきたが大変残念な結果であった」

シンポジウムの最後に、姉妹が通っていた八日市養護学校の元教員で、シンポジウムのコーディネーターを務めた坂井清泰氏が次のようにまとめた。

「多くの仲間とともに福祉を進めるために奮闘してきたのに、こういう事件が起きて大変残念だ。しかし、私たちは『希望、絆、生きがい』という 3 つのキーワードをもって取り組んでいけばどうか。絶望に陥る、絆を失う、生きがいを失うことがないように、仲間同士の関わり、援助の中で、常に希望が感じられるように」

「絆を築くことの大切さと同時に、家族を超えた絆をつくっていくことも必要だ。（中略）子どもが生きがいというだけでなく、社会に目を向けた取り組みも必要と感じる。仲間と一緒に大きな取り組みをつくるなかで、希望も開けるし、深い絆もうまれてくる、さらに社会的意味を感じて生きがいにもなってくるように思う」

障害児の権利が尊重され、保護者が喜びを持って子育てするためには、それを支える制度、施策が不可欠であると言うはかない。

# まとめ

1. 本稿では、障害児に対する殺害事件、すなわち虐待死事例の中から、社会的に大きな関心を呼んだ事例、あるいは事例の具体的な状況や背景などがある程度記載されているものをいくつか選び出し、それらについて、時代的な変遷も念頭において分析、検討した。ただし、それらは事件が発生した時代における代表的な例とまでは言いきれず、以下に述べる諸点につい

ても、その客観性、妥当性等の点で不十分さを残している可能性があること を、お断りしておきたい。

2. とはいえ、ここで取り上げた事例を時系列に並べて俯瞰するだけでも、事件が発生した時代の特徴が色濃く反映していることが窺われる。なお、ここで言う時代的特徴とは、それぞれの時代における障害児者の置かれている社会状況をおもに意識したものだが、子どもの虐待死全般と比べると、障害児の虐待死には、公的施策等の状況、端的に言えばその不十分さがより強く表れているように思われる。

3. 戦後、憲法や児童福祉法が制定された後も、障害児を持つ家族は、その困難を一身に背負って生活しており、これといった施策もないまま、追い詰められて当該児童を殺害する事件が続いていた。こうした状況に対する社会的関心を集めることとなった象徴的事件が、重症の27歳の息子を医師が殺害した1967年発生の【事例A】であろう。本事件が一つのきっかけとなって心身障害児者施策の貧困がクローズアップされ、重症心身障害児者をはじめとする障害児者に対する施策の充実が叫ばれることとなった。

4. 一方、障害児者を殺害する行為にもっぱら同情的な視線を向け、加害者を免罪し、無罪や執行猶予等を求めることに対して、当事者である障害者から、障害児者の介護、養育を担う親や保護者の辛苦を理解しつつも、強烈な問題提起がなされるようになった。その象徴的な出来事が、1970年に発生した2人の障害児を養育する母親による2歳の重度脳性マヒ児殺害事件【事例C】をめぐる動きであろう。本件では、脳性マヒ者自らが、減刑嘆願運動を批判する意見書をまとめて関係機関等に訴えたことで、当事者の声に耳を傾けることの必要性が認識される出発点となったものと思われる。加えて、障害児施設等も、保護者のためでなく、何よりも障害児自身のためのものでなくてはならないという観点の重要性が示されたと、筆者は考える。

5. 1974年には、軽度の障害児と言える小学2年生の息子を母が殺害した事件が発生した【事例B】。本件公判では、「まとめ」3、4で述べたような視点が、検察側と弁護側それぞれの主張に持ち込まれ、争われた。こうした論点の整理、定式化を試みたのが陶久利彦ではないだろうか。陶久（2003）は、種々の家庭事情が重なって高機能自閉症の息子（14歳）を父が殺害した【事例D】などもふまえ、道徳観と重なる法感覚という概念を提唱した。

**6.** 陶久（2003）の言う法感覚は2つに分けられる。すなわち、法感覚Aは「理不尽な運命に懸命に立ち向かっていた善人がもはや耐えきれないほどの状況に追い込まれ、神聖不可侵の価値を侵害することなくしてその状況を打破できないと判断した上で当該価値を侵害し、且つ行為後自殺を企てるなど自らの行為に対する処罰を試みたときは、情状を酌量し重い刑罰を科すべきではない」とされ、法感覚Bは「人の命は無条件に尊重されるべきである上、被害者が自ら抵抗できないなどの弱い立場にあるときには、加害者への非難は増しこそすれ減じることはないはずである。運命の過酷さや社会制度の不備に訴えたところで、殺人の責任が消えるわけではない」と整理される。

　　そして、「法感覚Aは障害児を取り巻く人々の体験に、Bは何よりも障害児者本人の体験に根ざしている」と述べる。【事例D】の判決を見ると、法感覚Bを基本に据えた上で、情状として法感覚Aを考慮していると考えられ、以後の判決の多くで、この形が定着しているように思われる。

**7.** 2006年には、父子家庭の父が障害を抱える2人の娘と無理心中した【事例E】が発生する。当該地域では、事件発生前から、養護学校寄宿舎の廃止や施行されたばかりの障害者自立支援法の問題点を指摘して、関係者や保護者等が改善をめざす取り組みを続けていた。事件発覚後すぐに本事例に対する調査団が結成され、多角的な検討がなされたのは、こうした背景があってのことであろう。なお、加害者となった父親が死亡していることもあって、「本稿のまとめ」6で言う「法感覚B」についての言及はない。それはともかく、障害児の基本的権利を保障するためには、障害児に対する手厚い施策はもちろんのこと、養育者を支援する丁寧な対応が必要不可欠であることが、本事例を通じて浮き彫りになった。その意味では、1960年代に発生した【事例A】を受けて障害児者に対する施策の重要性が指摘されたことが、時を経て姿を変え、つまりはより具体的な内容を伴って、再び持ち上がったと言えなくもない。

**8.** ここまでを見てくると、障害児の殺害、障害児の虐待死についての見方や、障害児に対する施策のあり方が、戦前、戦後の長い歴史の中で整理され、発展してきたこと、また、それをふまえた現在の到達点が浮かび上がってくる。すなわち、2016年改正児童福祉法でも明記されているように、障害の原因、特質および程度にかかわらず、まずは障害児を権利の主体者と

して位置づけることを共通認識とすべきという観点である。どのような事情があっても障害児を殺害する、虐待することが許されないことは言うまでもない。付け加えれば、障害児に対する施策も、養育者や支援機関、支援者の都合ではなく、あくまでも当事者である障害児の（声なき声を含む）声を尊重する姿勢が求められるものと言えよう。ただし、ここで紹介した事例の保護者は、障害児の養育等においていずれも並大抵ではない苦労を強いられ、その挙げ句に事件を起こしていた。こと障害児の虐待死に関しては、養育者の実情をふまえた手厚い施策なしには、こうした事件を防ぐこともできないのであり、親を責めればよいというものではないということが、より一層際だって明確化されたと言えよう。

9. 過去の文献に見られた事例等の検討から、本章では以上のようなまとめを行った。ただし、ここで示した事例は、最も新しいものでも 2006 年に発見、発覚した事例であり、障害児に対する昨今の虐待死事件がどのようなもので、どんな特徴があるのか、それらをふまえて、私たちは、今どのような取り組みをすべきなのかといった点については、明らかとなっていない。

これらをふまえて、さらに検討すべきと思われる点をいくつか挙げると、障害の受容と虐待や虐待死との関係、心中事例と心中以外事例の比較検討、被害児に障害がある場合の死亡事例検証のあり方や留意点等々が考えられる。

こうした検討点については、次章において、以後に発生した虐待死事例や重篤事例についての自治体の検証報告書の分析等を取り上げることとした。

## ◆引用文献

福島秋穂. (1988). 記紀神話伝説の研究. 六興出版.

原田信一. (1994). 水蛭子神話論攷. 駒澤大學文學部研究紀要, (52), 147-194.

飯塚進. (1973). 心身障害に係わる「道連れ自殺」について（Ｉ）. 桃山学院大学社会学論集, 7 (2), 52-67.

河口栄二. (1982). 我が子、葦舟に乗せて. 新潮社.

川﨑二三彦・平山哲・田附あえか・大塚斉・相澤林太郎・長尾真理子・山邊沙欧里. (2011). 平成 22 年度児童の虐待死に関する文献研究. 子どもの虹情報研修センター.

川﨑二三彦・相澤林太郎・長尾真理子・山邊沙欧里. (2012). 平成 23 年度児童の虐待死に関する文献研究. 子どもの虹情報研修センター.

川﨑二三彦・相澤林太郎・長尾真理子・山邊沙欧里. (2015). 児童虐待に関する文献研究

　　──自治体による児童虐待死亡事例等検証報告書の分析．子どもの虹情報研修センター．

こども家庭庁．こども家庭審議会児童虐待防止対策部会児童虐待等要保護事例の検証に関する専門委員会．（2023-2024）．こども虐待による死亡事例等の検証結果等について（第19次～第20次報告）．

厚生労働省．社会保障審議会児童部会児童虐待等要保護事例の検証に関する専門委員会．（2005-2022）．子ども虐待による死亡事例等の検証結果等について（第1次～第18次報告）．

厚生省児童家庭局．（1974）．児童の虐待、遺棄、殺害事件に関する調査結果．厚生, 29, 35-44.

厚生省児童家庭局（編）．（1978）．児童福祉三十年の歩み．p. 99．日本児童問題調査会．

黒田学．（2008）．滋賀県日野町・父娘（障害児家族）心中事件から1年──「いのち・くらし」を励ます地域福祉のあり方を考えるシンポジウム．障害者教育科学, 56, 75-78.

黒田学・渡邉武・日野障害児家族心中事件調査団．（2009）．障害のある子ども・家族とコミュニティケア──滋賀・父子心中事件を通して考える．クリエイツかもがわ．

中橋孝博．（2019）．日本人の起源──人類誕生から縄文・弥生へ．講談社学術文庫．

生瀬克己．（1993）．《障害》にころされた人びと──昭和の新聞報道にみる障害の者（障害者）と家族．千書房．

能勢ゆかり．（2007）．養護学校寄宿舎をなくさないで！──滋賀・父娘心中事件の背景にあるもの．福祉のひろば, 86, 30-32.

陶久利彦．（2003）．障害児との心中事件と法感覚．創文, 458号, 11-15.

次田真幸．（1977）．古事記（上）全訳注．講談社学術文庫．

植松正．（1967）．重症心身障害児の殺害．時の法令, 618号, 30-33.

宇治谷孟．（1988）．日本書紀（上）全現代語訳．講談社学術文庫．

横塚晃一．（2007）．母よ！殺すな．生活書院．

# 第2章
# 自治体による死亡事例検証
## ——41事例の概況

相澤林太郎

## はじめに

　第1章では、児童本人の障害が、虐待死においてどのような形で影響しているのかについて検討した。すなわち、過去に行われた虐待死に関する文献研究等の中から障害児にかかる内容が含まれているものを抽出し、その中から、社会的に大きな関心を呼んだ事例、あるいは具体的な状況や背景などが一定程度記載されている事例を取り上げ、それらについて、時代的な変遷も意識しながら分析、検討し、障害児に対する虐待死の実態を、可能な限り把握した。

　その結果、戦前、戦後の長い歴史の中で、保護者は、障害児の養育等においていずれも並大抵ではない苦労を強いられ、その挙げ句に事件を起こしていたこと、ただし、どのような事情があっても障害児を殺害する、虐待することが許されないことはもちろん、障害児に対する施策も、養育者や支援機関、支援者の都合ではなく、あくまでも当事者である障害児の（声なき声を含む）声を尊重する姿勢が求められること、障害の原因、特質および程度にかかわらず、まずは障害児を権利の主体者として位置づけることを共通認識とすべきという観点が確立されていったこと、さらに障害児の権利を保障するためには、養育者を支援する手厚い施策が必要なこと、などが明らかになった。

　なお、第1章で取り上げた事例は、最も新しいものでも2006年に発生、発覚した事例であり、障害児に対する昨今の虐待死事件がどのようもので、どんな特徴があるのか、それらをふまえて、私たちは、今どのような取り組みをすべきなのかといった点について言及できず、課題として残された。

　そこで、第 2 章では、児童虐待の防止等に関する法律（以下、児童虐待防止法）の施行後に公表された自治体における死亡事例等検証報告書から、障害児等の死亡事例のその後の傾向、特徴を捉えることとした。

# 1.　検討の方法

　公表された地方自治体による虐待死亡事例等検証報告書から、障害児等が被害者となったと思われる事例をピックアップし、全体を俯瞰してその特徴を捉えることとした。分析対象としたのは、児童虐待法が施行された 2000 年 11 月 20 日から 2020 年 3 月末までの間に報告、公表された 266 の検証報告書である。

　なお、児童福祉法第 4 条第 2 項において、「障害児」は次のように定義されている。

　「この法律で、障害児とは、身体に障害のある児童、知的障害のある児童、精神に障害のある児童（発達障害者支援法第 2 条第 2 項に規定する発達障害児[※1] を含む。）又は治療方法が確立していない疾病その他の特殊の疾病であって障害者の日常生活及び社会生活を総合的に支援するための法律第 4 条第 1 項の政令で定めるもの[※2] による障害の程度が同項の主務大臣が定める程度である児童をいう」

　ただし、自治体の検証報告書においては、個人情報への配慮などがあってのことか、児童の状況を敢えて明確に記載していない場合も多々見受けられ、上記で示された定義に合致するか否かが不明のものが多い。また、第 1 章でも触れたように、こども家庭審議会児童虐待防止対策部会児童虐待等要保護事例の検証に関する専門委員会（以下、専門委員会）報告書「こども虐待による死亡事例等の検証結果等について」においても、子どもの障害が加害の動機とされている例は、「心中による虐待死」において計上されているだけで、「心中以外の

---

※1　発達障害者支援法第 2 条第 2 項　ここの法律において「発達障害者」とは、発達障害がある者であって発達障害及び社会的障壁により日常生活又は社会生活に制限を受けるものをいい、「発達障害児」とは、発達障害者のうち 18 歳未満のものをいう。

※2　障害者の日常生活及び社会生活を総合的に支援するための法律施行令第 1 条　障害者の日常生活及び社会生活を総合的に支援するための法律第 4 条第 1 項の政令で定める特殊の疾病は、治療方法が確立しておらず、その診断に関し客観的な指標による一定の基準が定まっており、かつ、当該疾病にかかることにより長期にわたり療養を必要とすることとなるものであって、当該疾病の患者の置かれている状況からみて当該疾病の患者が日常生活又は社会生活を営むための支援を行うことが特に必要なものとして内閣総理大臣及び厚生労働大臣が定めるものとする。

虐待死」においては、示されていない。なお、「心中以外の虐待死」における加害の動機として挙げられている項目には、「しつけのつもり」「子どもがなつかない」「慢性の疾患等の苦しみから子どもを救おうという主観的意図」「泣き止まないことにいらだったため」などがあり、それらの背景にも子どもの障害が隠されている可能性がある点についても、第1章で指摘したとおりである。

　一方、第1章の分析、検討において、保護者は、障害児の養育等においていずれも並大抵ではない苦労を強いられ、その挙げ句に事件を起こしていたことが明らかとなった。こうした状況を念頭に、266の検証報告書から障害児等が被害に遭った事例をピックアップする際には、なるべく広範な事例を対象に含めることとした。具体的には、「身体疾患」「精神疾患」「知的障害」「発達障害」といった用語が見られる事例、およびそれらを表すような他の言葉、さらにその疑いがある事例を抽出し、検討対象とした。

　繰り返すが、これらがすべて児童福祉法が定義する障害児の事例とは言えず、また、対象としなかった事例の中にも、障害児が含まれている可能性があることを申し添えたい。以上をふまえ、本章では、対象とした児童について「障害児」とせず、「障害児等」と記載する。

## 2.　対象事例について

### (1) 報告書数、事例数、被害人数

　本稿で調査した自治体による266の検証報告書のうち、43報告書（41事例、41人の被害児童）に障害児等が被害を受けた事例の報告を確認した[※3]。これは、266報告書全体から見て16.2%にあたる。

　なお、内閣府が出している「令和6年版　障害者白書」は、「国民のおよそ9.2%が何らかの障害を有していることになる」と指摘している。この数値は、身体障害、知的障害、精神障害それぞれをそのまま合計して導き出した割合だが、複数の障害を併せ持つ者もいるため、実人数の割合は、これより低いと思われる。なお、児童だけでなく障害児者全体を対象としていることもあり、本

---

※3　報告書数と事例数、被害人数が一致しないのは、一つの事例につき県と市の両方で検証報告書が出されている例があったことによる。

調査と単純に比較にすることはできないが、今回の対象事例が死亡事例検証の中で占める割合は、国全体で見た障害者の比率に比べて高くなっている。その理由の一つに、自治体検証報告書が障害の有無を明記していない例が多いことから、障害をなるべく広く捉えようとした点が考えられるが、他方、障害児を育てる過酷さが、虐待のリスクをより高めているという仮説も成り立つので、障害を理由にした虐待死が、他の事例と比べて実態としても多いという可能性もあろう。

## (2)「心中以外の虐待死」と「心中による虐待死」

さて、検討対象とした 41 事例について、「心中以外の虐待死」（以下、「心中以外」）と「心中による虐待死」（以下、「心中」）の内訳を見ると、「心中以外」が 20 事例（48.8%）、「心中」が 21 事例（51.2%）であった。これを専門委員会の報告（第1次～ 20 次までの事例数）と比較できるよう図示したのが、図 1-2-1 である。専門委員会のデータでは心中事例が約 3 分の 1 となっているが、今回の調査対象は逆で、僅かながら心中事例の方が多くなっている。

参考までに、専門委員会による虐待死亡人数の推移を図 1-2-2 に示した[4]。それによると、「心中」の事例数は、大きな流れから言えば減少傾向がうかがわれよう[5]（ただし、第 15 次から第 18 次にかけて、被害児童数は少しずつ増加しており、単純に減少していると断定するには、慎重さが必要だろう）。

図 1-2-1　心中事例と心中以外事例の割合（例数）

---

※4　専門委員会における被害児の人数をトータルで見ると、心中以外は 1,045 人（62.2%）、心中は635 人（37.8%）となっている。心中の場合、事例数に比して被害人数の割合が若干増えているが、心中の場合、1 事例で複数の子どもが被害に遭うことが珍しくないためと考えられる。

※5　心中事例が第 1 次から第 4 次にかけて急増していることについて、第 4 次報告は「心中事例の増加は、実際の事例数そのものが増加しているとは言いきれず、地方公共団体において、検証対象事

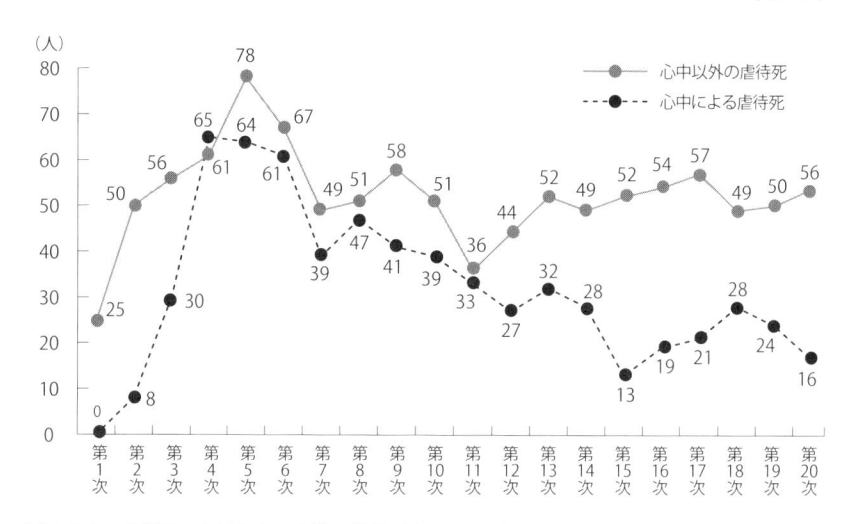

図 1-2-2　虐待死した子どもの人数の推移（専門委員会）

　本調査が対象とした障害児等の虐待死においては、事例数、児童数のサンプルが少ないことをふまえる必要はあるが、心中以外事例よりも心中事例の割合が高かった点は注目に値するように思われる。心中事例の発生について、第 1 章において紹介した陶久（2003）は、法感覚 A を「耐えきれないほどの状況に追い込まれ」て障害児を殺害し、「自殺を企てるなど自らの行為に対する処罰を試みた」場合としていたが、それに加えて、子どもの障害等に直面して行きづまり、自らの命を（子どもと共に）断つことで困難から逃れようとした可能性も考えられるのではないだろうか。

## 3.　被害児童について

### (1) 性別

　被害児童の性別について見ていくと、全 41 人のうち男児は 24 人（58.5%）、女児が 17 人（41.5%）であり、第 1 次〜 17 次報告までの虐待死亡事例全体（男児

---

　例として国に報告すべきものとの認識が高まり、報告されるようになったためとも考えられ」と述べており、必ずしも実態として急増しているわけではないとの認識が示されている。

456人51.2%、女児396人44.5%、不明38人4.3%。）とほぼ同傾向であった（図1-2-3）。

## （2）年齢

　被害児童の年齢分布について、専門委員会第1次〜20次までの総計を見ると「心中」と「心中以外」では大きく異なる（図1-2-5、図1-2-4）。すなわち、「心中以外」の被害児童は低年齢に集中しており、0歳が半数近くを占め、3歳までで約8割を占めるが、「心中」は年齢にバラツキがあり、比較的高年齢児も満遍なく被害に遭っている。

　一方、障害児等の死亡事例を見ていくと、「心中」では専門委員会の場合と同様に年齢のバラツキが見られたが（図1-2-7）、「心中以外」を見ると、専門委員会の分布と異なっていた。すなわち、3歳までの合計が半数に留まってお

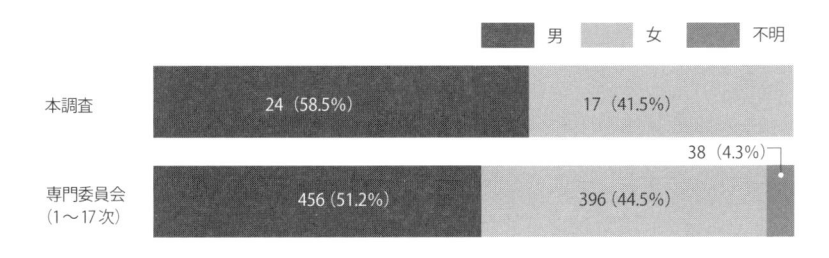

図 1-2-3　被害児の性別割合　　注：専門委員会は、第18次以降男女別の記載がなく、第17次までとした。

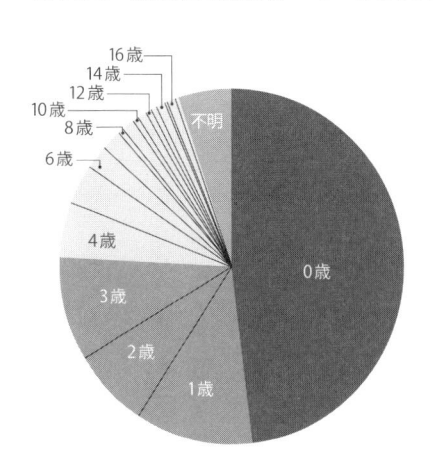

図 1-2-4　死亡した子どもの年齢別割合
心中以外（専門委員会，第1次〜20次）n=1045

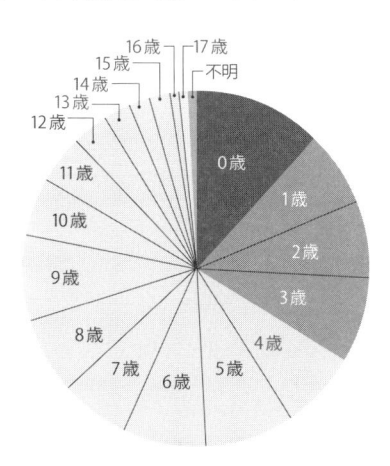

図 1-2-5　死亡した子どもの年齢別割合
心中（専門委員会，第1次〜20次）n=635

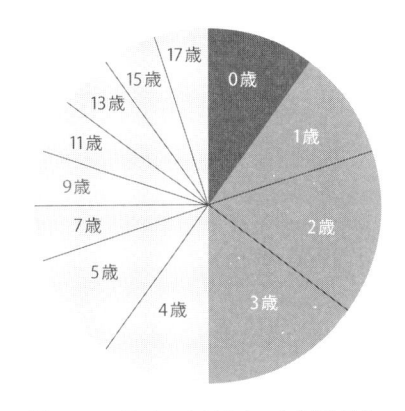

図 1-2-6　死亡した子どもの年齢別割合
心中以外（障害児等）n=20

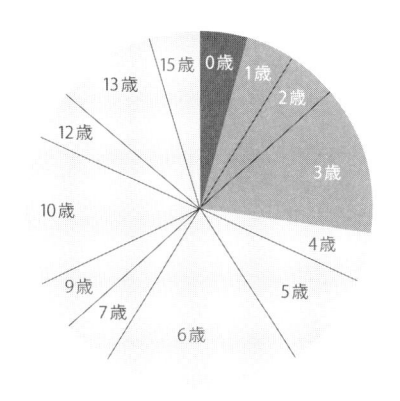

図 1-2-7　死亡した子どもの年齢別割合
心中（障害児等）n=21

り、「心中以外」においても高い年齢まで分布が広がっている（図 1-2-6）。被害児が障害児等であることが何らかの影響を及ぼしているのかどうか、今後のさらなる検討が求められるものと言えよう。

## （3）障害等の種類

　被害児童が抱える障害等（疑い事例を含む）の種類について見ると、41 人中最も多いのが発達障害等で 17 人（41.5%）、次いで身体障害が 12 人（29.3%）。そして知的障害 8 人（19.5%）と続く。また、障害が合併している児童（身体障害＋知的障害、および発達障害＋知的障害）も、各 2 人（4.9%）であった[6]（図 1-2-8）。

　発達障害等については、全 17 人中、自閉症スペクトラム障害関連が 6 人、ADHD が 5 人、自閉症スペクトラム障害関連＋ ADHD が 1 人、LD が 1 人だった（なお、発達障害の疑いや発達の偏りといった記載があった事例も加えている）。

　身体障害には、心疾患、Ⅰ型糖尿病、「先天性疾

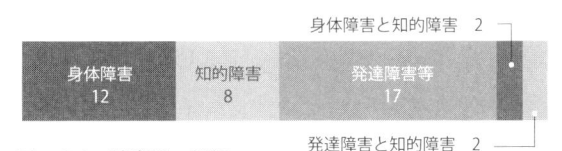

身体障害と知的障害　2

| 身体障害 12 | 知的障害 8 | 発達障害等 17 | |

発達障害と知的障害　2

図 1-2-8　障害児の種類

---

※ 6　障害名などは前述のとおり、各報告書の記載の仕方、障害を捉える枠組みなどの違いから、正確な分類とは言えないことを記しておきたい。

患※7」といったものが含まれる。また、他の疾患に加え、低出生体重と記載されている事例が３例あった。

## （4）障害等の種類と年齢階層

次に、乳幼児と学齢児に分けた上で、それぞれに出現する障害等の種類の特徴を検討した（図1-2-9）。それによると、乳幼児（n = 23）では身体障害とされる児童の被害の割合が最も高かったが（39.1%）、学齢児（n = 18）では発達障害等とされる児童の割合がちょうど半数を占め（重複事例を含めると過半数の52.6%）、最も高い割合で出現した。こうした傾向となる理由については、第3章での検討が一定の示唆を与えるので、そちらを参照されたい。

また、図1-2-10 では、心中と心中以外を比較して、障害の種類に違いがあるのか否かを見た。心中以外では身体障害が最も高く（45.0%）、心中では発達障害が最も高い割合で出現（52.3%）していた。

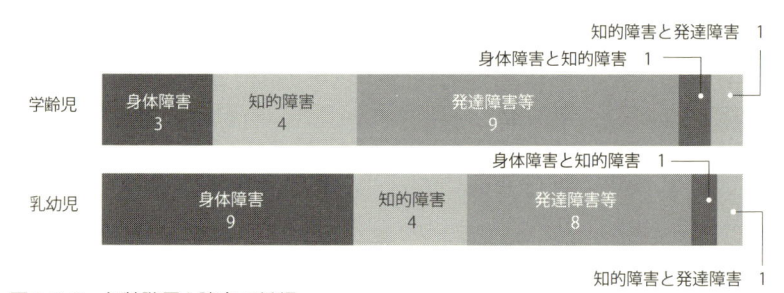

図 1-2-9　年齢階層と障害の種類

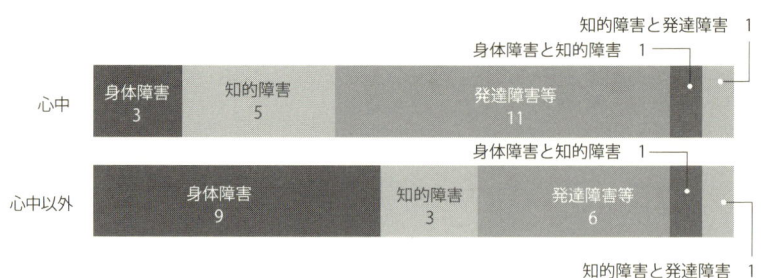

図 1-2-10　心中と心中以外における障害の種類

---

※7　本調査で扱った検証報告書では、「先天性疾患」という記述のみのものがあり、詳細は不明だが、身体障害の可能性が高いと判断した。

# 4.　加害者について

## (1) 児童との関係

　加害者の続柄（被害児との関係）を示したのが図 1-2-11 である。ここでは、心中と心中以外に分けて図示している。心中事例では、実母の割合が圧倒的に高く、21 事例のうち 17 例を占め、全体の 8 割を超えていた。また、実父は 3 例で 17.6% だった。専門委員会報告（第 2 次から第 20 次までの総計）によると、心中における実母の割合は 68.2% で[8]、やはり最も高い割合となっており、実父の割合は 18.9% だった。したがって、障害児等における加害者の割合は、概ね専門委員会報告と同じ傾向と言えるのではないだろうか。なお、今回対象とした障害児等の例では、実父母以外には祖父が 1 例あるのみで、非血縁の者による加害の事例はなかった。この点も多くの研究において指摘されている点と共通しよう。

　一方、心中以外の事例を見ると、20 事例のうち実母が半数の 10 例（50.0%）と最も多く、実父は 4 例（20.0%）となっている。専門委員会報告では、実母の割合は 53.2% であり、次いで多かったのが実父で 14.9% となっている（第 1 次から 20 次までの総計）。心中以外事例においても、心中事例と同様、専門委員会報告と今回の対象事例は、それほど大きく異なってはいないように思われる。

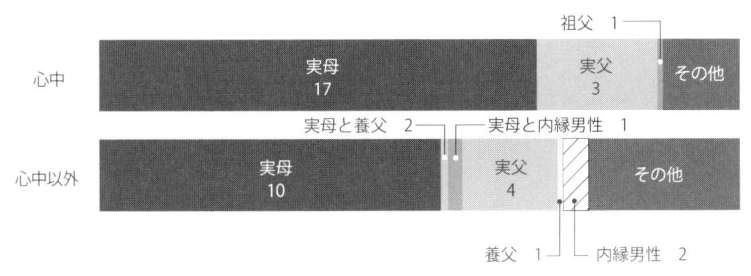

図 1-2-11　加害者と被害児童の関係

---

※8　専門委員会第 1 次報告に「心中事例」はなかったため、事例のあった第 2 次からの総計となっている。

## （2）年齢階層

　加害者の年齢階層を、図 1-2-12 に示した。本図は、心中および心中以外を合計した 41 事例で加害者とされたすべての者を含めている。また、実母と養父（2 例）、実母と内縁男性（1 例）など加害者が複数存在する事例も含まれるため、全体で 44 人となっている。なお、「不明」の中に 30 代が少なくとも 1 名含まれていることがわかっているが、30 代の前半か後半かが不詳のため、「不明」としてカウントしている。

　加害者を年代別に見ると 30 代が最も多く（不明に加えた 1 名を入れて）18 名で、全体の 4 割を超えている。次いで 20 代が 11 名（25.0%）、そして 40 代の 6 名（13.6%）と続く。10 代、50 代、60 代はそれぞれ 1 名であった。なお、本来ならば、心中と心中以外の区別、また実父と実母、また内縁関係の者などの違いをふまえた分析、検討が必要だが、例数が少ないことなどもあり、今回は、全体の分布を示すにとどめている。

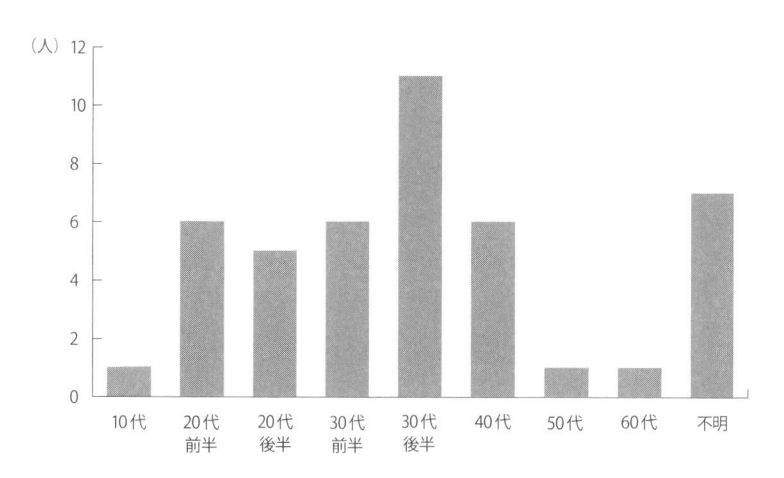

図 1-2-12　加害者の年齢階層

# まとめ

1. 自治体が公表している虐待死亡事例等検証で、被害児童が児童福祉法による障害児の定義に該当するか否かを明確にしているものはほとんど見られなかった。そのため、本調査においては、対象児の選定段階から大きな困難があったと言わざるを得ない。

2. 自治体の検証報告書は、個別事例の検証という点もあって、個人情報へ配慮していること、また、障害というセンシティブな問題であることなどから、被害を受けた子どもについて障害児と明記して報告することが難しいことは理解できないわけではない。ただし、第 1 章でも述べたように、過去の事例は、保護者が「障害児の養育等においていずれも並大抵ではない苦労を強いられ、その挙げ句に事件を起こしていた」ことを示していた。したがって、障害児を育てていく上での困難や支援の課題を明らかにしていく上でも、自治体検証においては、障害の問題が死亡事例にどのような影響を及ぼしていたのか、可能な限りを明らかにしていくことが望まれる。

3. 国の専門委員会による検証報告書においては、子どもの疾患、障害等の有無については把握しているが、身体障害や知的障害等の個々の障害の有無について計上しているだけで、何らかの障害がある児童の実数は明確にされていない。また、加害の動機としての障害の存在という観点についても、心中事例で把握しているだけである。これらの詳細を把握することは、今後の対策に対して重要な示唆を与えると考えられるので、今後、数値の詳細な把握等について積極的に検討するよう望みたい。

4. 本調査では、上記のような事情もふまえ、対象児童を児童福祉法における障害児の規定の範囲にとどめず、なるべく広範な事例を含めることとした。具体的には、自治体検証報告において、「身体疾患」「精神疾患」「知的障害」「発達障害」といった用語が見られる事例、およびそれらを表すような他の言葉、さらにその疑いがある事例を抽出した。

5. 児童虐待防止法が施行された 2000 年 11 月 20 日から 2020 年 3 月末までの間に自治体が公表した 266 の検証報告書を調査した結果、16.2% に当たる 43 報告書において、障害児等が被害に遭って死亡した事例（41 事例 41 人）を確認した。なお、報告書数と事例数、被害人数が一致しないのは、1 つ

の事例につき県と市の両方で検証報告書が出されている例があったことによる。

6．対象となった被害児が抱えていた障害等の内訳は、多い順に発達障害41.5%、身体障害29.3%、知的障害19.5%となっており、複合型はそれぞれ4.9%であった（複合型とは、身体障害と発達障害の併存、身体障害と知的障害の併存）。そのなかで、乳幼児の事例では、身体障害とされる児童の被害の割合が最も高く、学齢児では発達障害とされる児童が最も高い割合で出現した。また、心中と心中以外を比較すると、心中以外では身体障害が最も高く、心中では発達障害が最も高い割合で出現した。

7．これらの事例における加害の動機が、すべて被害児童の障害等に起因するとは言えないにしても、第1章でも述べたように、保護者が養育等において並大抵ではない苦労をかかえ、疲弊していることが背景要因となっている可能性は否定できず、障害児等をかかえる保護者への支援の重要性が浮かび上がったものと言えよう。

8．本調査における注目すべき点の一つは、被害児童の年齢である。すでに明らかなように、専門委員会報告によると、「心中以外」では乳幼児、わけても0日児、0歳児の被害が多く、「心中」では年齢にバラツキがあって比較的高年齢児も被害に遭っていた。

　　一方、本調査による障害児等は、「心中」「心中以外」共に比較的高年齢児にまで被害が及んでおり、専門委員会の結果とは異なっていた。背景要因を確定することはできなかったが、高年齢の児童の場合、「心中」「心中以外」いずれも、保護者が障害を受容できず追い詰められる、あるいは障害があると認識するまでに時間を要するといった可能性も考えられ、今後の検討課題の一つと言えよう。

9．こうした結果をふまえると、少なくとも本調査に関する限り、障害児の虐待死に関する検討、分析はまだ途上にあると言わざるを得ず、全体的な傾向の把握から一歩進め、個々の事例についてより深く検討することが求められており、その点は次章に譲ることとしたい。

### ◆引用・参考文献

川﨑二三彦. (2001). 障害　子どものためのソーシャルワーク4. 明石書店.

川﨑二三彦（編著）. (2018). 虐待「親子心中」――事例から考える子ども虐待死. 福村出版.

川﨑二三彦（編著）．（2020）．虐待「嬰児殺」—— 事例と歴史的考察から考える子ども虐待死．福村出版．

川﨑二三彦・相澤林太郎・長尾真理子・山邊沙欧里．（2015）．児童虐待に関する文献研究—— 自治体による児童虐待死亡事例等検証報告書の分析．子どもの虹情報研修センター．

川﨑二三彦・増沢高（編著）．（2014）．日本の児童虐待重大事件　2000-2010．福村出版．

こども家庭庁．こども家庭審議会児童虐待防止対策部会児童虐待等要保護事例の検証に関する専門委員会．（2023-2024）．子ども虐待による死亡事例等の検証結果等について（第 19 次〜第 20 次報告）．

厚生労働省．社会保障審議会児童部会児童虐待等要保護事例の検証に関する専門委員会．（2005-2022）．子ども虐待による死亡事例等の検証結果等について（第 1 次〜第 18 次報告）．

陶久利彦．（2003）．障害児との心中事件と法感覚．創文，458 号，11-15．

# 第3章
# 自治体による死亡事例検証
## ——38事例のメタ分析

川﨑二三彦・相澤林太郎

## はじめに

　本稿は、第1章および第2章をふまえ、そこでは解明できなかった課題についてさらに検討し、深めることを狙いとしている。そこで、あらためて各章で示された課題などを振り返っておきたい。

　第1章では「まとめ」において次のように述べた。

　「障害児の殺害、障害児の虐待死についての見方や、障害児に対する施策のあり方が、戦前、戦後の長い歴史の中で整理され、発展してきたこと、また、それをふまえた現在の到達点が浮かび上がってくる。すなわち、2016年改正児童福祉法でも明記されているように、障害の原因、特質および程度にかかわらず、まずは障害児を権利の主体者として位置づけることを共通認識とすべきという観点である。どのような事情があっても障害児を殺害する、虐待することが許されないことは言うまでもない。付け加えれば、障害児に対する施策も、養育者や支援機関、支援者の都合ではなく、あくまでも当事者である障害児の（声なき声を含む）声を尊重する姿勢が求められるものと言えよう。ただし、ここで紹介した事例の保護者は、障害児の養育等においていずれも並大抵ではない苦労を強いられ、その挙げ句に事件を起こしていた。こと障害児の虐待死に関しては、養育者の実情をふまえた手厚い施策なしには、こうした事件を防ぐこともできないのであり、親を責めればよいというものではないということが、より一層際だって明確化されたと言えよう」

　以上をふまえ、次の点を今後の課題として挙げた。

　「ここで示した事例は、最も新しいものでも2006年に発見、発覚した事例であり、障害児に対する昨今の虐待死事件がどのようなもので、どんな特徴があるのか、それらをふまえて、私たちは、今どのような取り組みをすべきなのかといった点については、明らかとなっていない。これらをふまえて、さらに検討すべきと思われる点をいくつか挙げると、障害の受容と虐待や虐待死との関係、心中事例と心中以外事例の比較検討、被害児に障害がある場合の死亡事例検証のあり方や留意点等々が考えられる」

　このように述べ、以後に発生した虐待死事例や重篤事例の特徴についての分析、検討は、第2章に託した。

　第2章では、「児童虐待防止法が施行された2000年11月20日から2020年3月末までの間に自治体が公表した266の検証報告書」を調査し、「43報告書（41事例、41人の被害児童）に障害児等が被害を受けた事例の報告を確認」している。

　ただし、対象とした検証報告書は、すべて公表されたものを取り上げたことから、個人情報等に配慮してのことか、ほとんどの報告書で、障害の詳細を明記していなかった。そこで、「障害児等が被害に遭った事例をピックアップする際には、なるべく広範な事例を対象に含めることとし」「具体的には、『身体疾患』『精神疾患』『知的障害』『発達障害』といった用語が見られる事例、およびそれらを表すような他の言葉、さらにその疑いがある事例を抽出し、検討対象とした」

　すると、いくつかの点で注目すべき傾向が明らかとなった。その一つは、被害児童の年齢である。第2章のまとめでは、次のように指摘した。

　「すでに明らかなように、専門委員会報告によると、『心中以外』では乳幼児、わけても0日児、0歳児の被害が多く、『心中』では年齢にバラツキがあって比較的高年齢児も被害に遭っていた。一方、本調査による障害児等は、『心中』『心中以外』共に比較的高年齢児にまで被害が及んでおり、専門委員会の結果とは異なっていた。背景要因を確定することはできなかったが、高年齢の児童の場合、『心中』『心中以外』いずれも、保護者が障害を受容できず追い詰められる、あるいは障害があると認識するまでに時間を要するといった可能性も考えられ、今後の検討課題の一つと言えよう」

　「乳幼児の事例では、身体障害とされる児童の被害の割合が最も高く、学齢児では発達障害とされる児童が最も高い割合で出現した。また、心中と心中以外を比較すると、心中以外では身体障害が最も高く、心中では発達障害が最も高い割合で出現した」

　さらに、

　「こうした結果をふまえると、少なくとも本調査に関する限り、障害児の虐待死に関する検討、分析はまだ途上にあると言わざるを得ず、全体的な傾向の把握から一歩進め、個々の事例についてより深く検討することが求められており、その点は次章に譲ることとしたい」

　と結論づけている。要するに、第1章、第2章をふまえると、個々の事例に則した分析、検討が必要であることが浮き彫りとなったものと言えよう。そこで本章では、視点を、いわば〈鳥の目〉から〈虫の目〉に転換し、対象として集めた事例を具体的に検討することで、障害児の虐待死の実情と課題、また解決策を展望することとした。

# 1. 検討の方法

　対象事例は、自治体が公表した検証報告書の中から、第2章で取り上げた事例をベースにしたが、個々の検証報告書は、事例を詳細に紹介をしたものから簡略化されたものまでさまざまであった。そこで、本章では、あらためて報告書を再検討し、省いたものおよび新たに加えたものがあった。第2章と同じく、対象児童を児童福祉法における障害児の規定の範囲にとどめず、なるべく広範な事例を対象に含めることとした。その結果、対象事例は合計38事例となった。

　また、事例は「心中以外の虐待死」「心中による虐待死」の2つに分けて検討することとした。結果として前者、後者共に19事例となった。なお、心中以外事例の中には、被害児童が死亡したものだけでなく、被害を受けたものの生存している事例も含まれている。一方、心中事例については、すべての事例で1人以上の児童が死亡していた。ただし、心中とはいうものの、児童を死なせた後、保護者が生存し、心中が完遂していない事例もあった。そこで、保護者が生存している場合は「心中未遂事例」、児童だけでなく保護者も死亡している場合は「心中既遂事例」として、いずれも検討の対象とした。加えて言えば、「心中未遂事例」には、自殺を企図する直接的な行為が見られなくても、「死のうと思った」などの発言が認められるものを加えている。こうした事例では、心中未遂なのか、単に児童を死亡させただけなのか明確に区分できない。そのため、便宜上「心中以外の虐待死」「心中による虐待死」いずれかに振り分けている点をお断りしておきたい。

事例の分析においては、被害児の年齢や生育歴、障害等の状況、虐待の態様や加害者に関する事項や家族状況、また関係機関の関与状況などに注目して検討した。これらは、検証報告書に記載された内容を基本としつつ、事件を報道した新聞記事も補足的に利用している。

# 2. 心中以外事例についての検討

## (1) 障害を含む被害児の特徴、状況

まずは、心中以外事例について検討する。最初に、事件発生年、被害児の年齢（月齢）、大まかな状態像を、表1-3-1によって示す。「検討の方法」でも述べ

表1-3-1 障害を含む被害児の特徴、状況

注：丸数字①③⑤⑰は生存事例。❹は病死した後、生前に虐待があったことが判明した事例。

| 事例番号／発生年／年齢：月齢 |
| --- |
| 障害等の状態像 |
| ①／2011／0：3／男 |
| 極低出生体重児（1,230g）として出生し、2か月入院。 |
| 2／2017／0：4／女 |
| 低出生体重児（2,390g）で出生、呼吸器障害のため1か月入院。 |
| ③／2016／1：3／女 |
| 双子の一人として出生。障害を伴う先天性疾患があり（双子の兄は健常）、そのまま入院。生後2か月で、病院が障害を告知。4か月で退院したが、直後に再入院。生後5か月で再々入院（〜0：11までの約半年間）。 |
| ❹／2014／1：7／女 |
| 超低出生体重児（630g）として出生し、4か月あまり入院。慢性的な肺疾患を有し、毎月入退院を繰り返している（都合5回）。 |
| ⑤／2020／2：0／男 |
| 生まれつき心臓疾患があり、身障手帳1級を所持（心臓カテーテルの手術を予定していた）。口唇裂、口蓋裂があり、1歳9か月時に手術している。合わせて脳性麻痺による運動発達遅滞、中等度精神遅滞の診断がある。出生後約4か月入院していた。座位を保つことが困難。 |
| 6／2016／2：4／男 |
| 1歳6か月児健診で「発育状況からアドバイスが必要」と判断されており、検証報告書でも「発達に課題を抱える」との指摘があった。 |
| 7／2014／2：6／女 |
| 救急車の中で墜落出産。超低出生体重児（出生体重952g）として生まれる。NICUで3か月入院。心室中隔欠損症が認められ、2歳4か月であやしても笑わず、ずっと立ったまま歯ぎしりするなどが見られた。 |

**8／2008／3：1／女**

双子の1人。在胎週数28週、1,000g未満の未熟児で出生、総合病院に約半年間入院。治療経過は良好。発達の遅れの可能性があり、医療的（眼科）ケアも必要だった。双子の兄と比べて発達が遅く、兄にできることが本児にできず、その差が日々大きくなっていった。

**9／2015／3：9／男**

本児の状態について、入所していた児童養護施設職員等の判断として、「表情が乏しく他人と目が合わず意思疎通が取りにくく、多動傾向ですぐに高いところなど危険なところに行くため、常に職員が手をつないだ状態」との報告があった。

**10／2014／3：10／女**

出生後も本児は入院を継続、生後5か月で「先天性ミオパチー」の診断が確定し、生後7か月で退院。

**11／2015／4：3／男**

3歳児健診時には言葉の遅れが続いており、コミュニケーションの取り方も一方的であると指摘されていた。4歳3か月の頃、児童相談所が「本児はかなり痩せており、発達の遅れがある」と判断。

**12／2011／4歳／男**

1歳6か月児健診で言葉の遅れを指摘され、3歳児健診時「知的障害を伴う広汎性発達障害の疑い」の診断が出される。

**13／2012／5：1／男**

3歳6か月の頃に、知的発達の遅れはないが落ち着きのなさや注意持続が困難、興奮のしやすさ、危険認知の乏しさなどが観察され、児童相談所精神科医の診察で「発達障害」と診断される。

**14／2012／6：9／男**

外国の病院で（母は外国籍）「ハイパー（多動）」の診断を受けたことがある。幼稚園では、当初多動傾向が見られたが、話すことは理解でき、1週間程度で落ち着いたとのこと。

**15／2011／7歳／女**

てんかんにより通院中。通院先の病院が、頭部のこぶが虐待ではないかと疑って児童相談所に虐待通告し、その4日後には、本児が短期間に2回発作が起きているとして、ネグレクトを疑って再度通告している。

**16／2011／9歳／男**

誕生時には疾病等の特段の問題はなかったが、生後2か月時けいれんを起こし、4日後に再度のけいれん発作があり受診し入院。転院した病院で生後3か月時に慢性硬膜下血腫と診断され、児童相談所に通告されている。本件の後遺症で最重度の心身障害児（身障手帳1級、療育手帳判定最重度）となった。

**⑰／2012／12歳／男**

中度精神発達遅滞（療育手帳B1）。多動性、衝動性が顕著で短絡的な行動が多い（小6時、一時保護入所時点での心理診断で確認）。

**18／2012／14歳／女**

軽度の知的障害（小3時、一時保護入所時点の心理診断で確認）。

**19／2011／16歳／女**

広汎性発達障害（6歳時の医師の診断で疑いありとされた）、軽度知的障害（療育手帳B、小1で判定）。

たように、事例はすべて公表された検証報告書から取り上げており、やはり、個人情報への配慮などから被害を受けた児童の具体的な状況が明らかでないものが多かった。また、生育歴などが詳しく記載されず、十分な把握ができていない例もあることをお断りしておきたい。その上で、いくつかの特徴を見ていくと、0歳児、1歳児をはじめとした乳幼児の場合、出産後、種々の事情（低出生体重、先天性疾患、慢性的な疾患等）によって、出産病院から母子が同時に退院できず、母の退院後も児童単独で入院が継続される例が多かった（事例①②③④⑤⑦⑧⑩）。通常ならば、新生児の段階から少しずつ母子関係を築いていくプロセスを辿るところ、こうした事例では日常の育児を通して母子関係、親子関係を成立させていくことに困難さがあり、出発点でハンディを背負ったと考えられよう。たとえば、事例⑧の検証報告書には、「未熟児での出産、医療を要する入院期間が長く、児との愛着形成へのリスクが高い」との記載があった。

　また、発達や障害について明確な診断が出されないまま、あるいは明らかとならず、養育の中で次第に育てにくさを感じるような例も目立った。たとえば事例⑧は、双子の兄と比較して発達の遅れが日々大きくなったとされており、事例⑨では、入所していた施設の職員による行動観察によって、初めて多動傾向が確認されている。また事例⑪は、4歳過ぎてから児童相談所が発達の遅れを見立てており、事例⑫も、広汎性発達障害の疑いと診断されたのは3歳児健診の場であった。また、事例⑰や⑱は、警察からの身柄を伴う通告によって一時保護となった際の心理診断でようやく障害が確認されている（事例⑰は小6時、事例⑱は小3時）。また、事例⑲も、6歳時点で広汎性発達障害疑いの診断がなされ、小1時点で初めて療育手帳が交付されている。

　なお、こうした児童の状況が直ちに虐待行為に結びつくわけではなく、加害者となった保護者やその家族の状況なども検討していく必要があろう。その点を、表1-3-2で見ていきたい。

## (2) 加害者を含む家族の状況

　表1-3-2では、虐待の加害者、また被害児や加害者と同居している家族、および家族の具体的な状況等をまとめた。なお、表1-3-1の指摘と同様、検証報告書によっては、必ずしもそれらが明記されているとは限らず、事例によっては十分な記載がない点を付記しておく。それはさておき、今回の事例全体を俯

瞰してみて感じることは、第1章で紹介した過去の事例の家族状況と比べて違いが顕著であり、複雑化しているということだ。以下、見ていきたい。

**表 1-3-2　加害者を含む家族の状況**

注1：丸数字①③⑤⑰は生存事例。❹は病死した後、生前に虐待があったことが判明した事例。
注2：「母」と記載しているのはすべて実母。「父」もすべて「実父」。養父や継父はそのとおり記載。

事例番号／被害児（年齢：月齢）／性別／加害者／同居家族

家族の状況等

①／0：3／男／母（28）／父（28，自営業）、姉（1：11）

家事と育児に加え、転居の準備で母にはストレスがあった。父は育児の大変さを訴えられても「疲れた」などと言って受けとめず、異変に気づかなかった。本児の姉の新生児訪問で経済的困窮が確認されていた。母方祖母の育児協力が得られなかった。

2／0：4／女／母（22）／父（48，会社員）

母自身に軽度精神遅滞、自閉症スペクトラム障害があり、本件犯行当時はこれらの二次障害として適応障害を発症していた。出産病院は、母の育児技術に不安を感じ、関わった機関のほとんどが母の養育力に疑問を感じていた。父についての情報はなく不詳。

③／1：3／女／母（20代前半）／父（20代後半）、双子の兄（1：3）、母方祖父

双子の兄は健常で問題なく養育されていた。本児退院後は、育児ヘルパーなどを利用しながら、母が1人で育児。父や祖父の協力はあまりなかった。

❹／1：7／女／父（37，就労）姉（2：4，保育所）

母は本児の妊娠を望んでおらず、長期にわたる精神不安の徴候があり、精神科治療を受けていたが中断していた。本児が未熟児で生まれ、産後、精神的不調からパニックになることがあった。手厚い配慮の必要な本児と1歳上の姉の2人の養育について父の協力は薄く、育児は母に集中していた。

⑤／2：0／男／父（36，会社員）／母（30代）姉（5，保育所）

父はイライラすると大声を出し、壁を殴るような行動もあり、就寝中の姉を起こして頬を平手打ちするなどがあった。母は療育手帳（B）を所持しており、週末は同じ市内に住む実家に本児らを連れて帰っていた。父の言動に対しては刺激しないような対応をしていた。

6／2：4／男／父（39，会社員）／母（35，無職）姉（3：7）

父の会社の上司は「（父は）超がつくほどまじめで穏やかな人。子煩悩だった。子育ての悩みを聞いたこともない」と話している。母は本児出産前に慢性疾患のための手術を受け、子どもの夜泣きなどもあって食事や睡眠を十分に取れない状況にあった。

7／2：6／女／母の交際相手（32，建設作業員）／母（20，飲食店従業員）

18歳で若年出産。本児退院（0：3）後、母子は実家で過ごしていたが、1歳4か月時に母子で転居。1歳9か月の頃、母がイライラして本児の手を叩く様子が見られた。本児2歳0か月頃、母と男性が知り合う。男性は母の育児に対して「しつけが甘い」「厳しくしつけないなら、代わりに手伝う」等と言い、次第に手を上げるようになる。「仲良くなるために本児を預かりたい」と申し出、度々預かっていた。

8／3：1／女／母（22，無職）／父（33）、双子の兄（3：1）、妹（0：10）

19歳で双子を若年出産し、21歳で妹を出産。双子を抱え、待ち時間が長く負担だとして健診は未受診だった。父は仕事が忙しく不在がち。妊娠期から事件まで少なくとも5回の転居。近隣との付き合いはなく、地域では孤立傾向だった。

9／3：9／男／養父（31，アルバイト）と実母（22，アルバイト）／異父妹（1：10）

18歳での若年出産。生まれた本児を友人宅で預かってもらっていたが、生後4か月の頃に乳児院入所。同時期に父母離婚し、本児生後5か月で母と後に養父となる男性が引き取りを希望、生後11か月で結婚し、1歳3か月で養子縁組。翌月に異父妹が誕生。2歳5か月で児童養護施設に措置変更。2歳11か月で家庭引き取り、保育所入所させた。

10／3：10／女／母（19，無職）、養父（22，大工）／異父弟（1：1〜2）

望まぬ妊娠（中絶を希望して受診するが中絶可能な時期を過ぎていた）、母15歳（もしくは16歳）で若年出産。母方祖母が中心となって養育していたが、異父弟の妊娠と出産を契機に結婚、養子縁組。第三子妊娠中だった。

11／4：3／男／養父（24，運送業）／母（24）異父妹（0：3）

母は未婚、19歳で妊娠し、その後出産（母には精神科既往歴がある）。本児は1歳2か月頃に保育所入所。本児3歳4か月頃、母子は養父となる男性と同居。結婚と異父妹出産のため母退職し、本児は保育所を退所。本児4歳で異父妹誕生。養父の生育歴は不詳だが、被暴力体験があったとされている。

12／4歳／男／母（35）／父（36）、姉（6）

本児3歳の頃、母は保育所に「不安でどうしたらよいかわからない」と泣き声で電話するなど、多くの機関が母の精神的に不安な状況を把握していた。

13／5：1／男／母（23，無職、妊娠中）、交際男性（23，無職）／他にはいない

母は母方祖母（自身の母親）が自宅に帰宅しない日が多く母を省みない生活になっていたこともあって、中学時代に不登校や非行から児童自立支援施設に入所し、帰省時に母方祖母の知人との間で本児を妊娠し、17歳で若年出産する。祖母宅で母子の生活が始まったが、祖母が度々外泊するなどして母子は婦人相談所に入所。無断で施設を退所し祖母宅に戻るが、祖母が家出、実父が出入りし、DVがあった。その後交際男性が父を追い出したが、この男性からのDVも疑われた。母は児童相談所との面接で、本児の痣について問われて泣きわめいたり、商店でトラブルになり錯乱状態となり持っていたはさみで自分の太ももを刺すなど、精神的に不安定な状態があった。
なお、交際相手には逮捕歴があり、暴力団とも関係していたとのこと。男性は「幼少期に親から暴行を受け、しつけとしての暴力に抵抗を感じなかった」と話し、「軽度の知的障害がある」などとされた。

14／6：9／男／母（29，外国籍）／妹（4）

母は事件の10年あまり前に来日し、歌手として稼働。来日して3年後に日本人男性と結婚し、本児と妹を出産。本児3歳、妹1歳の時に離婚して母子家庭となる。その後約8か月アルバイトした後、一旦帰国して母方祖父母に本児らを預け、母のみ来日し、本児5歳6か月頃に、妹と共に母国から連れ戻して母子で生活。生活保護を受給。母は几帳面な性格で礼儀正しく、子どもらのことも気をつけていたとのこと。

15／7歳／女／母（27）父（36）弟（2）父方祖父（73）父方祖母（67）父方伯父（42）

弟が0歳時、本児は左腕を骨折して入院。入院中の母の面会後、2度にわたって新たな骨折が判明、乳児院入所措置となる。弟は事件約1か月前に乳児院を措置解除されたが、2週間後、大腿骨骨折により入院、事件発生時は病院への一時保護委託中で無事だった。

16／9歳／男／父（29，自営業）／母、妹（5）、弟（4）

出生時に疾病等の問題はなかったが、生後2か月時「入浴時や室内で本児を壁にぶつけた」として慢性硬膜下血腫。本児はその後遺症で最重度の心身障害児に。妹は保護施設入所との報道があったが詳細不明。

⑰／12歳／男／父（56，タクシー運転手）／他にはいない

父母は離婚し、母の所在は不明。当初、父子は父方祖母と兄の4人で生活していたが、祖母が要介護となって父方伯父に引き取られ、父子3人の世帯となる。その後兄（19）が家出し、長期にわたり行方不明となった。

18／14歳／女／母子が同居する知人女性の内縁男性／母（42，ホテル清掃アルバイト）知人女性（33，ホテル清掃アルバイト）＊姉（20）は障害者施設入所中

母は、本児と姉を施設入所させた後、同じホテルで働く同僚の女性が住むアパートに転居した。この女性は、本件加害者となった男性と内縁関係にあり、男性と同居していた。本児は、姉が成人施設に移った後の中3の夏休み帰省後、施設に戻らず退所して同居した。この女性と本児の母の両方に対する男性のDV行為の情報があった。

19／16歳／女／母（37，パート）／他にはいない

母子2人の生活。父とは本児が小学校6年の頃から別居している。経済的には、近くに住む母方祖父母や別居している父から援助があった。


## ◇実母について

　19事例のうち、1例（⑰）を除く18例で母が同居、養育していた（以下、本節で単に「母」と記載しているのは、すべて実母である）。後述するように、母が単独で、また同居の養父などと一緒になって虐待の加害者となっている例が多く（①②③④⑧⑨⑩⑫⑬⑭⑮⑲の合計12例）、母の状況について検討することは重要だろう。

　まず、母の年齢から見ていきたい（以下は加害者でない母を含めて考える）。非同居の事例⑰および年齢不詳の事例（⑯）を除く17例のうち、当該被害児を含む第一子を若年出産（19歳以下で出産）した事例が5例（⑦⑧⑨⑩⑬）確認された。加えて事例⑪も19歳で妊娠しており、事例⑮も27歳で7歳の子どもがいることから、若年出産の可能性がある。加えて20代前半で第一子を出産した事例も5例（②③⑭⑱⑲）あり、これらを総合すると12例を数え、17例のうちの7割を超えており、総じて若い母親が子育てをしていたことがわかる。

　また、母が同居する18例のうち14例で被害児に同胞（きょうだい）がいた（①③④⑤⑥⑧⑨⑩⑪⑫⑭⑮⑯⑱）。このうち2例（③⑧）は二卵性双生児。いずれも1人は発達等の障害は見られず、被害に遭った児童に障害や発達の遅れが認められた。こうした点が事件の背景にあった可能性もあろう。なお、事件発生時は、両事例とも母が20代前半で、そもそも子どもに障害等がなくても育児の負担感は大きかったのではないだろうか。次に事例⑩を見てみたい。母は「望まない妊娠」（検証報告）で本児を出産し、事件当時19歳で3歳の本児と1歳の異父弟の2人の子どもを育て、3人目の子どもを妊娠していた。加えて本児が難病に指定されている「先天性ミオパチー」と診断されていたのだから、

母が抱える養育の負担は過重だったと言わざるを得ない。

　ところで、母自身が障害等を抱えていた事例もある。母に知的障害があったのは2例（②⑤）。そのうち事例②は、軽度精神遅滞に加えて自閉症スペクトラム障害があり、適応障害も発症していた。

　一方、精神的な不安定さを示していた事例もあり、事例④の母は、長期にわたる精神不安の徴候があり、精神科治療を受けていたが中断していた。また、事例⑪も精神科既往歴があった。事例⑬の母に関しても、多くの機関が精神的に不安定な母の状況を把握していた。

　また、事例⑫は、精神的に不安な状況があった母が、本児の首を絞めて殺害したもので、事例⑭は、母が本児と妹を包丁で切りつけ、本児が死亡し、妹は前頸部および両手首に傷を負って入院したという事例だ。後者（事例⑭）は母が不起訴となっているため詳細は不明だが、これらはいずれも殺人（および殺人未遂）と呼べるもので、おそらく両事例とも母が精神的な不調を抱えていた点で共通するのではないだろうか。

　なお、事例⑮は、放火によって本児だけでなく父や父の実兄（本児の父方伯父）の3人が死亡するという事件であった。母は、調べに対して「（本児を）特別支援学級に入れるかで悩み、夫が無関心だったことから寂しくなって放火した」と供述しているが、判決では「周囲の注目や同情を集めたいなどという心理状態の現れ」「家庭内のトラブルを抱え、ストレスを発散したいと犯行に及んだ」等とされていた。これらの事例では、子どもの特性だけでなく、養育する側もさまざまな困難を抱えていたことが浮き彫りになったものと言えよう。

　また、過酷な生育歴を負って子育てをしている母もいる。事例⑬は、中学時代に児童自立支援施設に措置されているが、入所に至る背景には、母がまだ子どもだった頃、自身の実母（被害児の母方祖母）が自宅に帰宅しない日が多く母を省みない生活があった。施設から高校に通うなか、帰省中に妊娠、出産しており、生まれた子どもの養育の見通しを立てるのも困難だったのではないだろうか。

## ◇夫婦関係等について

　ところで、第1章で紹介した事例は、すべて実父母の関係で養育されていたが、今回の事例では、多様な家族形態があった。児童と実父母が同居している事例が10例（①②③④⑤⑥⑧⑫⑮⑯）と過半数だったが、母子と養父等が同居もしくは交際している事例も5例（⑦⑨⑩⑪⑬）あった。いわゆるステップファミ

リーもしくはその前段階の家族と言えよう。また、母子家庭は2例（⑭⑲、ただし事例⑲は実父と離婚はしておらず長期の別居状態）、父子家庭が1例（⑰）。その他に内縁関係の男女の住居で母子が同居するという変則的な事例（⑱）もあった。

　第1章で示した【事例A】から【事例E】に至る5事例においては、（死別はあっても）実父母夫婦が離婚した例はなく、基本的には両親が育てていたから、今回取り上げた事例は、当時と比べて家族関係が複雑化していることが見て取れる。もう少し具体的に見ておこう。

　事例①から⑥までは、被害児が0歳、1歳、2歳であり、出生して間もないことを考えると、実父母が同居しているのは自然なことかもしれない。ただし、被害児が2歳半の事例⑦の母は、もともと未婚で出産し、本児2歳の頃に加害者である男性と交際を始めていた。

　また夫婦関係でDVが疑われる事例もあった（⑬⑱）。事例⑬では、実父によるDVだけでなく、実父を追い出して同居した内縁男性にもDV行為があったとされている。また、事例⑱は内縁関係の男女の住む住居に母子が同居するという変則的な形態だったが、男性は、内縁関係にある女性だけでなく、母に対してもDV行為があったとの情報があった。事例⑦も、口論の末に母が背中を叩いたことに対して男性が母を膝蹴りしたため、母がベッドから転倒し、鼻血を出したこともあったとのこと。

## ◇転居について

　家族の転居（もしくは転居予定）が多く見られたのも（①⑦⑧⑨⑬⑭⑮⑱）、目立った特徴の一つだろう。事例⑦は、本児出産後に実家で生活していたが、本児1歳4か月の時、県をまたいで母子で転居していた。母は当時無職で、実家からの仕送りに頼る生活だった。曾祖母の介護のための転居とも言われており、当時まだ未成年[1]で超低出生体重児の本児を抱えての転居は、安心できるものではなかったと感じられる。事例①は、転居が予定されたこと自体がストレスの要因になったとされており、事例⑧では、妊娠期から事件発生まで少なくとも5回の転居があった。これだけ頻繁に転居すると、必然的に近隣との付き合いは薄れ、地域で孤立する傾向にあったとしてもやむを得ないだろう。事例⑬は、生活保護の受給に伴い、家賃が基準額を超えるための転居。事例⑭は外国

---

[1]　成人年齢を18歳とする民法改正前の事例である。

籍の母で、離婚後、本児らは母親の母国に預けられたり、日本に戻された後も母の仕事の関係での転居があった。事例⑮は、転居直後に事件が発生している。なお、事例⑨は、父母の離婚後、母が本児を友人に預けて自分だけが他県に転居したもので、家族としての転居とは事情が異なっている。そして事例⑱は、転居先が内縁関係の男女が住むアパートという変則的なものであった。転居一つとっても事情はさまざまであり、こうした転居が事件の遠因となっている可能性も十分考えられよう。

### ◇被害児と加害者の関係

次に、虐待の加害者に注目して検討したい。

19事例の中で、実父母が共に加害者になった例はなく、母が単独で加害者となったのは9例（①②③④⑧⑫⑭⑮⑲）、母と非血縁男性が加害者となった事例が3例（⑨⑩⑬）あり、母が加害者となった事例が合計12例であることはすでに述べた。一方、実父と非血縁の女性が共謀して加害者となった事例はなく、父が加害者となった事例は、すべて単独行為による4例（⑤⑥⑯⑰）であった。角度を変えて、非血縁男性が加害者となった事例を見ると、先に述べたように、母と共に加害者となった3例に加え、非血縁男性単独の場合が3事例（⑦⑪⑱）の合計6例となっている。なお、非血縁男性の続柄、属性を見ると、養父3例、母の交際男性2例、その他1例となる。その他の事例は、先に紹介したとおり母子が同居していた知人女性の内縁男性である。

なお、加害者がどのような虐待行為を行ったのか、またその背景にどのような事情があったのかについては、表1-3-3で示した。この点は次項で検討したい。

表1-3-3　虐待の態様、背景（加害の動機）等
注1：丸数字①③⑤⑰は生存事例。❹は病死した後、生前に虐待があったことが判明した事例。
注2：「母」と記載しているのはすべて実母。「父」もすべて「実父」。養父や継父はそのとおり記載。

| 事例番号／被害児（年齢）／性別／加害者判決等 |
|---|
| 虐待の態様／虐待の背景、事情（加害の動機等） |
| ①／0：3／男／母（28）懲役5年 |
| （虐待の態様）　自宅アパートで頭を平手で十数回殴り、全治の見込みのない頭蓋底骨折による重傷を負わせ、意識不明の重体にした。過去にも、怒鳴ったり口をガーゼで塞ぐ行為もあった。本児は事件後、医療型障害児施設に入所。<br>（虐待の背景、事情）　経済的困窮があった。家事と育児に加え転居の準備でストレスがあり、実家の育児協力は得られず、父に育児の大変さを話しても「疲れた」などと言って受けとめてもらえなかったとのこと。 |

### 2／0：4／女／母（22）懲役7年

（虐待の態様）　夜9時半頃、寝室で胸のあたりを数回踏みつけ、心臓破裂で死亡させた。事件発生に至る前から、虐待が徐々にエスカレートしていたとされる。
（虐待の背景、事情）　実家から自宅に戻ってからの子育てのストレスが要因として挙げられており、「父と育児や家事のことで喧嘩になり、イライラしてやった」と供述。事件発生の2週間前にも夫と口論になり、頭を軽く叩かれるなどしていらだち、本児の頬を指で引っ掻き、全治10日間の怪我をさせていた。出産病院からも「母の育児技術に不安がある」と見られていた。

### ③／1：3／女／母（20代前半）有罪判決

（虐待の態様）身体的虐待による急性硬膜下血腫、眼底出血等で、全治2か月の重症。
（虐待の背景、事情）　双子の1人。本児のみに先天性の疾患があり、入退院を繰り返し、退院後は育児ヘルパーなどを利用しながら母が1人で育児。父や祖父の協力はあまりなかった。母は「イライラして叩きそう」「父は育児に協力してくれない」などと訴えていた。

### ❹／1：7／女／母（39）懲役2年

（虐待の態様）　気管支炎で病死した本児に対し、病院から最後に退院した1歳4か月頃以降、死亡するまで、母が多数回にわたって下肢や腰などを足で踏みつける等の暴行を加え、加療約2か月間を要する腰椎椎間板解離および右大腿骨骨折の障害を負わせていた。
（虐待の背景、事情）　出生後4か月あまり入院。母が姉の入院に付き添うため4日間の一時保護もあった。その後も毎月入退院を繰り返している（都合5回）。母は長期にわたる精神不安で精神科治療を受けていたが中断していた。本児の妊娠を望んでおらず、未熟児で生まれ、手厚い配慮の必要な本児と1歳上の姉の2人の養育について、父の協力は薄く、育児が母に集中していた。

### ⑤／2：0／男／父（36）懲役12年

（虐待の態様）　泣き止ませようとしたが泣き止まない本児を抱きかかえて床に放り投げ、外傷性脳腫脹で死亡させた。
（虐待の背景、事情）　父はイライラすると大声を出して壁を殴るような行動があり、就寝中の姉を起こして頬を平手打ちするなどもあった。入院中の本児に大声を出したり、泣き止まないと頬をつねる、水分制限を守らず与えるような行動もあった。自身「怒った時には手が出る、性格上我慢できない。後で後悔する」などと述べている。（参考）母は療育手帳Bを所持。

### 6／2：4／男／父（39）懲役3年

（虐待の態様）　オモチャを入れるプラスチックのケース（w80cm、d40cm、h30cm）に本児と姉を押し込め、留め具でふたをロックして20〜30分放置、姉は怪我などなかったが、本児は窒息による低酸素脳症で死亡。
（虐待の背景、事情）　本児と姉がテレビを叩いて騒いだための行為。以前から、父は「しつけ」として十数回、同じケースに閉じ込めていた。事件当時、母は台所にいて子どもが閉じ込められているのは知っていたが、「前にもあったので大丈夫と思った」と供述。

### 7／2：6／女／母の交際相手（32）懲役9年

（虐待の態様）　顔面を強打するなど頭部に強い衝撃を与える暴行を加え、低酸素脳症により死亡させた。
（虐待の背景、事情）　母の育児に「しつけが甘い」「厳しくしつけないなら代わりに手伝う」等と言い、次第に手を上げるようになる。保育所入所した頃から、「仲良くなるために本児を預かりたい」と申し出、母も「娘をなつかせるため」として容認、度々預かっていた（夕方から深夜にかけて預かることがあった）。男性の勤務先の社長は「まじめで仕事を休んだこともない」と。判決では「預かった本児が思い通りにならないことに腹を立てた」「以前から繰り返し暴行を加えていて起こるべくして起きた悪質な犯行」とした。

### 8／3：1／女／母（22）懲役 4 年 6 か月

（虐待の態様）　顔や腹を複数回にわたって殴ったり、突き飛ばして居間の家具などに後頭部をぶつけ、急性硬膜下血腫によって死亡させた。

（虐待の背景、事情）　父が外出中、本児が排便に失敗したことに腹を立てた。母は「トイレをきちんとできなかったことを叱った。しつけのつもりだったがやり過ぎた」と供述。父は「（母は）育児に悩んでいる様子だった。最近ちょっとしたことでイライラし、怒りっぽい」と。判決は「日常的な虐待を受け続けており、痣だらけの遺体が痛々しくふびん」と。父は多忙で不在がち。転居を繰り返し、地域では孤立傾向だった。

### 9／3：9／男／養父（31）実母（22）養父：懲役 9 年。母：懲役 2 年 6 か月執行猶予 5 年（傷害致死は無罪）

（虐待の態様）　自宅浴室に 4 時間あまり施錠して監禁し、低酸素虚血性脳症で死亡させた。また、顔など全身に打撲による痣やたばこで火傷したような傷が 30 か所以上見つかった。

（虐待の背景、事情）　本児は出生後、母の友人が一時預かったものの、祖母宅を経由して生後 3 か月で乳児院に入所し、児童養護施設に措置変更後、3 歳前に家庭引き取り。3 週間後に痣が見つかり、一時保護。その後も顔や腕に火傷が見つかっていた。3 歳 1 か月の火傷について、2 人とも「ライターで火傷させた」と供述。また、養父は「何度か浴室に監禁した。私が風呂場で沈めた。正直、邪魔な存在でしかなかった」と容疑を認めた。

### 10／3：10／女／母（19）養父（22）母：無罪。養父：禁錮 1 年 6 か月執行猶予 3 年。両名とも最高裁まで争われたがいずれも確定（母については検察が控訴）

（虐待の態様）　3 歳 2 か月の頃、予防接種会場で他の保護者が本児の顔に痣を発見し、表情も元気ないと保健師に連絡したことがあった。事件自体は、本児に必要な食事を与えず衰弱死させたもの。3 歳 2 か月の体重は 11.4 kg だったが、死亡時は 8 kg に減少していた。

（虐待の背景、事情）　望まぬ妊娠による出産。死亡約 2 週間前、親子 3 人でラーメン店で食事をしており、判決は母について「栄養が足りない状態だと認識していたとまでは言えず、ミオパチーの子を育てる意識や理解が不十分だった」とした。養父については「低栄養に気づけなかった重い過失はある」としている。

### 11／4：3／男／養父（24）懲役 8 年

（虐待の態様）　足の痛みと発熱で受診し、経過を見るために入院したが（入院期間は 15 日）、退院して 3 日後に養父が自宅で本児の腹部を蹴り、出血性ショックにより死亡させた。「無抵抗な被害児に対して腹部の大動脈が断裂するほどの暴行」。

（虐待の背景、事情）　「妻の子育てや生活態度への不満があり、本児を不満のはけ口にした」。養父は、生育歴の中で、被暴力体験があったとされている。なお、養父の暴力は継続的ではなく、突発的な激しさが特徴と考えられている。

### 12／4 歳／男／母（35）殺人罪で逮捕されているが、その後の取り扱いは不詳

（虐待の態様）　母が首を絞めたことにより死亡。

（虐待の背景、事情）　母は保育所に、（3 歳の頃）「不安でどうしたらよいかわからない」と泣き声で電話したり、グループ通所の際に疲れている様子を見せ、医療機関での作業療法の際には気分の落ち込み、顔色がさえない様子が見られた。母は警察で「（本児が）広汎性発達障害と診断され、将来を悲観してやった」と供述。

### 13／5：1／男／母（23）交際男性（23）母、男性とも懲役 11 年

（虐待の態様）　約 1 か月にわたり、馬乗りになって顔を殴ったり、わさび入りのかゆを食べさせる、ベルトで巻く、スクワットを 500 回以上強要する、火のついた線香を押しつける等の行為を行い、敗血症で死亡させた。

（虐待の背景、事情）　男性の判決では「いたずら目的でも虐待行為をしていた」とされている。また、「幼少期に親から暴行を受け、しつけとしての暴力に抵抗を感じなかった」「軽度の知的障害がある」とされた。一方、母は不登校や非行から中学時代児童自立支援施設に入所し、17 歳で本児を出産。商店でトラブルになって錯乱状態になり刃物で自分の太ももを刺したことがあった。公判前に「（自分は）4 回しか殴ってないことにして」と男性にメール。

### 14 ／ 6：9 ／男／母（29）不起訴

（虐待の態様）　母が本児と妹に対して包丁で切りつけ、本児が死亡し、妹は前頸部および両手首に傷を負って入院した。

（虐待の背景、事情）　母は外国籍。几帳面な性格で礼儀正しく、子どもらのことは気をつけていたとのこと。事件発生 2 日前に、母方祖母らと頻繁に連絡を取り合っていたタブレット端末のことでトラブルがあった。

### 15 ／ 7 歳／女／母（27）弟に対して左ももを踏みつけて 1 か月の重症を負わせた罪も合わせて起訴されており懲役 22 年

（虐待の態様）　転居直後、深夜に住宅内から出火、本児と父（36 歳）および父方伯父（42 歳）の 3 人が焼死した（他に、父方祖父母と母自身も軽症、2 歳の弟は、病院に一時保護委託されていて無事だった）。

（虐待の背景、事情）「特別支援学級に入れるかで悩み、夫が無関心だったことから寂しくなって放火した」と供述。報道では、今回の放火事件以外に、転居前も含めて 4 年間で少なくとも 4 回、自宅のゴミや廃材などに火をつけたことを認めているとのこと。判決は「周囲の注目や同情を集めたいなどという心理状態の表れ」と認定、「家庭内のトラブルを抱え、ストレスを発散したいと犯行に及んだ」「悩み抜いたというより、葛藤もなく犯行をエスカレートさせており、責任は重い」と。

### 16 ／ 9 歳／男／父（29）懲役 2 年

（虐待の態様）　車椅子生活を送る本児の歩行訓練をしていた際、言うことを聞かないことに腹を立て、ベッドに放り投げて急性硬膜下血腫で死亡させた。

（虐待の背景、事情）　父は虐待を否認し、公判で「リハビリの一環だった」と無罪を主張。「将来を思ってやったリハビリでこんなことになるとは。自慢の息子、大好きです」と証言した。

### ⑰／ 12 歳／男／父（56）懲役 1 年 6 か月執行猶予 3 年

（虐待の態様）　怒った父がコップで熱湯をかけ、約 3 週間の加療を要する傷害を負わせた。

（虐待の背景、事情）　父から頼まれた買い物を忘れ、「売っていなかった」と嘘をついたことに腹を立てた。小 6 時にも、本児が父の財布から金銭を持ち出そうとして頭を数回壁に叩きつけたとして一時保護されたことがあった。この時は父が反省して家庭引き取りとなった。父母は離婚し、母の所在は不明。

### 18 ／ 14 歳／女／母が同居する知人女性の内縁男性（41）懲役 9 年

（虐待の態様）　胸や腹などを拳で十数回殴るなどして内蔵破裂による腹膜炎で死亡させた。

（虐待の背景、事情）　片付けをしないなど言うことを聞かない、謝りながら睨んだと感じ、しつけのつもりで行った。

### 19 ／ 16 歳／女／母（37）懲役 3 年 6 か月

（虐待の態様）　自宅で本児を全裸にし、ビニールひもで両手首と両足首を縛り、浴室の洗い場に立たせて約 5 時間にわたり放置。低体温症で死亡させた。縛るなどの行為に関しては「小さい時から壁に頭をぶつけるなどの自傷行為があって目が離せず、縛った」などと。

（虐待の背景、事情）　この日、本児はそろばん教室を早退しており、母が迎えに行ったがすれ違いになっていたことから、「しつけをしようと思った」「学校や児童相談所に相談したが対応してくれなかった」などと弁護士に話している。本児は過食、盗食を理由に入院するという経過もあった。中卒後は特別支援学校に入学したが、他児の財布からお金を盗む、実習先で職員の弁当を勝手に食べるなどがあった。

## （3）虐待の態様、加害の動機等

### ◇障害との関係

　ここまで、被害児の障害（疑いを含む）特性や、加害者、家族の状況等を見てきたが、いずれも複雑多様な様相があった。こうした点とも関連して、虐待の態様や加害の動機、背景も、一口で説明できるような単純なものではないことが見て取れる。以下、特徴的な事例などを紹介しながら検討する。

　障害との関連性が最も高いと考えられるのは、おそらく事例⑯であろう。「車椅子生活を送る本児（9歳男児）の歩行訓練をしていた際、言うことを聞かないことに腹を立て、ベッドに放り投げて急性硬膜下血腫で死亡させた」というものだ。ただし、逮捕、起訴された父は、公判で「リハビリの一環だった」と虐待を否定して無罪を主張した。なお、被害児には最重度の心身障害があったが、この障害自体が、生後間もない時期に「入浴時や室内で本児を壁にぶつけた」として慢性硬膜下血腫になったことの後遺症とされている。これらが虐待だったのか事故だったのかはともかく、家庭内の2度にわたる出来事が最終的に本児の死を招いている点は重く受けとめる必要があろう。

　一方、事例⑲を見ると、母は、幼少期からの本児の発達の遅れや過食、盗食などに悩みながらも、障害特性に応じた対応ができず、虐待的な対応を続けていたと思われる。母は、関係機関と相談しながらも介入には拒否的な姿勢を示していた。事件は、本児がそろばん教室を早退したため、迎えに行った母とすれ違いになったことから、「しつけをしようと思った」として、16歳の女児を全裸にして両手足を縛り、浴室に放置して死なせている。母はこうした行為の理由について、「小さい時から壁に頭をぶつけるなどの自傷行為があって目が離せず、縛った」と話しているが、事件当日は、学校に電話して医師に相談したいと訴えていた。母子2人の生活で身近に相談できる人がなく、関係機関との関係も閉ざしがち、それでも本児の行動に追い詰められて医師への相談を持ちかけたものの、不在で助言等が得られないなかで発生した事件だった。

### ◇過重な養育負担

　事例③と事例⑧は、すでに述べたように、共に二卵性双生児で、いずれも双子の1人は発達等に特段の問題はなく、障害がある（もしくは疑われる）児童が虐待の被害を受けている。事例③は、障害を伴う先天性疾患があることを生

後2か月で告知され、入退院を繰り返した後、1歳3か月で急性硬膜下血腫、眼底出血等により、全治2か月の重症を負ったものだ（虐待行為の具体的な内容は不明）。また事例⑧は、きょうだい児と比較して次第に発達の遅れが目立つようになり、3歳1か月の時、「トイレをきちんとできなかったことを叱った。しつけのつもりだった」などとして、複数回にわたり腹を殴ったり、突き飛ばして居間の家具などに後頭部をぶつけて急性硬膜下血腫により死亡させている。

　これらの事例は、双子のきょうだいと比較することで障害や発達の遅れをより強く自覚させられたと思われるが、加害者となった母は「イライラして叩きそう」「父は育児に協力してくれない」と述べていたり（事例③）、多忙で不在がちの父が、「（母は）育児に悩んでいる様子だった。最近ちょっとしたことでイライラし、怒りっぽい」と感じていたという（事例⑧）。母に背負わされる双子の養育自体が、もともと過重な負担だったのではないかとも感じられる。

　上記の双子事例に限らず、養育の負担感が虐待につながったと思われる事例は他にもある。たとえば、事例④は、双子ではないものの、未熟児で生まれ手厚い配慮の必要な1歳の本児と2歳の姉の2人の養育を、長期にわたる精神不安の徴候があった母が、父の協力も十分に得られないまま担っており、本児が病死するまでの数か月間、母が多数回にわたって下肢や腰などを足で踏みつける等の暴行を加えていたことが、本児の病死後に判明している。

　また、生後3か月で、事件当日、母から繰り返し頭部を殴られ意識不明の重体となった事例①も、実家の育児協力は得られず、父に育児の大変さを話しても「疲れた」などと言って受けとめてもらえず、1歳の姉と合わせて2人の乳幼児を養育するストレスが背景にあった。さらに、事例②は、母が寝室で本児（生後4か月）の胸のあたりを数回踏みつけ、心臓破裂で死亡させたものだが、母には軽度精神遅滞（知的障害）、自閉症スペクトラム障害があり、実家から自宅に戻ることで育児にかかる負担が増したことが推定できる。虐待行為のきっかけについて、母は「父と育児や家事のことで喧嘩になり、イライラしてやった」と述べているが、検証報告書は「事件発生に至る前から、虐待行為が徐々にエスカレートしていた」と推測している。なお、先に紹介した事例③でも、母が1人で育児し、父や祖父の協力はあまりなかったとされており、事例④でも、すでに述べたように父の協力は得られていない。0歳および1歳のこれら4例（事例①②③④）は、その点で共通する。

## ◇実父の虐待

本節「虐待の態様、加害の動機等」で、ここまで見てきた事例は、事例⑯を除きすべて母による虐待だった。以下では父（以下、単に「父」と記載しているのはすべて「実父」を指す）が加害者となった場合について検討したい。なお、事例⑯については、本節の冒頭「障害との関係」の項ですでに言及したので、それ以外の例を検討する。

事例⑤は、2歳になったばかりの男児を泣き止ませようとしたものの、泣き止まないことから床に放り投げ、意識不明の重症を負わせたというもの。父はイライラすると大声を出して壁を殴るような行動があり、入院中の本児に大声を出したり、就寝中の姉を起こして頬を平手打ちするなどもあったという。

また事例⑰も、頼まれた買い物を忘れ、「売っていなかった」と嘘をついたことに腹を立てた父が、12歳の男児にコップで熱湯をかけ約3週間の加療を要する傷害を負わせたというもの。先に見た母の場合、多くは日常の育児、養育の大変さの中でストレスを感じ、それが虐待行為に至ったという印象があるのと比べ、父の場合、目の前の子どもの行為に対する短絡的な反応といったイメージを抱かせられる。

なお、事例⑥は、プラスチックケースに2歳の本児と3歳の姉を押し込め、本児だけが窒息による低酸素脳症で死亡したものだが、過去にも「しつけ」として同様の行為を10回以上繰り返していたとのこと。きょうだい2人に対する行為という点も考え合わせると、障害を抱える子どもを育てるストレスもさることながら、養育知識の欠如をうかがわせる行為と言ってもいいのではないだろうか。

## ◇非血縁男性の虐待

全19事例の中で、養父や交際男性など非血縁の男性が虐待の加害者となった事例は、非血縁男性単独の事例（⑦⑪⑱）および母と一緒に行った事例（⑨⑩⑬）を合わせて6例あった。

事例⑦は、母の交際相手が、本児（2歳6か月女児）の顔面を強打するなど頭部に強い衝撃を与える暴行を加え、低酸素脳症により死亡させたものだが、母の育児に対して「しつけが甘い」「厳しくしつけないなら、代わりに手伝う」などと言って次第に自ら手を上げるようになったという。その後「仲良くなるために本児を預かりたい」と申し出て、「預かった本児が思い通りにならない

ことに腹を立てた」「以前から繰り返し暴行を加えていて起こるべくして起きた悪質な犯行」（判決）とされている。

　事例⑪の加害者は運送業の養父。母と養父の間に実子（本児の異父妹）が生まれると、養父は、赤ちゃん返りをした本児（4歳男児）が、（養父の実子である）異父妹に危害を加えることを心配し、本児を車に乗せて仕事をしたというのだが、「妻の子育てや生活態度への不満があり、本児を不満のはけ口にし」、自宅で本児の腹部を蹴り、出血性ショックにより死亡させていた。

　また事例⑱の男性は、内縁女性が別にいて、同居することになった母子との関係は不明だが、本児（14歳女児）が「言うことを聞かない、謝りながら睨んだ」として、胸や腹などを拳で十数回殴り、内蔵破裂による腹膜炎で死亡させている。これらの事例は、養育の延長線上の行為というより、単なる怒りの表出の可能性も否定できないのではないだろうか。

　一方、母も関与していた事例を見ると、事例⑨は、本児（3歳9か月男児）を自宅浴室に4時間あまり施錠して監禁し、低酸素虚血性脳症で死亡させたものだが、顔を含む全身に打撲による痣やたばこで火傷したような傷が30か所以上あった。火傷については、母も養父も「ライターで火傷させた」と供述。また、浴室での監禁に関しては養父が認め、「正直、邪魔な存在でしかなかった」と話している（なお、母は傷害致死については無罪だった）。

　事例⑬を見ると、交際男性が、本児（5歳1か月男児）に対して、約1か月にわたり、馬乗りになって顔を殴ったり、わさび入りのおかゆを食べさせる、ベルトで巻く、スクワットを500回以上強制する、火のついた線香を押しつける等の行為を行い、敗血症で死亡させたというものだが、交際男性は「しつけのため」などと述べていた。ただし、判決では「いたずら目的でも虐待行為をしていた」と認定されている。一方、母も公判前に、男性に対して「（自分は）4回しか殴ってないことにして」などと書いたメールを送信しており、男性と同等の刑（求刑を超える懲役11年）を言い渡されている。先に、非血縁男性が単独で加害者となった事例について、「養育の延長線上の行為というより、単なる怒りの表出の可能性も否定できない」と指摘したが、それを超えて〈いたずら〉のような心理で虐待行為を働いているとなると、加害の動機は二重、三重の意味で悪質と言わざるを得まい。

　事例⑩は、今まで述べてきた事例と異なり、本児（3歳10か月女児）に対して必要な食事を与えず衰弱死させたネグレクト死事例である。ただし、餓死や

衰弱死によく見られる保護責任者遺棄致死罪は、母、養父共に適用されず、母は「栄養が足りない状態だと認識していたとまでは言えず、ミオパチーの子を育てる意識や理解が不十分だった」として無罪。養父についても「低栄養に気づけなかった重い過失はある」として重過失致死罪による有罪（執行猶予）にとどまった。本事例の母は事件当時19歳で、養父も22歳と若く、子どもの発達や養育の知識が不足しているなかでの事件だったと思われる。

## （4）関係機関の関与、支援の課題等

　以下では、検証報告書からの抜粋、要約を中心に整理した表1-3-4「関係機関の関与・支援の課題等」をふまえて検討するが、報告書によっては、課題や提言について、かなり多くの紙数を割いて詳しく述べている例もあった。ここでは、それらをすべて網羅するのではなく、特徴的な点を抜粋して記載している。

　また、ここまで見てきたように、対象として取り上げた事例は、いずれも家族関係が複雑であったり、年齢や虐待の態様もまちまちであったことから、支援のあり方や改善策も多岐にわたり、必ずしも障害児への施策にとどまらないものも多かった。そのため、死亡事例一般に言える内容などもあったが、それらも含めて以下で紹介したい。なお、支援を行う児童相談所や市町村の体制強化や専門性の向上にかかる課題の指摘や改善策について、ここでは基本的に割愛したが、多くの検証報告書で述べられていたことを付記しておきたい。

**表1-3-4　関係機関の関与・支援の課題等**

注1：丸数字①③⑤⑰は生存事例。❹は病死した後、生前に虐待があったことが判明した事例。
注2：「母」と記載しているのはすべて実母。「父」もすべて「実父」。養父や継父はそのとおり記載。

事例番号／被害児（年齢）／性別／加害者／同居家族

関係機関の関与、支援の課題等

①／0：3／男／母（28）／父（28, 自営業）姉（1：11）

児童相談所や市児童福祉担当課の関与なし。市保健センターの新生児訪問で、「父は育児に協力してくれる」「気持ちも聞いてくれる」と母は話していたが、事件後「父に育児の大変さを話しても『疲れた』と言って受けとめてもらえなかった」と供述。医療機関はリスク認識がなく、NICU入院中の母の面会が少なかったことも市保健センターへ情報提供されなかった。
1回の訪問ですべてのリスクを判断するのは困難であり、姉の訪問結果なども含めたアセスメント、医療機関と市保健センターの連携強化を提言（母子手帳交付時の医療機関への情報提供などを含む）。

### ②／0：4／女／母（22）／父（48, 会社員）

出産後、呼吸障害のために入院した病院が「母の育児技術に不安がある」として保健師の訪問依頼。保健師の実家訪問時、母は自発的な言葉が少なく「心配なことはないです」と。事件1週間前の自宅訪問では、前額部の傷（前日受傷して6針縫っている）や頬、首の引っ掻き傷を認めたが、虐待のサインやリスクと捉えることはなく（治療をした外科医も虐待を疑わず）、児童福祉担当課及び要保護児童対策地域協議会（以下、要対協）での情報共有はされていない。関係機関のほとんどが母の養育力に疑問を感じていた。実家へ里帰り中は祖母が育児を手伝っていたが、自宅に戻ったことにより母の養育に関するニーズが増すことは十分考えられたとして、母のコミュニケーション力の低さなどの特性を考慮したリスクアセスメント、養育環境に応じた支援計画の策定などを提言している。

### ③／1：3／女／母（20代前半）／父（20代後半）双子の兄　母方祖父

入院中から保健師が家庭訪問。生後4か月での退院時、本児を要保護児童（ネグレクト）、きょうだい児を要支援児童として要対協対象児とし（病院に本決定は伝わらず）、週2回の訪問看護による支援を決定。その後、長期の再入院で、（長期入院を理由に）虐待リスクを低く見直している。生後11か月での退院時、育児支援訪問事業によるヘルパー派遣を決定。訪問看護スタッフはネグレクトを疑って市に報告。一方母は「ヘルパーが合わない、やめたい」と訴える。市が家庭訪問した際、擦り傷を発見。母は「本児を抱き寄せようとして壁に擦った」等と説明し、「イライラして叩きそう」「父は育児に協力してくれない」などと訴える（同居の祖父の協力も得られていない）。その後市などの訪問が頻繁に続くなか、親族が電話で「虐待を疑っているのか」「母が『訪問しないでほしい』と訴えている」と不快感を示す。提言として、要対協登録事例の情報共有、専門性の向上（研修の充実）など。

### ④／1：7／女／母（39, 在宅）／父（37, 就労）姉（2：4）保育所利用

母の産後の精神的な不調等から市は要対協に登録。市は本児が出産病院から退院後、家庭訪問を繰り返していた。生後5か月で市から通告を受けた児童相談所は、家庭訪問したが、保護者は一時保護に不同意。その後も市は家庭訪問を続け、8か月での本児の火傷について医療機関が児童相談所に虐待通告。市と児相が家庭訪問等を続けていた。なお、姉の入院に伴い本児を一時保護（4日間）。以後、本児は入退院を繰り返していたが、その間も家庭訪問が続けられた。ただし、事件とされた腰椎解離や大腿骨骨折等の虐待には気づくことはなかった。検証報告書は、父の生活や特性が十分把握されていない点などを指摘し、家族全体を視野に入れたアセスメント力の向上（研修等にも触れている）を求めている。また、支援のあり方の一つとして、保育所の積極利用、市と児童相談所の役割が区分されていないこともふまえ、重層的な援助体制の構築、医療機関との連携を広げることなどを提言。また、早期に要保護児童対策地域協議会の個別ケース検討会議を実施し、単に情報共有や援助方針の提案の場とするだけでなく、リスクアセスメントを含むアセスメントを実施するなど、レベルアップを求めている。

### ⑤／2：0／男／父（36, 会社員）／母（30代）姉（5, 保育所）

姉の健診の頃から本家族への関与があり、生後8か月で病院受診の際、父が授乳を嫌がる本児の頭を押さえつけたとして病院が市に情報提供。1歳4か月時、父が入院中の本児を大声で怒鳴り、泣き止まない本児の頬をつねる等があったと病院が市に報告。本児1歳7か月、母から「父が本児を投げるようになった」と聞いた保健師の報告を受けて、市は要対協に登録。1歳8か月で市が児童相談所に虐待通告。児童相談所も、父に来所してもらって面接したり、家庭訪問をしていた。父に対して定期的な来所によるアンガーマネージメントを実施することについて了解を得た後で、事件が発生した。児童相談所は、家庭訪問時、ずりばいした本児が畳の段差にぶつかるところを見ており、事故による怪我の可能性もあると判断し、父が反省の弁を述べたり児童相談所に協力的である点などから、虐待のリスクを低く判断したとして、冷静にリスクアセスメントを行うよう提言している。また障害等のある保護者が、自身の困り感を言葉で伝えることが難しい場合があることも想定し、外部の機関の支援を入れることも重要であるとしている。

なお、児童相談所は本児の障害の程度などから、一時保護した場合に、保護所の障害・健康面に対するケア体制に危惧を抱き、一時保護に踏み切れていなかったとして、事前に委託先を確保するなど即座に一時保護できる体制づくりを求めている。

### 6／2：4／男／父（39、会社員）／母（35、無職）姉（3：7）

市の関係機関は、本児の生後4か月での乳児家庭全戸訪問事業で、母が自身の手術の影響や子どもの夜泣きのため食事や睡眠が十分に取れない状況を把握していた。市は養育支援訪問事業を提案し、姉の支援センター通所および送迎支援などを行っていた（週1回）。一方、本児が2歳になった頃、「子どもの泣き声が聞こえる」という通告が児童相談所に入り、連絡を受けた市は、2度にわたって家庭訪問したが、一時保護の必要性は認めず、要保護児童として継続的に見守る方向とした。

検証報告は、すでに2年間の関わりがあったが、要対協に登録したのが児童相談所からの連絡を受けてからであったこと、母がしつけで手を上げることを肯定していたが、十分な議論がなされず個別ケース検討会議も提案されていなかった点を指摘している。

なお、本事例の主たる支援の対象は母と姉だったが、事件では父が加害者となり、死亡したのが本児だったということで、家族内の関係性や親子の愛着関係など家族全体の状況把握と、子どもの成長発達の変化に伴うアセスメントの見直しを提案している。

### 7／2：6／女／母の交際相手（32、建設作業員）／母（20、飲食店従業員）

他県から1歳4か月で転入後、心室中隔欠損診療のため受診したが、軽症のため投薬はせず、定期受診となる。保健センターは、他県母子担当課からケース移管され、家庭訪問等を続ける。また、本児の2歳少し前には「小さく生まれた子の親の会」や「幼児健診事後教室」を案内。ただし、参加を希望していた上記教室には不参加、連絡が取れない状態が続く。本児の定期受診も数か月途絶える。児童福祉担当課は、保育所入所を決定。

検証では、前居住地で要対協に登録されて行われていた支援の情報（支援の過程で「要支援」に引き下げられていたが、その一連の情報）が把握できていなかったこと、保育所では、気になる家庭との見方をしており、在園していた2か月半の間、通園日数が半分に満たなかったことを示し、保育所と行政の連絡体制に課題があること、医療機関が把握した虐待を疑わせる所見が共有されていなかった点などを指摘している。

### 8／3：1／女／母（22、無職）／父（33）双子の兄（3：1）妹（0：10）

本児出生地のB市保健センターは、母子健康手帳交付時に、若年妊婦として支援を開始し、出産病院も、双子、未熟児等として保健センターに支援を依頼。保健センターは新生児訪問等をしていたが、住民票の異動がないまま県外に転居したことで支援は終了した。その後転入したA市の保健センターは、転入後の住民票の異動、妹の妊娠届（34週）を受けて支援を開始。本児については、虐待の視点ではなく、発育の遅れに関する療育的視点によって支援していた。そのため、要対協や保健センター内部において具体的な検討や援助方針の作成、進行管理が必要なケースであるとの取り扱いはされていなかった。

本事例は、関係機関が死亡に至るリスクを感じていなかった事例だが、近隣住民は本児の顔に殴られたような痣を確認していたことから、通告の啓発を提言している。また、転居を繰り返していることから、保護者が連絡しない限り、転居後しばらく支援の空白が生じること、本事例でも転居元の情報が転居先に提供されていなかったことを指摘して、積極的な情報提供、もしくは提供依頼をすべきことを提言している。また、本事例で待ち時間が長いことを理由に健診が未受診となっていたことから、環境整備について提言している。

### 9／3：9／男／養父（31、アルバイト）母（22、アルバイト）／異父妹（1：10）

本児については、誕生直後から児童相談所が関与して一時保護や施設入所の取り組みをしていた。その他、市の児童福祉担当課や保健センターなども関わっていた。本児の施設入所は同意によるものだったため、保護者の引き取り希望には原則として応じることとなり、半年間に外出、外泊を繰り返し、保育所入所支援もした上で措置停止と解除を行った。なお、措置停止を控えた段階で要対協に登録して個別ケース検討会議を開催、関係機関で見守りを行っていくこととして役割分担を決めている。

ただし、検証報告書は、話し合われた各機関の役割や支援方針が一般的、抽象的なレベルに留まっていたこと、個別ケース検討会議がその後開かれていないことなどを指摘し、家庭復帰後のリスクアセスメントや支援は不十分だったと述べ、支援体制の整備を求めている。また、施設退所後に本児の痣を確認して行った一時保護について、保護者は自傷であったりジャングルジムから落ちた時の怪我であると述べて不満を示していた。その一時保護を解除した後、本児の顔や腕に火傷の痕や痣を確認したが、再度の一時保護を行わなかった。その点について、保護者に「また離れると、子どものことを忘れてしまいそう」と言われ、親子の関係性の継続や保護者と児童相談所の信頼関係が阻害されること等を危惧して踏み切れなかったとされる。この点につき、検証報告書は、リスクが高いと判断した場合には毅然と保護すべきことも提言している。

## 10／3：10／女／母（19、無職）養父（22、大工）／異父弟（1：1～2）

障害児施設受給者証申請を受け付け、週1回の訪問看護や週1回の療育訓練を実施していた（ただし、母子が養父と生活するようになってからは利用が中止されている）。なお、本事例は要対協には登録されていなかった。検証報告書は、その要因として、保健サイドは本児の病気や発達面に注意が向き、親子関係や家庭の心理・社会的な側面に目が行き届かなかった可能性を指摘し、他の保護者から気になる児童として連絡を受けたことについても、虐待として受けとめるべきであったと述べている。また、10代で望まぬ妊娠をするなどの特定妊婦について、出産後も要支援児童として支援するよう提起している。

## 11／4：3／男／養父（24、運送業）／母（24）異父妹（0：3）

若年妊娠が判明してから、2歳7か月の頃まで保健センターが支援を継続。母に経済不安があり、父との関係の不安定さもあったが、母子関係は落ち着いていると考えて終了している。母が第二子を妊娠した頃は、パートナー（養父となる男性）と婚姻予定であり、男性が子育てに協力していると聞いて継続支援の再開は見合わせていた。保育所は1歳2か月頃から3歳7か月頃まで入所していた。児童相談所は本児入院中の病院から虐待通告を受けて関与、母は「養父は育児に協力的である」旨を話し、養父自身も児童相談所との関わりを希望したことから一時保護は見合わせた（ただし、退院3日後に養父の暴力で死亡している）。
問題点として、児童相談所と保健センターで行き違いがあったこと（保健センターは継続支援の家族と伝えたつもりだが、児童相談所は支援対象と理解せず）、過去に通っていた保育所、病院には危機感があったが、児童相談所は本児の発達支援を保護者が受け入れる点を重視し、虐待事例としては終結する方向としたことなどを指摘。児童相談所は関係機関との協働関係を作る動きが希薄であり、退院後はリスクが高まることを認識しながら、退院までに支援計画を立てる余裕があったにもかかわらず、それが生かされていなかった点も指摘されている。また、合同の会議が開催されていなかったこと、養父の生育歴などが聞き取れておらず、養父や母の人物像に対する理解が異なっており、アセスメントが不十分であったこと等も指摘されている。

## 12／4歳／男／母（35）／父（36）姉（6）

保健機関、心身障害児訓練通所施設、医療機関、保育所等、多くの機関が母の精神的に不安な状況を把握していたが、情報共有はできていなかった。また、児童福祉担当課への連絡はされておらず、要対協への登録もされていなかった。児童相談所は療育手帳取得のための面接を入れていたが、母が取り下げたことで面接は行われなかった。それらをふまえ、以下の改善策が示された。子どもの障害の診断後、医療機関の通所訓練にはつながっていたが、保護者が障害受容できているかのフォローが十分ではなかったとして、子どもの障害を診断した医療機関、通所訓練施設、保育所は、保護者が診断をどのように受けとめたか注意を払い、フォローが必要な場合には、要対協に支援を要請すること。多くの機関が本児の療育に関わっていたが、主たる養育者である母を中心に援助する機関がなかったとして、障害を持った子どもの支援だけでなく、関係機関内に「主たる養育者の支援担当者」を決めること。また、障害児のいる家庭の保育所への入所については、母の就労等を絶対条件にするのではなく、障害児のいる家庭の個別の状況および障害の程度、介護の負担を総合的に勘案して判断することが望ましいとも指摘している。

**13／5：1／男／母（23，無職，妊娠中）、交際男性23，無職）／他にはいない**

母が中学生の頃には（県外で）児童自立支援施設に入所し、妊娠して退所後は、保健センターなどが関わり、婦人相談所、生活保護担当課、保育所、市児童福祉担当課、児童相談所等が関与し、17歳で本児を出産する前から要対協に登録され、個別支援会議も計21回開催されていた。ただし、母が父との同居（の事実）を否定していたため、父の情報が得られなかったこと、交際男性が児童相談所に相談する場面があったことから、本児のことを考えていると見立てたこと、保育所の長期欠席理由を「祖父宅に行っている」とされたことの事実確認がなされていない点などを挙げ、保護者の申告だけに頼らず丁寧な事実確認を求めている。また、保育所の長期欠席が児童相談所まで長く届いていなかったこと、一時保護にかかる意見の違いがあった点なども指摘されている。

検証のまとめで、「特筆すべき具体的な問題点について挙げてみると、2回目の一時保護から家庭引取りとなった時に、児童相談所と関係機関との調整が十分に図られなかったことが、その後の悪循環を招いた一因であったと考えられる。また本事案では、複数の関係機関や関係者が同時に本児や母に関わっている場合には相互に連携が取れていたものと思われるが、どの機関とも関わりが持てていない状態にあった場合には、誰がどのようにつながっているのかを確認できていない状態になっていたものと推測される。どこか他の機関が関わってくれているのではないかという希望的観測が働いていたと考えられる」と述べ、児相と市などの関係機関が一堂に会した会議を開催して十分に意見交換することなどを提起している。さらに児童相談所の専門性の向上なども求めている。

**14／6：9／男／母（29）外国籍／妹（4）**

小学校、幼稚園、生活保護担当課、児童相談所、警察等が関与していた。児童相談所は泣き声による通告を受けて、家庭訪問を行い、生活保護担当課の面接に同席するなどの関わりを続けていた。なお、児童相談所への通告以前、迷子として2度、警察が保護し、いずれも1時間後に母が引き取っている。検証報告書では、事件のきっかけは不明としつつ、泣き声通告を受けて母が、「子どもを大切にしているのに何故怒られるのか」と落ち込んでいたこと、幼稚園での外国籍保護者の交流会が就学によってなくなることへの不安があったこと、来日していた祖母が帰国したこと、タブレットでのトラブルで精神的なバランスを失った可能性があることなどを挙げ、孤立して混乱が極限状態に達したと推測している。再発防止のために、外国籍住民に対するきめ細かな対応を図るため支援機関において文化の違いを学び、外国籍住民が相談しやすいよう窓口の案内表示を工夫することなど提起、また外国人コミュニティの活動のサポートなどの必要性も述べている。なお、市の児童福祉担当部署の関与はなく、要対協への登録はなかったものと思われる。

**15／7歳／女／母（27）／父（36）弟（2）父方祖父（73）父方祖母（67）父方伯父（42）**

事件の2年前、児童相談所は弟に対する虐待の疑いで病院から通告を受け、乳児院に措置し、その後、本児について継続指導にしているが、検証報告書は、本児の怪我が転倒による可能性もあると考えて調査不足になっていたと指摘している。またその約1年後、小学校が本児の顔面に打撲痕を発見して市に虐待通告をし、児童相談所は市から連絡を受けたが、直接本児の安全確認をしなかったと指摘されている。通告から約5か月後に個別支援会議が開かれ（その後も2回開催）、弟の措置解除がなされているが、解除後2週間で弟が大腿骨骨折で入院している。検証報告書では、「虐待を受けた子どもに一時保護や施設入所等の措置を行った場合には、他のきょうだいに虐待が向かうリスクが高いことから、要対協において役割分担をすること。虐待により親子分離している子どものきょうだいについては、定期的な安全確認を行い、虐待通告がなされたり、虐待が疑われる場合には、一時保護を行った上で調査することを原則とすべきである」旨の改善策が示されている。また、複数の関係機関が、一時保護や措置解除の是非について児童相談所とは異なる意見を表明していたことをふまえ、「児童相談所が主担当のケースについても、関係機関と児童相談所は十分に意見交換を行うことが望ましく、児童相談所は関係機関からの意見を受けとめ、方針を決定する際の判断材料として活かすべきである」との提言も行っている。児童相談所と市の関係機関でリスク判断に差があった点をふまえ、生育歴などが十分把握できない場合は、親族からの聞き取りや、（精神的な問題が疑われる場合）精神科医からの助言を得ることなどを提案し、十分に意見交換することを求めている。

16／9歳／男／父（29，自営業）／母　妹（5）弟（4）

児童相談所は生後3か月時に入院中の病院から「慢性硬膜下血腫」があるとして通告を受け、両親にも面接したが、調査の上、在宅支援の方針とし、退院後は要対協の前身のネットワークでの取り扱いを開始している。最重度の心身障害児となって以降は、病院での投薬やリハビリ訓練、知的障害児通園施設の利用。特別支援学校入学等の経過を辿っている。生後8か月でけいれん発作により再入院、手術、リハビリのための通院を開始。児童相談所は1歳7か月で終結。その後は療育手帳判定などで関与。

こうした経過をふまえ、検証報告書は、時系列の全体で事例を見る視点、障害のある児童が家族にいるという視点、援助の対象となっている人だけでなく家族全体を見る視点の重要性を述べている。要対協についても種々の課題を挙げ、改善策を提起している。たとえば、リスク評価の不十分さを指摘してリスクアセスメントシートの活用を促し、転出元から転出先の要対協への引き継ぎに際して、可能な限り双方の関係者を一堂に集めた個別事例検討会議を行うこと、困難事例は要対協個別ケース検討会議を繰り返し活用すること等である。

⑰／12歳／男／父（56，タクシー運転手）／他にはいない。ただし、兄（19）がいて、事件前から家出して長期不在。離別した母は所在不明

2度の通告を受けて児童相談所が対応。1度目に一時保護した後、父も反省し本児も強く帰宅を希望し家庭復帰。なお、家庭引き取りにあたり、児童相談所は小学校に見守りを依頼したものの、要対協の調整機関に情報提供するまでには至らなかった。2度目の通告後、父は翌日逮捕され、本児は入院し、退院後に障害児施設に一時保護委託、その後入所措置となる。父は執行猶予判決を受けて来所、しばらく離れて暮らすこと、早く引き取るために児童相談所の指導に従うと表明し、個人カウンセリングを了承した。

児童相談所は最初の一時保護解除の際、父に対して本児の発達上の課題等を説明して暴力を振るわないよう求めたものの、父自身の衝動性の高さなどが改善されないまま引き取りとなっていたこと、小学校から中学校への引き継ぎが口頭で行われただけで十分とは言えなかったこと、本児の課題について、早い段階で教育と福祉が連携すべきであったことなどを挙げ、次のような取り組みを提起している。親が子どもの抱える課題を意識していないことが多い点をふまえ、子どもの特性や保護者の状況、養育環境等をきめ細かくアセスメントして支援方針を立てること、親子関係改善に向けた各種プログラムを活用すること、ひとり親家庭が子育てと生計の両方の担い手として経済的、精神的負担を抱えていることが多い点をふまえ、家事や子育ての負担を軽減するサービスにつなぐことなど。また、在宅支援の場合、基本は要対協によるチーム支援が前提であると述べ、要対協の調整機関につなぎ連携していくという意識を持つこと、要対協が支援の内容を充実させるために努力することなども求めている。

18／14歳／女／母が同居する知人女性の内縁男性（41，無職）／母（42，ホテル清掃アルバイト）知人女性（33，ホテル清掃アルバイト）　＊姉（20）は障害者施設入所中職

施設入所や解除をめぐって、児童相談所は家庭訪問や母、同居男性などと面接を行っていた。また、市や児童福祉施設、学校等も関わっていた。検証では、施設からの一時帰省や本児の強い希望による措置解除が行われた背景に、「重症度の高くないネグレクトケース」「面会や帰省によって親子交流を促進する」という見立てと方針があったが、解除に当たって要対協の個別ケース検討会議も開かれていないことを指摘している。非開催の理由として、それまで児童相談所が市などと情報交換しながら対応してきたことを挙げ、結果として関係機関相互に情報や問題意識が共有されていなかったとしている。その上で、今後、児童相談所が措置解除しようとする場合は、子どもや家庭の状況を十分調査した上で市町村への要対協開催要請を徹底すること、児童相談所や市町村だけでなく、いずれの機関においても、開催の必要性を感じた場合は、積極的に要対協の開催を呼びかけるようにすべきであると提起している。また、DV世帯に対応する困難さもあったとして、DVについての理解促進の取り組みの強化を求めている。なお、児童相談所の専門性の確保や体制整備についても触れられていた。

19／16歳／女／母（37，パート）／他にはいない

児童相談所、学校、医療機関等が関与。本児が入院した時にはこれら機関が情報共有会議なども行っていた。ただし、検証報告書は「（児童相談所は）他の関係機関に対して、積極的な情報収集等の姿勢が見られない」と指摘。母が病院や児童相談所、学校に対して情報共有することを拒否していたことが影響していた可能性があるが、幅広く支援をしていくためには要対協との連携などの取り組みも必要であると指摘している。

本児は就学前に言葉の遅れと対人過敏で軽度発達遅滞と広汎性発達障害の疑いと診断され、一時期療育を受けていた（中断）が、母の意向で普通学級に所属。小学校時代、本児は療育手帳判定などを含めて合計5回、児童相談所に来所している。また、学校は、障害によるトラブルや学校生活での不適応について母に伝えている。この時期、母は他の医療機関も受診、教育熱心だったことから、児童相談所は、「母は本児の障害を理解している」と捉えていたが、実際には障害特性に向き合えないまま本児の学力強化に過度の期待を持っていたとしている。

小学校高学年の頃から、本児が次第に母の言うことを聞かなくなり、母が深夜に怒鳴り声を上げたりしたため、近隣から虐待通告があった。この時母は「子育てが思い通りにいかない」と児童相談所に助言を求めている。ただし、その後の相談はなく、母は思春期に入る本児の成長について見通しが持てず、不安を高めていった。この時期、拒否的ではなかった母に対して、障害受容や将来を見通した支援、専門の医療機関との連携など、幅広い支援のあり方を母に伝えるべきだったとしている。

本児が中学2年（特別支援学級）の2学期、母が障害の程度を超える無理な要求をしていることがわかり、障害受容ができていないとの判断があったが、母は学校の説明を受け入れず、学校批判を繰り返し、児童相談所の介入も拒否するようになった。拒否の直接のきっかけは不明だったが、支援のあり方を改めて考える必要があったとされている。

中学2年の3学期、本児の盗食（食べ物への固執）などの問題行動が収まらず、母は自ら児童相談所に電話し、児童相談所は訪問等を試みたが接触できず、電話で一時保護ができることを伝えたが、拒否的な姿勢だった。この段階では、自ら支援を求めてきた母に対して困り感をしっかり受けとめ、支援のあり方を検討すべきだったとされている。中学3年への進級時、児童相談所の所管が移った。その夏休み、医療機関から本児が過食、盗食で入院しているとの連絡が児童相談所に入った。それを受けて情報共有会議が開かれたが、医療機関の危機感が児童相談所に伝わらず、以後の連携につながらなかったとのこと。本児が特別支援学校高等部1年になり、3学期、学校から児童相談所に連絡があった（本児が実習先で職員の弁当を勝手に食べた。母に知られたら殴られそうだと本児が話しているが、今、学校は母と良好な関係なので、学校中心に対応したい）。その数日後、本児が痣をつくって登校し、「叩かれたり食事抜きにされる」と話したことから、学校は児童相談所に虐待通告した。児童相談所は、学校の対応についての相談と受けとめ、助言するにとどまっていたが、通告を受けた後は、速やかに行動すべきだったとしている。

事件当日、母は医療機関や学校、児童相談所に相談したいと電話しているが、支援に結びつける機会として捉えられなかった。母親の気持ちに変化があったと感じて重く受けとめ、支援に結びつけるきっかけにして丁寧な対応をする必要があった。

こうした経過をふまえ、検証報告書は、次のような提言を行っている（抜粋）。

一つは、母の困り感を丁寧に受けとめられなかった点をふまえて、支援の機会を逃さない迅速な対応を求めている。また、本児の発達障害による集団不適応や二次的な問題行動について、障害に対する理解が困難かつ支援拒否のある事例では二重の問題を抱えることになるため、成長に伴う障害の受容や発達障害の特性についての理解を進め子育ての悩みや負担感を軽減することを求めている。また、障害がある本児を受け入れられる施設が限られており、支援方針に苦慮したことも、課題の一つとして挙げている。

## ◇障害児とその家族の支援に特化した改善策

　さて、障害児を育てる家族への支援に焦点を当てた改善策を示したのは、事例⑫の検証報告書であろう。以下、その概略を述べる。

　たとえば、「障害児を持つ保護者については、家族任せになりがちな現状を改め、親の負担感を十分に理解した上でのサポート体制を構築すること」を提言し、「障害児を持つ家庭に対するアセスメント能力の向上を図るとともに、連絡体制を構築し、一体となって危機感を持つこと」や要保護児童対策地域協議会等の活用を促している。

　また、子どもの障害を診断した医療機関、通所訓練施設、保育所等に対して、「保護者が診断をどのように受けとめたか注意を払い、フォローが必要な場合には、在住する市町村の要保護児童対策地域協議会に支援を要請すること」を検討するよう求め、児童相談所に対しては、仮に療育手帳取り下げケースであっても「できる限り情報を聞き取り、どのような支援を受けているか確認し、他の支援機関に繋がっていない場合には他のサービスを紹介するなど、実際の養育の負担が軽減できるような丁寧な支援に努めること」を求めている。さらに、「虐待の未然防止を考えた時、障害をもった子どもの支援だけでは解決せず、主たる養育者を直接支援できる人が必要である」として、「継続的に主たる養育者を支援できる人がいない場合には、関係機関内に『主たる養育者の支援担当者』を決める」ことも提起している。

　そして、障害児のいる家庭の保育所への入所について、「母の就労等を絶対条件にするのではなく、障害児のいる家庭の個別の状況および障害の程度、介護の負担を総合的に勘案して判断することが望ましい」と政策的な提言もなされていた。

## ◇障害児施策についての課題や提言

　上記事例⑫では、障害児のいる家庭の保育所入所についての改善策が示されていたが、他の検証報告書にも、制度、施策上の問題提起や提言がいくつかあった。たとえば事例⑧では、待ち時間が長いことを理由に当該児の健診が未受診となっていたことから、環境整備について提言しており、事例⑤では、児童相談所が、本児の障害の程度などから、（実施体制の未整備等により）障害・健康面へのケアを危惧して一時保護に踏み切れていなかったとして、事前に委託先を確保するなどして即座に一時保護できる体制づくりを求めている。事例⑲でも、障害がある本児を受け入れられる施設が限られ、支援方針に苦慮した

ことを課題の一つとして挙げ、事例⑪は、在宅支援のための制度的枠組みが脆弱であることをふまえ、地域資源の整備、地域における拠点の整備等を提案していた。また事例⑰は、ひとり親家庭が子育てと生計の両方の担い手として経済的、精神的負担を抱えていることが多い点をふまえ、家事や子育ての負担を軽減するサービスにつなぐことなどを指摘していた。

　障害児を養育する親は、第1章で見たとおり、かつてはどこからの支援もないまま追い詰められるなかで事件を起こしていた。そうした現実をふまえ、今では障害児に対するさまざまな施策が実施されてきてはいるが、今回示した事例は、それでもなお、さらに細やかで手厚い支援策を必要としていることを如実に示しているように思われる。

## ◇保護者の発言と現実との乖離

　ところで、支援機関が保護者等と面接した際、保護者が子育ての具体的な様子を話したり本音を吐露していたかというと、必ずしもそうではなかった。いわば、発言内容と実態とが乖離しているわけで、以下では、それらを紹介しながら、支援する側の留意点を検討したい。

　まずは、保護者と関係機関とが比較的良好な関係（もしくは通常のやり取りができる関係）であった事例を見ていきたい。事例①の母は、市保健センターの新生児訪問で、「父は育児に協力してくれる」「気持ちも聞いてくれる」と話していたが、事件後「父に育児の大変さを話しても『疲れた』と言って受けとめてもらえなかった」と供述していた。検証報告書は、この点をふまえ、「1回の家庭訪問で母の本音をすべて聴き出すことは非常に難しく」「頻繁な家庭訪問による観察と支援が必要だった」と述べている。あるいは事例⑤。父による虐待があるとして通告があった事例だが、父が反省の弁を述べたり児童相談所に協力的だったことなどから、虐待のリスクを低く判断したとして、検証報告書は、冷静にリスクアセスメントを行うよう提言している。事例⑪も、病院からの虐待通告を受けた児童相談所は、母が「養父は育児に協力的である」旨を話したこと、養父自身も児童相談所との関わりを希望したことから一時保護を不要と考え、アセスメントが不十分であったと指摘している。事例⑬においても、加害者となった母の交際相手が、児童相談所に対して本児の養育について不安を訴え、助言を求めたことから、本児のことを考えていると見立てた点を取り上げ、保護者の説明だけで事態を把握するのでなく、関係機関に対する調

査等を丁寧に行うよう求めている。

　こうしてみると、少なくない事例で、支援機関に対して（見かけ上）協力的に見える保護者の姿勢によって深刻な虐待が見落とされているように思われる。これらはハロー効果[※2]の一つとも考えられるが、その背景に次のような事情が垣間見える。近年、児童虐待の通告を受け、保護者の意に反してでも職権による一時保護等を行うようになり、児童相談所をはじめとする支援機関と保護者の間には、しばしば鋭い対立、軋轢が生じるようになった。とはいえ、子どもの安全を最優先しようとすれば、こうした対立は避け難い。こうした取り組みが続くなかで、支援機関に協力的な姿勢を示す保護者が現れると、実際以上に好意的な見立てをしがちになるのではないだろうか。もちろん、保護者と協力関係を結ぶことは重要なことではあるが、保護者の立場に立てば、支援者を疑っていなくても、自身の抱える問題や深い悩みを話すには、よほどの勇気がいるし、決して簡単なことではない。その点をふまえた上で、検証でも指摘されているように、冷静なアセスメントを心がけることが重要であろう。

## ◇保護者と支援機関等との関係

　さて、ここで示した多くの事例は、すでに見てきたように、児童の障害等を契機として病院や母子保健部門、また、保育所、学校、児童福祉施設等が支援を続けていたり、通告等を受けた児童相談所や市町村の児童福祉担当部署との関わりがあった。では、そうした取り組みの中で、事件を未然に防ぐヒントはなかったのか、あるいは、リスクを感じ取ることはできなかったのか、改めて関わりの状況や保護者の態度、関係機関の方針などを検討してみたい。

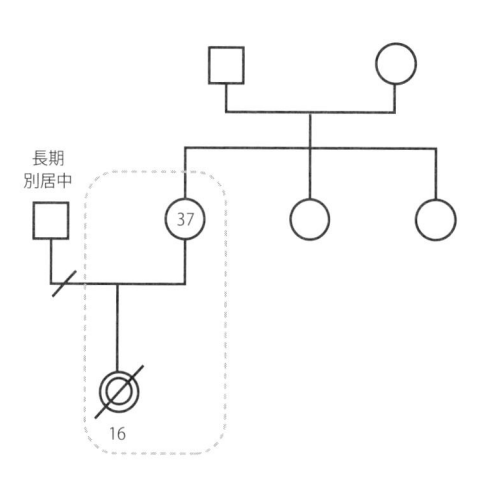

長期
別居中

37

16

**図 1-3-1　事例 19 の家族図**（検証報告書を元に作成）

　最初に事例⑲を取り上げる（図1-3-1）。本事例は16歳で当該児童が死亡している が、幼児期から関係機関の関与があり、障害児を抱える保護者の気持ちと関係機関のあり方を、さまざまな形で考えさせられる事例である。

　本児は、就学前に「広汎性発達障害の疑い」と診断され、一時期療育も受けていたが中断していた。小学校は、母の希望で普通学級に入学したが、障害によるトラブルや不適応があった。児童相談所は、母親が療育手帳を申請し、他の医療機関を受診していること、教育熱心で、本児の状態を話す様子などから、「（母親は）本児の障害に理解を示している」と捉えていた。ただし、検証報告書は、「実際は、母親は発達障害特性に応じた課題に向き合えないまま、本児の社会適応や学力強化に過度の期待を持っていたと思われる」と述べ、「母親の障害理解を深めるような継続した支援をする必要があった」としている。

　また、小学校6年時には、「成長に伴い次第に言うことをきかなくなった本児に対し深夜に怒鳴り声を発するなどした」ため、近隣から虐待通告があった。一方、母は、「子育てが思い通りにならず、対応が困難になったしんどさを児童相談所へ話し、支援を求めていた」。

　特別支援学級に在籍していた中学2年の10月、学校は、「本児の両腕、尻にあざがある」として、児童相談所に虐待通告したが、母親は虐待を否認し、「学校側が本児の特性上の難しさを伝えても（母は）説明を受け入れず」「学力を上げることに強い期待を持ち、中学校に過度の要求をし」「激しい学校批判を繰り返すようになり、そのころから児童相談所の介入も拒否しはじめ、母親の意向と少しでも合わない支援機関のかかわりには拒否的な態度を示す」ようになったとのこと。

　翌年2月には、「本児の問題行動がおさまらず、どうしていいか分からなくなり」、母親が自ら児童相談所に電話している。ただし、児童相談所が家庭訪問すると、母親は拒否して接触できなかったという。

　これらをふまえ、児童相談所や学校は、「母親が本児の障害を受容できていない」と判断していた。検証報告書は、（中学2年の10月時点で）怪我の状況などを考え、何らかの形で母の行為が虐待であることを知らせるとともに、母親の気持ちを受けとめ、支援のあり方を検討する必要があったとし、（翌年2月には）「自ら支援を求めてきたという母親の困り感をしっかりと受け止め支援のあり方を検討したうえで、状況に応じては毅然とした対応をすることが必要であった」と述べている。

　本事例では、以後も盗食など本児の問題行動が続き、母親の虐待が疑われ、母親は相談の気持ちを示しながら、児童相談所をはじめとする関係機関の関わりを拒否するといったアンビバレントな状態が続き、最後は、母が医療機関や学校医に対する相談の気持ちを示しながら、医師と連絡が取れない状況で本児が死亡するに至っている。

## ◇障害の受容

　ところで、本事例では、「障害受容」の問題が指摘されている。また事例⑫においても、「子どもの障害の診断後も医療機関の通所訓練につながっていたが、保護者が障害受容できているかのフォローが十分ではなかった」との指摘があった。そこで、中田洋二郎（1995）「親の障害の認識と受容に関する考察——受容の段階説と慢性的悲哀」をふまえて障害の受容に関して検討しておきたい[3]。

　中田（1995）は、障害のある子どもの親が障害を受容する過程について、先行研究では「混乱から回復までの段階的な過程として説明されることが多い」と述べ、こうした角度からのいくつかの研究を紹介し、「障害児を持つことが負担ばかりでなくその家族の人生に肯定的な影響を与えることは、障害児の家族を援助する立場にある専門家が見逃してはならない観点である」と述べつつ、次のように指摘する。すなわち、

　「諸段階説の共通する特徴は、（中略）障害を知ったために生じる混乱は時間の経過のうちに回復する、つまり終了が約束された正常な反応であると規定する点にある。別な見方をすると、障害児のすべての親がいずれは受容の段階に達することを前提としている」

　という。ただし、次のように注意を促す。

　「障害の受容をすべての親にとって越えなければならない課題と見なした場合には、その段階に達していない親に過酷な要求をすることにもなる。そのため専門家の恣意的な判断が親の苦悩をより深める結果ともなりうる。障害受容の過程における段階説はこのような危険性を内包しているといえる」

　その上で、障害の受容ができていない状態を否定的に受けとめるのではなく、

---

※3　なお、氏は障害の受容に関して、本書第2部第2章において、具体的な事例を示しつつ詳細な検討を加えているので、そちらを参照されたい。

「慢性的悲哀を正常な反応として認める」よう主張する研究を紹介し、慢性的悲哀の特徴を以下のように整理する。

1. 慢性的な疾患や障害のような終結する事がない状況では悲哀や悲嘆が常に内面に存在する。
2. 悲嘆は常には顕現しないが、ときに再起するかあるいは周期的に顕現する。
3. 反応の再起は内的な要因が引き金になることもあるが、外的な要因、例えば就学など子どもが迎える新たな出来事がストレスとして働きそれが引き金となる。
4. この反応には、喪失感、失望、落胆、恐れなどの感情が含まれる。また事実の否認という態度も並存することがある。

また、「論文のなかには障害の種類が不詳であったり種々の障害を一括して論じている傾向があり、そのため、あらゆる種類の障害にそれぞれの見解が適合するかのように見える。障害の発見や診断の経過は障害の種類によって異なると思われる。したがって、障害を認識し受容する過程もその影響を受けることが予想される」と指摘し、障害の種類による発見・受診・診断の経過等について、調査研究を行っている。以下でその結果について抜粋して紹介したい。

中田（1995）は、まず最初に、対象児をダウン症や小頭症など病理型の精神遅滞（病理群）、精神遅滞を伴う広汎性発達障害（自閉群）、それ以外の精神遅滞（精神遅滞群）の 3 群に分け、それぞれに該当する 20 歳までの子どもを持つ母親に対して半構造化面接を行い、その結果をまとめている。

その結果、障害の発見、受診、確定診断等において、3 群で大きな違いがあることを確認する。まず、病理群では、親はわが子の異常に未だ気づいていない出生直後に、障害の発見、受診、確定診断等が連続して生じることが多く、「ほとんどの親は障害を告知されたときに極度の精神的混乱を経験し、その後、段階説で述べられているような悲しみや否認や怒りなどの感情を報告している」という。

また、自閉群や精神遅滞群は、病理群と異なり、「障害の確定が困難で、多くの事例は医療・相談機関をめぐり歩いた末に診断されていた」「診断を期待して医療・相談機関を訪れた親にとっては、この経過は『はっきり言ってくれず物足りない』『専門的な知識が乏しく親の疑問に答えられない』『通うだけの価値があるのか疑問だった』という印象を与えている」「自閉群・精神遅滞群の多くの事例にとって障害の告知は障害認識のきっかけとはならなかった」

と述べる。そのため、

　「障害を認識するにはある時間の経過が必要であり、また通常の生活への期待を裏切られる出来事がきっかけとなっている」「わが子の状態が一時的なものではなく将来にも及ぶことを認めるために、親は子どもの発達がいつか正常に追いつくのではないか、あるいは自閉が『治る』のではないかという期待を捨てることが必要となる。それまでは、親は否定と肯定の入り交じった感情の繰り返しを経験せざるをえない。これは、いわば親にとって慢性的なジレンマの状態といえる。このようなジレンマの経験は、障害を認めた後にも外部の条件によって悲哀が呼び覚まされやすい傾向をつくるのではないだろうか」

　と考察する。そして、

　「（病理群が辿る）障害の告知による衝撃とその後の混乱、またそれから回復する過程は段階説で述べられていることとかなり一致する」「一方、自閉群や精神遅滞群など診断の確定が困難な事例では、親は慢性的なジレンマの状態に陥りやすい。慢性的悲哀の概念はこれらの群を理解するのに役立つ」

　という。その上で、

　「段階説や慢性的悲哀の概念をすべての障害に適用することは、その説が適合しない場合には親の状態の理解を歪め、誤った援助の方法を採用する危険性がある。このふたつの説を包括し広範に適用できる障害受容の過程のモデルがあれば、親の心を理解し援助するための方途を考えるうえで有用ではないかと考えられる」

　と述べ、「障害受容を段階としてとらえないこと、とくに障害受容を課題としないモデル、また、慢性的な悲哀やジレンマが異常な反応ではなく通常の反応であるという理解を促すモデル」の必要性を説き、障害受容の過程としての「螺旋系モデル」を提唱する。

　その特徴は、「親の内面には障害を肯定する気持ちと障害を否定する気持ちの両方の感情が常に存在する」ことを認めた上で、段階説が唱えるような最終段階としての障害の受容があるのではなく、「すべてが適応の過程である」と考える点であろう。

　この螺旋形モデルの図は、中田自身が第2部第2章で示しているが（図2-2-2)、中田（1995）は、「障害受容の過程を段階ではなく、肯定と否定の両面をもつ螺旋状の過程と考えることは親が現実を認識できず障害を受容できない状態を理解することに役立つ」と結論づける。ここでは、「受容の困難さは螺旋形が引き延ばされることでより否定の面が多く現れ」「受容が容易な例は螺旋

形が縮められ、否定が肯定
の裏側に隠れることで表現
される」という点を図
1-3-2に示してみた。この
ように見てくると、たとえ
ば事例③などは、中田
(1995)の分類では「病理
群」に該当し、本児が生後
2か月の時に、病院から障
害を伴う先天性疾患がある
ことを告知され、「極度の
精神的混乱を経験し」「悲
しみや否認や怒りなどの感

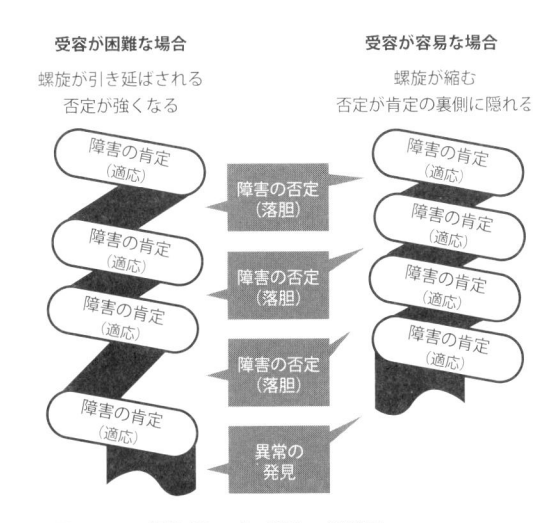

図 1-3-2　螺旋形モデル構造の解説図

情」に襲われていた可能性が考えられるだろうし、事例④や事例⑤、事例⑩な
ども、似たような状況があった可能性がある。逆に事例⑪や事例⑱は、中田
(1995)の精神遅滞群に属し、事例⑫や事例⑲は「知的障害を伴う広汎性発達障
害」が認められ、「自閉群」に該当する。特に事例⑲は、幼児期から本児が死亡
する16歳までの長期間にわたって「親は否定と肯定の入り交じった感情の繰り
返し」を経験し、「慢性的なジレンマの状態」にあったのではないだろうか。中
田(1995)の論考は、こうした事例を理解する上で貴重な示唆を与えると、筆者
は考える。

　ところで、第2章では、被害児の年齢階層と障害の種類を図示し（図1-2-9)、
乳幼児では身体障害とされる子どもの被害の割合が最も高く、学齢児では発達障
害とされる児童の割合が最も高い割合で出現したと報告した。事例数が少ないた
め、それらが全体を代表する傾向であるとまでは言えないとしても、中田(1995)
が述べる病理群の特徴が、乳幼児における虐待の要因となり、自閉群の特徴が、
おもに学齢児での虐待の発生要因となっていることは十分に考えられるのではな
いだろうか。

　なお、中田(1995)は、論文の最後で「障害を受容できる親、受容できない
親という見方をする以前に、専門家としてはまず現在の状態と将来の発達の経
過をわかりやすく説明すること、親の疑問に正確に答える努力をすべきであろ
う」と述べている点も紹介しておきたい。

## ◇要保護児童対策地域協議会の活用

　障害のある児童の場合、他の事例に比べて、虐待通告を受ける前から医療や教育その他の関係機関が関与していることが多いと予想される。事実、今回対象とした事例は、すべていくつかの関係機関が関与していた。では、そうした機関が連携して支援していただろうか。以下では、現在全国ほぼすべての市町村で設置されている要保護児童対策地域協議会（以下、要対協）の活用状況や支援における課題などを示してみたい。

　まずは、要対協への登録、要対協での支援の有無について。19事例のうち、登録が確認された、もしくは登録が推測できたのは、事例③④⑤⑥⑦⑨⑬⑮⑯の合計9例（47.4%）、逆に登録されていなかった、もしくは確認できなかったのは、事例①②⑧⑩⑪⑫⑭⑰⑱⑲の10例（52.6%）となる。ほぼ半数ずつに分かれるが、登録がなされていない事例の方が僅かに多い。これを「こども家庭審議会児童虐待防止対策部会児童虐待等要保護事例の検証に関する専門委員会」（2024）が公表している「こども虐待による死亡事例等の検証結果等について（第20次報告）」（以下、専門委員会、第20次報告）における「心中以外の事例」と比較すると、専門委員会では、要対協において検討されていたのは52人[4]中15人（28.8%）であり、今回の対象事例の検討率の方が高い割合となっている。

### ・要対協に登録されていない事例

　先に、要対協への登録がなされていなかった事例について検討する。いくつかの理由が考えられるが、その一つは、すでに児童相談所が主担当機関として関与しており、児童相談所が学校等と協議していることから、要対協を活用した支援に至らなかったと考えられる事例だ。たとえば事例⑰は、虐待通告を受けた児童相談所が一時保護や児童福祉施設への入所措置等を採っていたが、保護者が反省を示したり個人カウンセリングを受けることを了承したことなどから、要対協への登録を見合わせていた。事例⑱も、児童福祉施設入所措置が採られており、児童相談所は、措置解除に際して関係機関相互と情報共有していたことから、要対協での個別ケース検討会議を要請することはなかった。事例

---

⑲も、児童相談所と学校等の協議が中心となっていて、要対協は活用されていなかった。ただし、検証報告書は、これらの事例においても、「在宅支援の場合、基本は要対協によるチーム支援が前提である」（事例⑰）、としており、「児童相談所が措置解除しようとする場合は、子どもや家庭の状況を十分調査した上で市町村への要対協開催要請を徹底すること」（事例⑱）、「幅広く支援をしていくためには要対協との連携などの取り組みも必要である」（事例⑲）などと指摘している。

　他方、背景にアセスメントの不十分さが指摘されている事例があった。たとえば事例②では、保健師の家庭訪問の前日、当該児が前額部を6針縫う怪我をしていたが、治療した医師や保健師が虐待のサインやリスクと捉えず、要対協での情報共有がなされなかったと指摘している。なお、虐待もしくはその疑いに気づかなかった背景に、児童が障害を抱えていることが影響している場合もあり、今後の支援においては注意を要する。たとえば事例⑧は、発育の遅れに関する療育的視点からの支援をしていたため、虐待の視点がなく、要対協において進行管理が必要なケースであるとの取り扱いがされていなかったという。また事例⑩も、療育訓練を受ける等していたが、要対協には登録されていなかった。その要因として、保健サイドは本児の病気や発達面に注意が向き、親子関係や家族の心理・社会的な側面に目が行き届かなかった可能性が指摘されている。さらに事例⑪は、関係機関が虐待について危惧していたものの、児童相談所は、保護者が発達支援を受け入れる点を重視し、虐待事例としては終結する方向としたことから、関係機関との協働関係をつくる動きが希薄だったと指摘されている。

　なお、事例⑦は、転居前の自治体で要対協に登録されていたが、転入後は要対協での取り組みがなされていなかった。その理由として、転居前の自治体での支援の状況等が十分引き継がれなかった点が挙げられていた。また、要対協に登録された事例⑥についても、市の関係機関が本家族に対して2年間にわたって支援していたにもかかわらず、要対協への登録が遅れ、個別ケース検討会議も行われなかった点を挙げ、多機関による情報共有の必要性が指摘されていた。

### ・要対協に登録されていた事例

　一方、要対協に登録されながら死亡や重篤な事態に至った事例では、どのような課題があるだろうか。まず最初に取り上げるのは、要対協の個別ケース検

討会議を 21 回開催しながらも、児童の死亡を防ぐことができなかったとされる事例⑬である。この点を、当該市が行った児童虐待重大事例振返り作業の結果報告書を参考にして検討したい。そこでは、本児の一時保護が継続していた第 21 回目の会議について、次のように述べていた。

「市側の本ケースに対する危険性の主張と、児相側の長期的な一時保護の延長は困難という支援方針についての主張が全く解離したまま進行していた。本来事例に対する見立てや危険性について議論され各関係機関と共有した結果に基づいて、支援方針についての議論がされるべきであった」

「支援方針が決まらなかったにも関わらず、次回の個別支援会議の実施日時が決められなかったため、その後各関係機関が独自の判断で支援することとなった」

「支援方針が未確定な期間における、暫定的なモニタリング体制について協議されていなかった。一時保護期間中において行うべきこと、仮に一時保護が解除された場合に行うべきことなど、いくつかの場面を想定した上で、次回の個別支援会議までに必要と考えられる支援体制やモニタリング体制を確認しておく必要があった」

「個別支援会議は各関係機関が対等であることに大きな意義を持つが、一方で議論が膠着すると一定の結論をみないまま終了してしまう欠点があり、本ケースと同様の事態を招きやすい。評価、支援方針の決定、モニタリング、再評価の流れを理解しつつ、議論の経過を俯瞰し、アドバイスを与えるスーパーバイザーを配置する必要があった」

これらは、多かれ少なかれ、全国の要対協が抱える課題と共通するのではないだろうか。たとえば事例⑮も、複数の関係機関が一時保護や措置解除の是非について児童相談所とは異なる意見を表明していたと述べ、検証報告書は、児童相談所に対して「関係機関からの意見を受けとめ、方針を決定する際の判断材料として活かすべきである」旨を指摘していた。

意見の違いという点を突き詰めれば、それは事例の見立て、アセスメントにかかる問題だと考えられる。その意味で、事例④では、父の生活や特性が十分把握されていない点などを指摘し、家族全体のアセスメントを行うなどアセスメント力の向上を求めており、事例⑯も、リスク評価の不十分さを指摘してリスクアセスメントシートの活用を促していた。また事例⑨は、家庭復帰後のリスクアセスメントや支援が不十分だったと述べている。なお本事例では、その

他にも、個別ケース検討会議での検討が、措置停止※5によって家庭引き取りとなる前に行われただけで、在宅となって以後は開催されていないことを指摘していたが、先に紹介した事例⑬において、その後は会議が開催されていないと指摘された点と共通する。さらに、事例⑨では、話し合われた各機関の役割や支援方針が一般的、抽象的なレベルにとどまっており、家庭復帰後のリスクアセスメントや支援が不十分だったと述べているが、この点も、2回目の一時保護から家庭引き取りするまでの間に児童相談所と関係機関との調整が十分に図られなかったと指摘される事例⑬と共通しよう。

　ここまでを振り返ると、要対協へ積極的に登録した上で、関係機関が協力する体制を構築することが求められること、また、要対協へ登録すれば、それだけで自動的に支援が進むものではなく、登録後も真剣に協議して、見立て（アセスメント）について共通理解が図れるよう努力し、それぞれの役割を真摯に果たしていくことが求められているものと言えよう。

## 3.　心中事例についての検討

### （1）事例数および障害像について

　本調査で扱った障害児等の虐待死のうち、心中事例として分類したのは、表1-3-5に記載した19事例※6で、加害者を除き、児童21人、成人1人（事例⑱※7の母方祖母）の合わせて22人が被害に遭って死亡していた。事例数より被害児の人数が多いのは、心中事例の特徴としてきょうだい等が同時に巻き込まれ

---

※5　措置の停止とは、当該措置を継続すべき事由が完全に消滅したわけではなく、近い将来再び措置をとらなければならない場合に行われる措置の一時的中断である。具体的には、こどもが施設を無断外出し行方不明である場合、施設に入所しているこどもに対し措置を変更又は解除するかどうかにつき検討する目的でそのこどもを一時保護している場合、その他、家庭引取後の適応状況を見る必要がある場合等が考えられる。（児童相談所運営指針から引用）

※6　本章冒頭の「検討の方法」で述べたように、保護者が生存した「心中未遂事例」には、自殺を企図する直接的な行為が見られなくても、「死のうと思った」などの発言が認められるものを加えている。そのため、こうした事例では、心中未遂なのか、単に児童を死亡させただけなのか明確にするのが難しい。事実、本稿の検討の途中で、「心中事例」から「心中以外事例」へ移動させた事例があった。そのため、移動させた事例番号⑥が欠番となっている。事例番号は⑳まであるが、事例合計は19例である。

※7　事例番号について、「心中以外事例」と「心中事例」で同じ番号表示を用いている点をお断りしておきたい。なお、特段の注記がない場合、本章での番号表記はすべて心中事例である。

ることによる。なお、複数の児童が被害に遭ったのは、事例⑦⑱の 2 例で、事例⑦の姉妹のうち、姉は発達障害の所見があり、妹も 12 か月健診や 1 歳半健診で、母が「言葉や身体の発達が遅い」といった相談をし、児童相談所一時保護所でも「言葉が大変不明瞭で、語彙が少ない」との観察がなされていたことから、本調査の対象児とした。一方、事例⑱のもう 1 人の被害児は母方従弟（母の妹の子ども、8 歳男児）である。被害に遭った従弟は、親戚関係にはあるが加害者が保護者ではないとして検証の対象から除外されており、障害の有無も不明である。したがって、障害等があると考えられる被害児童は、事例⑦の 2 人を含めて 19 例 20 人とした（表 1-3-5）。

　被害児の年齢を見ると、0 歳児は 1 人だけで（事例①）、年齢には 0 歳から 15 歳までバラツキがあった。なお、事例①の被害児はダウン症で、心臓疾患などの先天性疾患もあり、先に見た中田（1995）の分類では「病理群」に該当しよう。被害児の障害等の状況が必ずしも全例で明確になっているわけではないが、中田（1995）の分類で「病理群」もしくはそれに近いと思われるのは、事例①に加えて、同じくダウン症と診断された事例⑨、また 6 歳頃に 1 型糖尿病と診断された事例⑫、身体障害手帳を所持している事例⑳の 4 例である。

　一方、本調査では、「自閉群」と考えられる発達障害もしくはその近接領域にあると思われる例が目立った。明確な診断はないが多動傾向が見られるものも含めると 20 人中 12 人が該当し、ちょうど 6 割となっている。具体的に見ていくと、発達障害とされているのが事例③⑬および事例⑦の姉、広汎性発達障害、自閉症（自閉傾向を含む）、自閉症スペクトラムもしくはアスペルガー症候群に該当するとされたのは事例⑤⑧⑪⑯⑲、学習障害は事例⑮、さらに多動もしくは多動傾向とされたものに事例②⑰があり、事例⑰は投薬も受けていた。その他では、事例④も頭を打ちつける自傷行為やモノを投げる行為が目立っていたという。

　また、発達の遅れなどの「精神遅滞群」に含まれると考えられるのは、事例⑩⑭⑱および事例⑦の妹である。なお、上記の「病理群」「自閉群」に分類した事例にも知的障害を合併している場合が多い点を付記しておく。

　さて、心中事例は、子どもを殺害して保護者も自死するというものだが、本章冒頭の「検討の方法」欄でも述べたとおり、児童を死なせた後、保護者が生存している場合も珍しくない。本報告ではこれらを「心中未遂事例」と呼び、児童だけでなく保護者も死亡している場合は「心中既遂事例」として、いずれも心中事例の対象とした。結果として、「既遂事例」が 10 例、「未遂事例」は 9 例となった。

表 1-3-5　被害児の生育歴、障害等の状況等

注1：①③などの〇数字は加害者が生存した「心中未遂事例」。その他は「心中既遂事例」。
注2：事例番号6は、検討の結果、心中以外事例と判断して移動させたため欠番とした。以下同じ。

| 事例番号／発生年／年齢／性別 |
| --- |
| 生育歴、障害等 |

| ①／ 2011 ／ 0：4 ／男 |
| --- |
| 「先天性疾患」（ダウン症、心臓疾患）。生後2か月間入院していた。 |

| 2 ／ 2010 ／ 1 歳／男 |
| --- |
| 精神遅滞の疑い、多動傾向。 |

| ③／ 2019 ／ 3 歳／男 |
| --- |
| 検証報告書（概要版）には「発達障害児（疑いのある児を含む）とその保護者に対する切れ目ない支援体制が不十分であった」とあり、本児に発達障害（もしくはその疑い）があったと推測できるが、それ以上の情報はない。母子保健担当課の継続ケース。未就園。 |

| 4 ／ 2014 ／ 3 歳／男 |
| --- |
| 0歳の段階で運動発達の遅れが認められ、療育医療機関でのフォローとなる。2歳半頃より動きが激しくなり、母に負担がかかるようになる。3歳3か月時には頭を打ち付けるなどの行為も出現。物を投げたり、ひとり遊びも目立つようになっていた。 |

| 5 ／ 2010 ／ 3 歳／女 |
| --- |
| 4か月健診、10か月健診では異常なしとされていた。1歳半健診で落ち着きのなさが現れ、歩き回り、目が合わない、発語消失などの指摘あり。2歳時、「折れ線型自閉症」、その後「広汎性発達障害」「知的には境界線あたり」と言われる。 |

| 7a ／ 2010 ／ 5 歳／女 |
| --- |
| 3歳児健診で要観察、発達障害の疑いとされ、5歳児健診で「発達障害あり」との所見が出される。また、事件1か月前に行われた一時保護では、「他者と協力しての作業が苦手。多動傾向等、専門機関の支援を要す」と報告されている。 |

| 7b ／ 2010 ／ 2 歳／女 |
| --- |
| 1歳半健診で、母は言葉・身体の発達の遅れについて相談していた。姉と同時期に実施された一時保護では「言葉が大変不明瞭で、語彙が少ない」との観察がされていた。 |

| ⑧／ 2010 ／ 5 歳／女 |
| --- |
| 正常分娩にて出生。出産後母のうつ症状が良くない時、放置してしまうことがあった。4か月健診、1歳半健診、3歳児健診、いずれも正常発達との診断。2歳頃よりファミリーサポートセンターを利用。5歳頃、離婚調停に際して子どもの発達状況が必要とのことで、医療機関系列のカウンセリングルームにて「アスペルガー症候群の疑い」との所見が出される。 |

| ⑨／ 2016 ／ 6 歳／女 |
| --- |
| 出生時ダウン症の診断。3か月健診未受診、4か月時より療育フォロー開始。その後さまざまな機関が関わるようになった。1歳1か月時に療育手帳（A）判定。異父兄が問題行動で児童自立支援施設に2度入所（異父兄から母への暴力もあった）。事件当時は、市内のデイサービスなどを利用していた。 |

| 10 ／ 2015 ／ 6 歳／男 |
| --- |
| 知的障害（中度）。生後3か月より療育医療機関フォロー開始。1歳6か月より障害児サービス利用。小学校入学時より個別支援学級。 |

⑪／2008／6歳／男

幼少期から病院、市の保健師等に相談。5歳時に療育相談、半年後、医療機関で「ADHD
を合併した高機能の自閉症スペクトラム」の診断。小学校入学に向けて就学相談を受ける。
小学校入学時から特別支援学級に在籍。小学校1年生の9月に事件発生。

⑫／2019／7歳／男

乳幼児健診は受診。6歳頃1型糖尿病と診断され入院。事件まで虐待やDVは確認されていない。父母の別居が決まり、母子が出て行く直前に事件発生。

13／2014／9歳／男

発達障害。3、4歳時より、母が複数の医療機関、相談機関に相談。療育に積極的だった。

14／2019／10歳／男

母は精神疾患を抱え、妊娠時から特定妊婦とされていた。本児には発達の遅れがあったことなどから、市の母子保健、福祉担当課が支援を継続していた。「特性からくる育てにくさ」との記載あり。事件4年前に要保護児童対策地域協議会個別ケース検討会議開催。事件4か月前に父親が緊急入院し、母は不安定になり、本児は見舞い等のため不登校が続いていたことから、職権で一時保護し（約2か月半）、事件1週間前に家庭復帰していた。

15／2009／10歳／男

本家族は、祖父の失踪後、車上生活をしていたが、本児（当時1歳）は養育困難で一時保護され、乳児院に約2年近くの入所歴がある。また、9歳時、母が職を失い、再び車上生活、不登校となり、児童相談所で再度の一時保護となったが、その後、家庭復帰している。その間に「学習障害」と診断されたものと思われる。

⑯／2011／10歳／女

4歳で通園施設利用開始（音に敏感で、思うようにならないとパニックがあるなどによる）、この年療育手帳判定（B1）。8歳時（A2）に変更。「重度の知的障害」、「自閉傾向」とされ、特別支援学級（情緒障害）に在籍。天気の変化に敏感で、雨が降ると「雨バイバイ、止めて、消して」などと叫び、寝転がって地団駄を踏むなどパニック状態になることがあった。母は熱心に子育てしていたが、離婚成立後、調子を崩している中で事件発生。（心中事件前の）虐待は確認できていない。

17／2012／12歳／女

ひとり親家庭。特別支援級在籍。多動に関する投薬をしていた。朝服薬すると日中の多動は抑えられているが、夜にはその効力が切れて、自宅では多動になる等不安定な状況にあった可能性が指摘されている。軽度知的障害（事件1年半前に受診）。関係機関は「若干おとなしめ」などといった評価をしていたが、母は「家では大声で騒いだり、壁に頭を打ち付ける」と話し、近隣住民からも「本児が夜中廊下を歩き回っている」等の通告があり、学校の評価とずれがあった。児童養護施設にも入所の経歴があり、事件の約4年半前に家庭引き取り。

18／2017／13歳／男

小2時、母が薬物関係で逮捕され、他県児童相談所で一時保護される。母釈放後、本児の一時保護は解除され、当該自治体へ転入。母が学習面を心配し、支援級へ通級。小4で特別支援学級へ転入。小6時、母が再度逮捕され実刑となり、母方祖母が本児の療育手帳交付申請。本児は中学も特別支援級へ。母は仮出所後に母方祖母と同居。母出所後2週間で事件発生。なお、本児の母方従弟（8歳）が居合わせて死亡している（障害の有無などは不明であり、本調査の対象とはしていない）。

18／2017／8歳／男

本児の母方従弟。障害の有無などは不詳、居合わせて死亡している。

⑲／不詳／13歳／女

「自閉症」、トゥレット症候群。詳細不明。

⑳／2013／15歳／男

身体障害者手帳および療育手帳を所持していたが、知的障害は軽度で、特別支援学校（中学3年）では、自分のことは自分ででき、友人や教師との関係も良く、順調な学校生活を送っていた。また、性格は明朗で、コミュニケーション能力が高く、誰とでも仲良くでき、友達の手助けをするような面倒見の良い子と見られていた。事件前日まで元気に登校しており、学校では事件が起きる兆候などまったくなかったとのこと。

※自閉症、広汎性発達障害、アスペルガー症候群は、現在では自閉症スペクトラム障害あるいは自閉スペクトラム症とされているが、当時の記載のままにしている。

## （2）加害者を含む家族の状況

　家族構成等は、表1-3-6に記載した。なお、家族の状況等は、表1-3-5で記載した被害児の生育歴や、表1-3-7で示す加害の動機や背景等と重なる部分もあり、記載が重複している場合も多々あることをお断りしておきたい。

　それはさておき、19事例中、実母が加害者となった事例が15例（78.9％）と最も多かった。次いで実父が3例（15.8％）、残り1例（5.3％）は母方祖父であった。「心中以外事例」で見られた養父や継父、交際男性などの事例は1例もなく、「心中以外事例」との違いは明確と言える。

　ところで、川﨑二三彦他（2014）「『親子心中』に関する研究（3）——裁判傍聴記録による事例分析」は、心中事例における加害者と児童との関係について次のように述べる。

　「戦前、戦後を通じて『非血縁』の関係にあるものは稀であり、ほとんどが血縁関係にあるとされていた。この点については、2000年代における調査でも同様で、10年間に発生した395件のうち、血縁関係があると確認できた事例は392件（99.2％）にのぼり、確認できなかった事例（養父母と養子など）は3件（0.8％）のみであった」

　また、専門委員会第20次報告で（第2次から第20次報告までをトータルした）心中事例における被害児童数を見ると、実母が主たる加害者となっている場合が433人で全体の68.2％を占め、実父は120人（18.9％）、また実父母によるものも27人（4.3％）あった。これに祖父や祖母、あるいは実母と祖父母の複数が加害者となったものを加えると、全体の94.6％を占め、心中事例のほとんどは、血縁関係において発生することが示されている。本調査でも非血縁の者による事例は1件もなく、障害児等に関わる心中事例も、血縁関係の中で生じることが多いというわが国の一般的な特徴と共通していた。

　加害者となる父母の割合について、川﨑他（2014）は「形態として、『母子心

中』の割合が高いことは、戦前、戦後を通じて一貫した傾向であったが、2000年代においても『母子心中』が最も多く、395件中257件（65.1％）と過半数を超えていた」と述べている。母子心中の割合が高い点は、専門委員会報告でも同様であり、本調査も共通する。なお、保護者の状況として、精神疾患のために通院していたり、既往歴がある、もしくは精神疾患が疑われる事例が多数見られたが、その点は、次項の「虐待の態様、加害の動機、背景等」で取り上げる。

**表 1-3-6　家族構成および家族の状況等**

注1：①③などの〇数字は加害者が生存した「心中未遂事例」。その他は「心中既遂事例」。
注2：家族構成欄で下線を引いているのが加害者、網かけしている者は死亡している。

事例番号／家族構成（事件当時）

家族等の状況

①／実母（39）、実父（年齢不明）、本児（4か月）

本児が入院していた医療機関では、実母の表情が硬かったため心配し、本児の先天的な疾患や家族が抱える不安に配慮して未熟児訪問指導を自治体に依頼している。母は保健師の電話に「本児は変わりなく元気」と応え、訪問を受け入れていた。死亡の2日後に、4か月健診が予定されていた。

2／実母（30）、実父（36）、本児（1）

母方祖父母は離婚し、復縁している。祖父母はいずれも ADHD の症状があり、母は遺伝を心配していた。母も離婚経験があり、父（会社員）とは再婚。母は18歳の頃より過食・嘔吐などで精神科を受診している。事件直前から身だしなみが乱れていた。

③／実母（年齢不明）、実父、実姉（小学生）、本児（3）

母は愛情をもって育児をし、家族のため家事をしていたが、「うつ病から家事や育児ができなくなったことに罪の意識を感じて死にたいと思い、残った最愛の本児は生きていけないと考えた」とのこと。「母は希死念慮があり、中等症うつ病エピソードによる心身耗弱の状態」とされている。犯行後に救急車を呼び自首している。

4／実母（38）、実父（年齢不明）、本児（3）

新生児訪問時、母は「父は忙しく育児への協力は少ない」と話す。母は本児1歳の頃「運動発達の遅れがあり心配」と訴え、以後も「他の子どもと比べてしまい辛い」と話し、本児3歳の頃には不眠で通院していた。事件発生の半年前頃には、1人で子どもを見ることを不安視、本児を叩き「虐待のよう」と自身を責めていた。

5／実父（37）、実母（32）、本児（3）、実妹（2）

1歳半健診で落ち着きのなさ、アイコンタクトができない等があり。2歳児健診でも有意語がなく、指差しもできず、発語もほとんどなかった。「折れ線型自閉症」の疑いがあるとして医療機関を紹介され、広汎性発達障害の診断。3歳児健診には父が来所。「伸びていかないので不安」と話す。事件1か月前、父は希死念慮を母に指摘されて受診、医師の勧めで休職。事件10日前の受診では「だるくて仕方ない、夜眠れるようになったけれど、昼間も眠い」と訴えていた。母は事件後、「父は、仕事のこと、病気のこと、本児の発達障害のことを心配していた」と証言。

7a・b／実母（26）、長女（5）、次女（2）

父とは離婚。事件の直前に母の交際相手が自殺、関係機関は後追い自殺を危惧し、母は気持ちの整理ができるまでとの理由で、姉妹は10日間一時保護されている。家庭引き取り後、母は眠れない日が続き、子どもの世話もできていない状態が続いていた。

⑧／実母（38）、本児（5）、母方祖父（65）、母方祖母（68）

母は結婚前にうつを発症し、本児誕生後も、「母がうつ病で、育児や家事ができず限界」と父（44）が市に相談したり、母も「うつのため食事がつくれない」などと話していた。また、母は医療機関で「アスペルガー症候群の疑い」との所見を得ていた。父とは事件約半年前に離婚している。

⑨実母（40代後半）、実父（40代後半）、異父兄（高校生）、本児（6）

母は本児を出産後に産後うつを発症していた。本児の異父兄は2度にわたる児童自立支援施設入所歴、一時保護入所歴があり、父と異父兄の関係不良の仲介役を母が担っていた。経済的にも苦しく、母に多大なストレスが積み重なっていた。

10／実父（年齢不明）、実母（不明）、本児（6）、きょうだい児

1歳半時に、療育センターを紹介される。5歳半時、父は本児の就学について心配があるとして学校に相談。本児は個別支援学級に所属となった。事件の約2か月前、学校が本児の頬に叩かれた痕を発見、父の行為と判明している。検証では「子どもの障害受容に何かしらの葛藤があったのではないかと推察される」と指摘。

⑪／実母（35）、本児（6）

本児に対する父の暴力があるとして、母子は父と別居したり、母の実家で父と同居、実家を出て親子3人の同居など、1年未満に複数回、居住形態が変わり、それに伴う保育所の転園があり、本児の学校環境を整えるために、母子で特別支援学級のある市へ転居するなど、生活環境がめまぐるしく変化していた。母には全身に痛みが走る「線維筋痛症」があり、適応障害との診断もあって抗うつ剤を処方されていた。また、本児の多動やこだわりに関して育児の負担感を複数の機関に訴えていた。

⑫／実父（39）、実母、実兄（9）、本児（7）、実妹（5）

父は、本児が5歳の頃から仕事を休みがちとなり、抑うつ状態の診断受ける（後に双極性感情障害の診断）。その後、職場でパワハラ、セクハラがあったとして懲戒処分を受け、約半年後に退職して無職となる（事件約9か月前）。父は服薬せず、受診も途絶えていた。家賃も滞納となり、母は離婚を考え、離婚前提の別居が決まり、別居予定日の2日前に父が本児を殺害し、自身の腹部を包丁で刺した。

13／実母（30代）、実父（30代）、本児（9）、実妹（幼稚園児）

子ども2人に発達障害があった。母は、「子どもの障害を何とか治したい」という思いを強く持ち、複数の医療機関・相談機関に対応を求め、障害者支援事業等も相談・利用をするなど、療育について積極的であった。ただし、思うような症状の改善が見られないことから、関係各機関との間で信頼関係を築くことができなかったとされている。

14／実母（44）、実父（56）、本児（10）

母は、強迫症状により20歳頃から精神科にかかり定期受診していた。情緒不安定や摂食の問題もあった。保育所を利用していた頃には「死にたい」と何度も電話していた。事件の4か月前に父が疾病で緊急入院。母は精神的な支えを失い不安定になり、本児の前で「死にたい」と言ったり、安定した養育ができず本児も不登校となったことから、児童相談所は身体的、心理的虐待の疑いで職権による一時保護を行った。母は、父の入院、借金の問題、本児の育てにくさ、自身の心身の不調などを抱えていたが、本児が母親の元に帰りたいと希望し、母も家庭復帰を切望、児童相談所の指導を受け入れる姿勢があったことから、約2か月半の一時保護後に家庭引き取りとしたが、家庭復帰1週間後に事件が発生した。

### 15／実母（33）、本児（10歳）

祖父が借金返済に困って失踪したこと、近隣から悪口を言われていると思い込んだことなどから、0歳の本児や母、母方祖母が、約1年ホテルで暮らしたり、車上生活をしていたが、経済的に困窮し、生活基盤が整うまで母は婦人保護施設に入所、本児（当時1歳）は乳児院に入所した。2年近く入所していたが、母の就業が決定し、2歳で家庭復帰していた。本児9歳時、母が職を失い、母子および祖母は再び車上生活となり、不登校となって学校が捜索願を出したことから警察が本児らを保護し、本児は児童相談所で一時保護された。その後、住居確保、経済的困難も解消し、家庭復帰となった。なお、この間に祖母は病死し、本児は「学習障害」と診断されたものと思われる。家族は支援を拒否する傾向があり、孤立していた。希死念慮の意識があり、表出もされていたとのこと。

### ⑯／実母（36）、本児（10）

母と長女の2人暮らし。母は無職、隣家に母方祖父母が在住。父とは本児3歳の頃から別居し、事件の1年半ほど前（本児小3時）に離婚が成立している。母は「まじめな方」で子育てには非常に熱心に取り組んでいた。ただし、本児5歳の頃、父が「別居中の母から子どもを引き取れと言われたがどうしたらよいか」と児童相談所に相談の電話をしていた。4歳の頃、母は「自身が精神科に通院している」と児童相談所で話したこともあった。祖母は「離婚後、母に覇気がなく、食欲不振、不眠もありうつ症状と思う」と心配し、母を病院に連れて行き、薬が処方されたが、服薬を嫌がっていたとのこと。事件約4か月前、療育手帳判定の際に児童相談所が母と面接し、言動に不自然な様子はないと見られていたが、母は進級時に担任が交代することなどを心配していた。

### 17／実母（43）、本児（12）

精神疾患のある母が、知的障害のある本児を養育するひとり親家庭。本児は児童養護施設入所歴がある（理由不詳）。引き取り後、母子生活支援施設に入所予定であったが、直前に行方不明（実母と海外出国）。帰国後、母子共に医療機関受診（母は精神科を受診。詳細不明）。事件2か月前には、「自分に何かあった場合の本児の受け入れ先」について児童相談所へ連絡していた。事件1か月前、母の通院先の医療ソーシャルワーカーが、障害福祉担当部署に、母が子育てに疲れている様子があり、支援が必要と伝えていた。

### 18／実母（年齢不明）、母方祖母（年齢不明）、本児（13）、母方従弟（8）、その他不明

本児が小学校2年時に、母が薬物関係で逮捕勾留され、一時保護。母が釈放され、一時保護は解除、母と転居。この時母は精神科を受診し、「薬物による後遺症」との診断を受ける。母が本児の学習面の心配について学級担任に相談。小3時、母に「気分障害」の診断が出され、生活保護受給。小6時、母が薬物関係で再逮捕される（逮捕の前月に精神科受診、拘留後に投薬あり）。1年6か月の実刑判決。仮出所に際し、精神科医療機関につながらず、医療が中断して病状悪化した可能性も指摘されている。仮出所後、2週間で事件発生。

### ⑲実母（48）、実父（年齢不明）、本児（13）

母は女児の育児と教育に熱心であり、頑張りすぎる面が見られた。育児に疲れた母親が本児を殺害したもの。母は他県に住む祖母の介護にも追われ、精神的に追い詰められていた。これ以上の情報は得られていない。

### ⑳／母方祖父（66）、実母（36）、本児（15）

父母は離婚。母子は母方祖父と同居していた（母方祖母は死亡）。本児は自分の身の回りのことは自分ですることができる。中学部卒業後は特別支援学校高等部への進学を希望し、入学願書も出していた。祖父は従来からよく本児の世話をし、本児も祖父になついていた。祖父は退職後、特に世話をするようになり、本児が自分でできることまでして本児がいらいらすることがあった。判決で、祖父は事件当時、認知症の初期状態で、うつ病を発症しており心神耗弱状態であったとされた。事件半月前頃から、祖父の様子に変化が現れ、「寂しい」と言っていたので、本児が近くで寝るようにしていた。

## (3) 虐待の態様、加害の動機、背景等

　虐待の態様、加害の動機、背景等は、表 1-3-7 で示した。最初に虐待の様態について見ていきたい。

　心中を企図しているため、いずれも殺害するための方法が採用されていることは当然だろう。なお、事例⑩⑬⑰については、具体的な殺害方法および加害者の自殺方法いずれも不明である。それらを除く 16 例のうち、殺害方法で最も多かったのは絞殺で、8 例あった（②③⑤⑧⑨⑪⑫⑲）。次いで練炭を用いた一酸化中毒によるもの（④⑦⑮）と、刃物を用いての殺傷（⑭⑯⑱）がそれぞれ 3 例あり、事例⑦では 2 人の子どもが、また事例⑱では、2 人の子どもと母方祖母が、いずれも頭部周辺に刃物による傷があり死亡していた。また、事例①は、生後 4 か月の乳児の頭を蹴って頭蓋骨骨折を負わせて死亡させており、事例⑳は、首を絞めた後に刃物で殺害していて、2 種類の方法が採られていた。

　自殺方法を見ると、不明（⑩⑬⑰）を除く 16 例のうち、練炭を用いた 3 例（④⑦⑮）は、いずれも加害者自身が児童とともに死亡している。また、被害児を刃物等で殺害していた事例（⑭⑯⑱）は、状況から見て自殺方法も刃物を用いたと考えられ、事例⑫も刃物によっていた。なお、これら 4 例のうち死亡（⑭⑱）と生存（⑫⑯）は半々であった。その他、飛び降り自殺（②）や首を吊っての自殺（⑤）、大量服薬（⑧）の例があった。残り 6 例（①③⑨⑪⑲⑳）は、「死のうと思った」などの意向はありながら、具体的な実行行為にまでは至っていなかったと考えられる事例である。

　次に、加害の動機について取り上げる。

　既遂事例では手がかりが残されていなかったり、加害者が生存している未遂事例も明確でないものが多く、そもそも動機を一つに絞ることは適切ではないとも言える。それを前提に事例を見ていくと、直接的な動機か否かは不明だが、子育ての不安や負担の大きさを挙げている例が多かった。たとえば、事例④では「他の子どもと比べてしまい、辛い」との発言が見られ、事例⑤では、3 歳児健診に来た父が「伸びていかないので不安」などと話していた。事例⑨は「子育てから逃れたかった。自分も死のうと思った」とのこと。事例⑬も、本児に思うような症状の改善が見られないことから関係機関との信頼関係を築くことができず、子育て環境が孤立しがちな様子が見て取れるし、事例⑲も「育児、介護に疲れ果て、本児を殺して自殺するつもりでいた」とのこと。また、

「子どもの将来を悲観して」といった点を挙げている例もいくつか見られた。たとえば事例①では、「本児の将来を悲観して本児の頭を蹴り、自身も死のうと考えた」とされており、事例⑧は、「（将来）いじめられるかもしれない、楽しく生活しているうちに死んだ方がいい」などの考えがあった。事例⑪も、「将来を悲観して」という動機が語られている。これらを見ていくと、育児不安や育児の負担感の背景に、障害等がある子どもの育児という面が影響しており、なおかつ、現在の苦労だけでなく、将来の見通しが持てないつらさなども加わっているように感じられる。

　また、事例⑫では、離婚、別居の直前に事件が発生している。加害者となった父は、「離れるくらいならみんな殺して自分も死のうと思った」という。心中事例の公判を複数傍聴してまとめた川﨑他（2014）は、父による心中事例のいくつかについて、「実態としては、（中略）積極的に離婚を望んでいたとは思われず、むしろ〈元妻に対する未練〉が残っていると感じられる例も見られ、（中略）離婚直後に事件を起こしていた」と報告しているが、事例⑫も、そうした範疇に入るように思われる。

　ところで、前項の「加害者を含む家族の状況」でも少し触れたが、今回対象とした事例の加害者のほとんどが何らかの精神症状を示しており、事件の背景要因となっている可能性が感じられる。まず母の例を見ていくと、事例②は「18歳の頃より過食・嘔吐などで精神科を受診」しており、事例③は「中等症うつ病エピソードによる心身耗弱の状態」とのこと。さらに、事例⑧「結婚前にうつを発症」、事例⑨「本児出産後に産後うつを発症」、事例⑪「適応障害」、事例⑭「強迫症状により20歳頃から精神科にかかり定期受診していた」等とされ、事例⑰も「精神疾患」があり、事例⑱も「気分障害」の診断が出されている。こうしてみると、加害者の母（合計15事例）が精神面で何らかの診断、治療を受けていたと思われるのは8例で、過半数となる。川﨑他（2014）は、2000年代の心中についての調査研究をふまえ、「実母が単独加害者となった事例では、精神科等に通院・入院歴があった事例が13％となっており、その他にも心神喪失で不起訴になった事例や、裁判で心神耗弱が認定された事例も多々みられた」と述べているが、本調査の対象事例の母も同様の結果であったと言っていいだろう。というより、本調査の場合、新聞報道で調査した川﨑他（2014）の研究で出された割合よりも明らかに高く、今後さらなる検討、吟味が求められるように思う。なお、本調査においては、母の生育歴等まで知ること

は難しかったが、川﨑他（2014）では、背景に「母親の生育歴の厳しさ」「事件の根本的な要因が生育歴にまで遡りうる、根深い問題を意味する」などと指摘している。こうした指摘もふまえて、さらに事例の検討を深める必要があろう。

　ところで、加害者父に関して、川﨑他（2014）は、離婚問題など夫婦関係のストレスがあること（本調査でも事例⑫が該当）、借金問題を含む経済的な要因があることを指摘した上で、精神疾患に関しては、従来、あまり触れられていなかったと述べつつ、公判を傍聴した事例に精神疾患が隠されている可能性を指摘し、問題提起していた。それをふまえて今回の対象事例を検討すると、事例⑤の父は、精神科に通院中で病気療養中とされており、事例⑫の父も双極性感情障害、抑うつ状態で通院経過があった。また、事例⑳は祖父が加害者だったが、祖父もうつ病を発症していたとされる。こうしてみると、障害等を抱える児童の支援に当たっては、児童本人に目を向けるだけでなく、父母を問わず、精神的な不調を抱える保護者に対する支援の重要性が浮き彫りになったのではないだろうか。

## 表1-3-7　虐待の態様、加害の動機、背景等

注1：①③などの○数字は加害者が生存した「心中未遂事例」。その他は「心中既遂事例」。
注2：判決等は、加害者が生存した「心中未遂事例」のみ記載。不明の場合は（不詳）と記載。

| 事例番号／加害者／判決等 |
| --- |
| 虐待の様態・動機、加害者の状態像 |
| ①／実母（39）／不起訴（心神喪失） |
| 頭を蹴って頭蓋骨を骨折させ殺害。「本児の将来を悲観し、自身も死のうと考えた」「心中して終わりにしようと思った」「2か月くらい前から気持ちがおかしくなってきた。周りに友人もいなかった」と。 |
| 2／実母（30） |
| 首を絞め、窒息死させた後、自身は飛び降り自殺。動機の特定は困難。母は18歳頃から過食嘔吐で精神科受診、抗うつ剤の処方を受けている。育児不安が強かった。被虐待歴がある。母は自分の顔にコンプレックスがあり、本児の顔が自分に似てきたことを気にしていた。 |
| ③／実母（不明）／懲役3年執行猶予5年 |
| 自宅で首をタオルで絞めつけ、窒息により殺害。希死念慮があり、中等症うつ病エピソードによる心身耗弱となっており、うつ病から家事や育児ができなくなったことに罪の意識を感じて死にたいと思い、残った最愛の本児は生きていけないと考えた。 |
| 4／実母（38） |
| 車内で練炭自殺。外傷はなし。母は不眠で通院歴あり。本児2歳になる前に「育児グループに参加しても、他の子どもと比べてしまい、つらい」「サービスが合わない」と話していた。この頃「預けたい」と希望したり、元気がない時があった。3歳の頃、本児を叩いてしまったり1人で見る不安を訴えていた。 |

### 5／実父 (37)

首を絞め殺害後、電柱で首つり。事件前、周囲に自殺をほのめかす発言をしていた。父は事件時、精神科通院中で病気療養中であった。

### 7／実母 (26)

車中で練炭を燃やし、母子 3 人が死亡。事件発生 1 か月半前に母親の交際相手が自殺。後追い自殺の可能性があり、姉妹は（交際相手の自殺発見の翌日から）10 日間一時保護。近くに住む祖父が見守る形で家庭引き取りしたが、1 か月後に事件発生。事件数日前に祖父が入院、母子の遺体は祖父宅敷地内の車中で発見された。

### ⑧／実母 (38)／懲役 3 年執行猶予 5 年

ホテルの一室で本児の首を締めて殺害。自身は大量服薬。「いじめられる」「楽しく生活しているうちに死んだ方がいい」など、本児の将来を悲観していた。結婚前、うつ病を発症しており、妊娠時に再発、出産後体調不良に。母自身にも「アスペルガー症候群の疑い」との診断が出ていた。

### ⑨／実母 (40 代後半)／不詳

首を両腕で絞めて殺害。「施設に行くのを嫌がったため」「子育てから逃れたかった。自分も死のうと思った」など。母は本児の出産後、産後うつになり、事件直前にはうつ状態が悪化していた。

### 10／実父 (不明)

市外で父子の死亡が発見される（殺害方法や自殺方法は不明）。就学前の年、父から小学校入学（適正就学）について相談があり、個別支援学級入学。事件の約 2 か月前、学校が本児の頬の痣を発見。父が叩いた結果だった。

### ⑪／実母 (35)／懲役 8 年

首を絞めての殺害。育児の悩みのほか、自分が病気（線維筋痛症）を患っているため、将来を悲観し、子どもを殺して自分も死のうと思ったとのこと。適応障害で抗うつ薬を服用していた。

### ⑫／実父 (39)／懲役 10 年

父はパワハラ、セクハラで懲戒処分され、その後退職。無職となっていた。本児が就寝した後、頸部を圧迫して殺害。自らの腹を包丁で刺す。離婚、別居が決まっていたが、「家族と離れたくなかった。離れるくらいならみんな殺して自分も死のうと思った」とのこと。双極性感情障害の診断があり、事件当日はうつ状態だったが、この間、処方された薬を飲まず通院も途絶えていた。

### 13／実母 (33)

検証報告書には、「自宅で母親と小学生男児が死亡しているのを、帰宅した父親が発見」とされている。具体的な殺害方法や自殺方法は不詳。なお、本児や妹の障害について診察・助言等を行った関係機関は、母の言動の不安定さを感じていた。

### 14／実母 (44)

自宅で母と男児が血を流して倒れているのが発見され、本児は死亡しており、母は意識不明の重体だったが、その後死亡した。母が本児の胸等を刺して殺害したと特定された。母は強迫症状で学生時代から精神科に通院中。過去、摂食の問題、自傷行為もあった。本児の一時保護中に精神科を受診、「死にたい」との発言はあるが落ち着いているとのことだった。父の退院と本児の家庭復帰が重なると、母の負担は大きく、キャパシティオーバーになるだろうとの所見があった。

| 15／実母（33） |
| --- |

自動車内で練炭自殺。母子共に死亡。事件前、希死念慮を示すなど母親には精神疾患が疑われていた。

| ⑯／実母（36）／不詳 |
| --- |

刃物で腹部を刺して殺害。母も自ら腹部を刺し重症。動機の特定は困難。事件前に精神科通院。離婚後うつ状態に（食欲不振、不眠）。

| 17／実母（43） |
| --- |

検証報告書には、「自殺をほのめかす手紙が関係機関宛に届き、自宅を訪問したところ室内で母子が死亡していた」とある。具体的な殺害方法や自殺方法は不詳。母は事件1年半前に精神科受診。「精神疾患」との記載あり。事件1年前には怒鳴り声の情報も寄せられている。事件1か月前、子育てに疲れているとの情報あり。

| 18／実母（不明） |
| --- |

玄関先の廊下に4人の死体が発見され、頸部周辺に刃物による傷が認められた。倒れていた母の手元に包丁があり、母が3人を殺害した後に自殺したとして、被疑者死亡のまま書類送検されている。母は薬物で2度の逮捕歴があり。薬物による後遺症や気分障害の診断があった。刑務所仮出所2週間後に事件発生。

| ⑲／実母（48）／不詳 |
| --- |

寝ていた本児の首を着物の腰ひもで絞め殺害。「育児、介護に疲れ果て、本児を殺して自殺するつもりでいた」と。完全責任能力あり。

| ⑳／母方祖父（66）／懲役4年 |
| --- |

寝ていた本児の首をワイヤーで絞め、キッチンバサミと出刃包丁で頸部、胸部、腹部を刺して失血死させる。特定の動機の認定は困難。認知症の初期状態で、うつ病を発症しており、心神耗弱状態であった。「一家心中するつもりだった」との発言が精神鑑定であった。

## （4）関係機関の関わりと課題、改善策等

　検証報告書をもとに、「関係機関の関わりと課題等」を表1-3-8に、「検証における提言等」を表1-3-9に記載した。なお、提言や改善策については、障害に関する記載を中心に抜粋、要約した。

　専門委員会第20次報告によると、心中による虐待死について、第5次から第20次までのトータルで見ると、児童相談所が関与していたのは15.6％、その他の関係機関が、接点を持ち虐待の可能性を認識していたのは2.8％、認識していなかったのが53.6％とされている。一方、今回の対象事例は、児童相談所や市町村だけでなく母子保健分野や医療機関、学校等さまざまな機関が関与して支援しており、関与のなかった事例は皆無であった。その背景として考えられるのは、被害児が障害等を有しており、もともと支援の必要性があったこと、加えて比較的年齢が高い児童も多く、成長にしたがい必然的に関与する機関が増えていったことなどが考えられる。また、保護者が精神疾患等を抱え

ており、その面から支援されていた事例も目立った。

　では、支援の課題として、どのようなことが挙げられていたのか、また改善策にはどのようなものがあったのか、特徴的な事例を念頭におきながら見ていきたい。

　たとえば事例①では、医療機関から未熟児訪問指導依頼票を受けての家庭訪問が 1 か月先になっていたが、先天性の疾患があり、なおかつ退院して育児環境の劇的な変化が見込まれる世帯への訪問時期としては遅かった、と指摘している。中田（1995）が述べているように本事例においても「障害を告知されたときに極度の精神的混乱を経験」している可能性を想像できていれば、違った対応が考えられたかもしれない。

　また、事例⑬は、発達障害とされた被害児が 9 歳で死亡したものだが、母は障害について「何とか治したい」「思うように改善が見られない」という思いを抱えており、障害受容ができていたとは言えないとの指摘があった。中田（1995）は「自閉群」について、「親は否定と肯定の入り交じった感情の繰り返しを経験せざるをえない」「障害受容の過程を段階ではなく、肯定と否定の両面をもつ螺旋状の過程と考えること」と述べているが、本事例の母には、この指摘がそのまま当てはまるように思われる。

　一方、すでに見てきたように、障害児等を養育している母親が精神疾患を抱えている事例も多いのだが、障害という視点からの関わりが中心となって家族の状況についての理解や虐待問題への対応が十分でなかったと指摘される事例もあった。たとえば事例⑪では、母は本児の多動やこだわりに関し負担感を訴えていたが、母自身が心身の健康や家族関係、養育上の問題を抱えているのではないかという気づきはなかったと指摘されている。

　また、関係する機関が多いなか、事例⑤では、児童の発達障害を支援していた市では、父の疾病にかかる情報への接点がなく、父の治療に当たっていた医療機関は本児の障害にかかる情報を知らなかったとして、情報共有の課題があったと指摘している。

　こうしたことから、事例の理解に当たっては、家族全体をアセスメントすること、家族全体の健康度や障害受容の状況を意識した関わり方をするよう求めるものが多かった。こうした指摘は、心中以外の事例について検討した内容とも共通し、十分留意する必要があろう。

## 表1-3-8　関係機関の関わりと課題等

注1：おもに検証報告書から抜粋、要約している。
注2：市区町村は区別せず、すべて「市」と記載。

---

事例番号／関与していたおもな関係機関

関わりの状況等

### ①／（本児の）医療機関、市母子保健担当

本児の出産病院から未熟児訪問指導依頼票を受けての家庭訪問が1か月先になったのは、先天性の疾患のある児を持ち、退院して育児環境の劇的な変化が見込まれる世帯への訪問時期としては遅かったと指摘している。なお、同依頼票が組織的に共有されておらず、訪問日程等すべて個人の判断に委ねられていたとのこと。また、以下の諸点も指摘。
先天性の疾患のある本児に対する支援には、保健師と社会福祉職が連携して、長期的な支援のための計画の策定などを、適切な時期に行っていく必要がある。
実母がわが子の疾患や障害を受け入れかねていることに対して、アセスメントや支援計画の組織的な検討が不十分であった。先天性の疾患や障害がある児の誕生は、保護者にとって混乱や心配、不安を来しやすい。とりわけ、家庭の中で児と最も関わる時間が長い母親は、養育への不安などから多くのストレスを引き受け、生活していくことになる。このため、疾患や障害を理解した支援者が、母子に寄り添いながら、児の成長を見守る継続的な育児支援が重要である。
先天性の疾患や障害等を不適切養育のリスク要因として捉え、組織的な進行管理を行っていくことが必要である。など。

### 2／市子ども家庭課、認可外保育施設、ファミリーサポートセンター、児童精神科（1歳半時）

母が就労しているなか、市は保育施設と連絡を取っていなかったため、リスクのある情報を得ることができなかった。1歳半健診前に接触できた可能性はあった。事件半年前の家庭訪問では、保健師と児童家庭相談員との間でリスクの共有ができておらず、本児の発達への対応の助言のみとなった。

### ③／母子保健担当課、（母の）精神科

精神疾患のある保護者への養育面での支援に対して、関係機関の連携が不十分であった。子育ての悩みを抱える実母や家族に対する相談窓口の周知が不十分であった。母子保健担当課の継続管理ケースであったが、本児や家族との関わりが不十分であり、組織として管理体制ができていなかった。発達障害児（疑いを含む）とその保護者に対する切れ目のない支援体制が不十分であった。ケースの見立て・支援プランの作成が不十分であった。

### 4／市子ども家庭担当、保健機関、障害福祉担当、医療機関、保育所、児童発達支援センター

多くの機関の関わりがあったが、主担当としてマネジメントを行う機関がなかった。保育所は「手が出てしまい自分を責めている」という情報を摑んでいたが、市子ども家庭担当に伝えていなかった。母の生育歴の把握や父の育児への関与など家庭状況を把握することがなかったのはどの機関にも共通した課題であった。

### 5／市子育て担当、保育所、（本児の）医療機関、（父の）精神科

関係した機関が当該者への関わりのみで、家庭の全体像を把握していなかった。当該者のみでなく、家族の困り感に寄り添い、家庭全体の状況を把握し支援することが必要。市は本児の発達障害について支援していたが、父の疾病については直接の接点なし。父の医療機関では、本児の発達障害の情報は知らなかった。

### 7／児童相談所、市福祉事務所、子育て支援課、（姉の）児童クラブ、幼稚園、療育センター、（妹の）保育所

児童クラブから、子どもの服装が汚くネグレクトかもしれないとの情報があった。事件前、母親の養育力の低下が見られたことから、情報を集約の上、個別ケース検討会議等を行いフォローの検討がされるべきであった。自殺のリスクがあったが、見た目に危険がないように見え、自殺予防の視点での支援が考えられなかった。

⑧／市母子保健課、児童福祉課、障害福祉課、幼稚園、就学相談窓口、医療機関、ファミリーサポートセンター

本児出生時、母が精神疾患を抱えながらの子育ては不安であると相談。2歳時、実母の体調が悪く養育が難しいと相談し、障害者自立支援法による家事代行サービスを利用。本児5歳時、調停離婚が成立。母子共にアスペルガー症候群の疑いの診断。母は、通常級か特別級かで迷っていたが、通常級が適当とされた。しかし、自分が過去にいじめられた経験から、本児がつらい思いをすると考えるようになる。自らの精神疾患とアスペルガー症候群で、育てる自信がなくなり、「楽しく生活しているうちに死んだ方がいい」などと思うようになる。他市のいのちのコールセンターで相談するも乗ってもらえず、事件発生。

⑨／児童相談所、市地域保健活動担当、児童デイサービス、障害者親の会、保育所、児童発達支援センター

生後間もない頃から、本児について多くの機関が支援を継続してきた。事件前、異父兄の問題がクローズアップされている時には、本児については障害という視点からの関わりに限定されていた。関係機関は、障害のある子どもの養育の困難さ、母の精神状態の経過、家族全体の関係性をトータルに把握できていなかった。さらに異父兄のケース終結についても施設退所後1か月と短い期間の関わりとなった。

10／児童相談所、市、地域療育センター、小学校

1歳半健診時に相談し、地域療育センター利用開始。2歳5か月で知的障害診断。その後も障害児施策等を利用するも、虐待対応や要支援児童としての関わりはなかった。学校は事件発生2か月前の本児の顔にあった痣について把握していたが、虐待通告を行わなかった。

⑪／市保健福祉センター、保育所、大学病院、療育機関、教育委員会就学相談担当、特別支援学級、（母の）精神科

事件の約1年3か月前、本児のADHD疑いのため市健康課窓口に相談。療育機関にて、「年齢相応の精神発達が見られるが多弁傾向」と指摘される。事件1年前に就学相談し、その後広汎性発達障害、アスペルガー症候群の診断が出る。普通級だと心配であるとして特別支援学級のある地域に転居。入学から事件当日まで、母から学校等に対して本児の養育や家庭等についての相談はなかった。また、本児に傷や痣はなく、虐待通告などもなかった。
母は、本児の多動やこだわりに関し負担感を複数の機関に訴えていたが、病院受診時には多動や衝動性が見られるが、保育所や学校での行動は特に問題がなく、母が関わる場面と関わらない場面で本児の行動に乖離が認められた。母は、本児の発達上の問題だけでなく、母自身の体調や夫婦関係などの悩みも抱え、育児に対する負担感が強まっていたと推測されるが、各機関は母自身の問題についての気づきはなく、深く相談に乗ることはなかった。

⑫／生活保護担当部署、医療機関（本児）

事件の2週間前に市役所に本児の母が相談（それ以前は相談なし）。「父が仕事につかず、家賃滞納で今月中に退去しなければならない、離婚を考えている。本児の疾患のため、専門病院のある地域に転居したい」。手続きが進むなか、母の市役所への2回目の相談の翌日に事件発生。

13／市保健福祉センター、子育て支援室、療育、医療機関

本児3、4歳時に発達検査を受け、医療機関、療育等の福祉サービスにつながった。母は療育についても積極的であった。障害に応じた診察・助言等を行い、療育等の福祉サービスにもつながっていたが、母が思うような症状の改善が見られないことから、母とそれぞれの機関との間で信頼関係を築くことができなかった。「障害受容ができていたとは言えず」との記載あり。母の言動に不安定さを感じていたが、事件前、各機関において組織的な対応ができていなかった。家族生活全体を把握し、サポートする必要があった。父親へのアプローチの視点がなかった。

14／児童相談所、市、医療機関（父）、精神科（母）、放課後等デイサービス、日中一次支援事業所、訪問介護、市家庭相談担当

特定妊婦、本児の発達の遅れで、周産期より市の母子保健、福祉がフォローしていた。事件4か月前、父が入院し経済困窮の相談がある。父の見舞いのため、本児も登校しなくなり、市家庭相談担当課、福祉担当課、小学校が家庭訪問をして様子見。母の状態にも波があることを把握。本児一時保護。母の主治医は「死にたいとの発言があるが実際行動に移したことはない」との所見。一時保護の前後は、関係機関で家庭引き取りや父の退院について検討を重ねていた。約2か月半の一時保護の解除後、本児の登校支援、放課後デイ、訪問介護等でフォローを開始するが、約1週間あまりで事件発生。

15／児童相談所、乳児院、婦人保護所、市福祉事務所、学校

第1回目の支援で乳児院入所があり、2回目は一時保護。家庭復帰（一時保護解除）後は、児童相談所と学校で連携して対応を行っていた。家族は孤立傾向にあり、母親および祖母は支援を拒否する傾向があった。子ども自身の意見ないし危険信号が関係機関に表出されていなかった等と評価されていた。

⑯／児童相談所、市、特別支援学級

児童相談所は療育手帳判定、通園施設措置、電話相談。市は療育手帳交付等。特別支援学級（情緒障害）に在籍。

17／生活保護、子ども家庭支援センター、障害福祉担当部署、学校

母の疲弊が出た時に、再アセスメントの必要があったが行われていなかった。家族全体を捉えた総合的な再アセスメント、関係機関で家族全体を支援する体制ができていなかった。

18／児童相談所、福祉事務所、保護司、特別支援学級

事件の約5年前に転居しているが、ケース移管の際、児童相談所間で養育上の不安定要素に関する危機意識が伝わらず、本児の発達の遅れに起因する学習面の問題であるとの認識にのみ基づいて取り扱った可能性がある。本事例の受理（移管）から約4か月後に終結しているが、学校などの関係者から客観的事実を確認しておらず、関係機関と連携して支援する必要性の認識が不十分だった。母の薬物関係での逮捕・勾留、本児の発達の遅れ、養育困難に伴う一時保護など虐待発生のリスク要因を適切に捉えることができず、危機意識が低かった。

⑲／学校、児童相談所

児童相談所は母から子どもの障害についての電話相談を受けたが、虐待を疑うことはなかった。児相面接予定日の約1週間前に事件発生。

⑳／児童相談所、特別支援学校

児童相談所は療育手帳申請のための関わりのみ。本児は学校で問題なく順調に過ごしており、学校が事件の発生を予測することは困難であった（検証報告）。祖父が事件を起こした動機は特定できなかったが、認知症やうつ病といった祖父の精神疾患が事件発生に影響を与えたと考えられる。家族は祖父の様子がこれまでとは異なると感じていたものの、祖父が認知症やうつ病を発症していることに気づいていなかった（検証報告）。

表1-3-9　検証における提言等

| 事例番号 | |
|---|---|
| ① | 先天性の疾患や障害のある児がいる家庭への支援に向けて、保健師の援助技術の確立、社会福祉職の機能の強化、組織内での事例進行管理の徹底および適切な支援サービスの導入。医療機関と市役所における積極的な情報共有の必要性等。 |
| 2 | 関係機関との連携体制の確立（認可外保育施設等においても家庭児童相談室職員が巡回訪問し、啓発・情報交換することや母子保健と家庭児童相談室でリスクを共有するなど）。 |
| ③ | 精神科医療機関と行政（保健・福祉分野）の連携強化。<br>発達障害児(疑いのある児を含む)とその保護者に対する切れ目ない包括的支援体制の構築など。 |
| 4 | 保健機関は、子どもに発達の遅れや障害の課題があり、家族の育児支援が得られず育児不安を訴える保護者については、家族関係や養育環境についても聴き取りを行い、リスクアセスメントするとともに、複数のリスク要因が重なっている場合には市に要支援家庭として情報提供すること。<br>複数のリスク要因が重なっている家庭については虐待リスクが高まるため、要支援家庭として、市は関係機関が連携して支援できるよう個別ケース検討会議を開催して情報を共有し、課題の整理と改善に向けた方向性の確認、および具体的な役割分担をするなどマネジメントを行うこと等。 |
| 5 | 要対協におけるリスクアセスメント、再アセスメントの実施による援助方針の見直し等の適切な進行管理。市町村の児童相談窓口の充実（児童相談窓口や要対協事務局の担当課に研修を受けた専門職を配置・増員するなど）。母子保健分野と児童福祉分野の情報共有の推進。相談しやすい体制の整備および周知（医療、福祉、教育などの各分野ごとに多様な相談機関があるが、相談する側の立場に立って各機関が行政の垣根を越えて連携して周知するなど）（合計5事例をふまえた提言） |
| 7 | 心中による虐待死事例を防ぐためには、親等が自殺（心中）を考える可能性や自殺の防止に関して注意すべき点など自殺予防について専門的に関与できる精神科医等の専門家の意見を聞き、これにより得た情報を関係機関に留意点として伝えたり、ケースの支援体制を構築するための関係機関との協議を行うなど、具体的な対応につなげていくことが重要である。 |
| ⑧ | 母は「発達障害の親が発達障害の子どもを育てられるか不安」と感じたこと、「本児は字が書けないからいじめられる、将来はない」と悲観したことについて、世間一般における発達障害への理解がまだまだであることから、さらに理解促進を進める必要があることが指摘された。<br>障害児（疑いを含む）の就学にあたっての保護者のストレスについて、就学相談の結果が「通常級が適当」との判断に、母親は嬉しい気持ちの半面、焦りも感じていた。こうした複雑な思いを丁寧に把握することとそれに応じた支援が求められる。また障害の受容などの状況に応じた適切な支援を継続する必要がある。 |
| ⑨ | 児童相談所は、援助方針作成時には、相談の主訴の改善状況だけでなく、当該家庭を構成する家族（父母それぞれの状況、夫婦関係、きょうだいの状況など）全体のアセスメントを行い、家族の抱える問題やそこから発生しうるリスクについて検討すること。その上で、児童が安全に家庭で生活していくためには、当該家庭にどのような支援が必要かを検討し、その視点も加えて援助方針を協議すること。児童相談所と市は、それぞれが対応しているケースについて、他機関での対応状況などの情報を共有し合い、役割分担しながら家族全体を支援すること、など。 |

| 10 | 支援機関は、障害児に通常付き添っている保護者（おもに母）だけでなく、もう１人の保護者（おもに父）の障害受容にも注意を払い、親支援を意識的に行うこと。障害児本人だけでなく、家族全体の健康度や障害受容の状況を意識した関わり方をすること。学齢期の障害児とその保護者に対する支援を、学校以外の専門機関がどのように行うか検討すること。児童が権利の主体者であるとされた児童福祉法をふまえ、たとえ親であっても子の生命を侵害する権利がないこと等を広く社会に発信していくこと、など。 |
|---|---|
| ⑪ | 母の訴える本児の多動やこだわりが、相談場面や保育・療育上見られないことが、養育者自身や養育上の問題を反映している可能性について気づけなかった。養育者の訴えと子どもの実際上の言動との乖離は、相談機関や保育・療育・教育機関においてしばしば遭遇する現象である。このような認識の乖離が見られた場合には、多面的な情報収集や養育者の状況なども含めた緻密なアセスメントを行うなど関係機関の能力向上に努められたい。<br>各機関の対応は、本児の発達相談が中心となり、本児の対応の困難さ、母の病気、夫婦関係など、母自身が抱えていた問題への対応や母に対する支援への視点が十分でなかった。育児困難を抱える養育者に対しては、子どもの障害や虐待の視点ばかりでなく、家庭の状況、養育者の心身の状況なども含めた養育環境への視点を持ち、無理心中などを視野に入れた対応ができるよう関係機関の能力向上に努められたい。<br>就学前と就学後で関係機関のつながりが途切れることのないよう、就学前後の情報共有を強化し、子どもはもちろん親に対しても切れ目のない支援を行うようにされたい。 |
| ⑫ | 父には双極性感情障害の診断があり、定職に就かず生活に困窮していた。精神障害やそれに伴う経済的な問題についての相談窓口は設けられているものの、その存在を知らず、家庭内の問題を身内だけで解決したいと感じると、なかなか相談に結びつかない。精神に関する相談も育児に関する相談と同様に気軽に相談できることや、相談窓口の周知に一層努めるべきである。 |
| 13 | 発達障害のある子どもとその家族が抱えるさまざまな課題を的確に把握すること、障害受容を含め、家族全体を視野に入れたソーシャルワークの必要性、そのための組織的取り組みの必要性。障害受容に至るまでの過程で、養育者が抱くその時々の疑問や心配ごとを丁寧に拾い上げることが不可欠であり、障害に関わる相談機関が機能することが必要。多機関が関わっている場合は、障害支援分野との連携強化等、要対協をより一層充実させるための取り組みが必要。 |
| 14 | 児童相談所は子どもの主治医等との協議や意見聴取を行うとともに、嘱託精神科医からの意見聴取や保健師の活用を図り、必要に応じて保護者がかかっている医療機関等との連携や外部の専門医等の意見聴取も行った上で、支援方針決定の判断や、支援の充実に活かすこと。個別ケース検討会議への関係医療機関の参加を積極的に求め、より適切な役割分担や、支援策の協議等を行うこと。自死のリスク要因や自死予防のための対応等について認識を深め、ケース対応における感度等を向上させること。児童相談所、市町村等関係機関の職員へのゲートキーパー養成研修など、専門的な研修の実施や受講をすすめること。 |
| 15 | 支援拒否自体が、何らかの精神的ストレスを抱え込んでおり、ネグレクトであるとの評価（リスクアセスメント）が必要であった。最初の支援終了後の評価と（10 年近い間隔を置いた）事件発生前の支援の評価に継続性が保たれなかった点を指摘し、家庭復帰の決定をする場合、積極的要因だけでなく消極的要因を調査分析することや、対応職員の質の確保などが指摘された。<br>※検証報告書においては、養育負担の要因となった学習障害に関する指摘はなかった。 |

| ⑯ | 母は、離婚をきっかけにうつ状態が顕著に認められるが、本児への関わりは事件発生まで概ね適切で、虐待は認められなかった。事件の未然防止の可能性を高めるため、母の養育負担を軽減するためのレスパイトなど在宅支援体制の充実。うつ状態への医療保健分野におけるケアの充実。とりわけ相談に消極的で治療が継続されない者に対する支援。「親子心中」が究極の虐待であり殺人という犯罪であることを広く周知する、などを指摘している。 |
|---|---|
| 17 | 関係機関は、精神疾患を持つ保護者がひとり親で障害のある子どもを養育していることの負担の大きさを認識し、主訴が養育困難であっても要保護家庭（児童）と捉えるべきとした。<br>また、家族構成員に複数の疾病、障害等の課題がある場合は、家族構成員それぞれに関わっている関係機関に個別ケース検討会議への出席を求め、家族全体を捉えた総合的なアセスメントに基づいて支援を組み立て、主たる担当機関を明確にしながら、チームによる支援を行うこと。<br>関係各機関は、障害のある子どもについて、自らの評価と保護者の訴え等に乖離がある時は、客観的に実態を把握できていない可能性について改めて検討し、子どもの主治医に障害の状況や病状、服薬内容等の情報提供や助言を求めるなど、より詳細な状況把握に努め、客観的な評価に基づく支援の構築に留意すること、などを指摘。 |
| 18 | ケース移管（転居）時、自治体間の情報交換を確実に実施し、受け入れ自治体でのリスクアセスメントを確実に実施すること。要対協を構成するすべての機関が要対協の役割・機能を適切に認識していなかった可能性があることをふまえ、要対協を構成するすべての機関において要対協の役割機能を周知徹底すること。<br>関係機関の中で、「発達の遅れに伴う継続的な指導が必要」との引き継ぎがあったが、家族全体、あるいは養育上の問題という理解には至らなかったとの指摘があり、要支援児童等の取り扱いを確実に実施すること、など。 |
| ⑲ | 子どもの疾患や障害等に関わっている医療機関は、市区町村や関係機関と連携し、母親の心情や受容の過程を考慮し、地域で適切な支援が行われるよう、必要なフォロー体制を整えること。市町村は、疾患や障害を持った子どもの母親には、患者の会や自助グループへの参加や、ショートステイなどの子育て支援サービスの紹介につなげていくこと（本提言は、障害を持つ3例の事件をふまえたもの）。 |
| ⑳ | 祖父が精神疾患発症の初期段階で、適切な診断と治療、サポートやケアを受けることができ、また、家族も専門家から対応の助言を得ることができていれば、今回のような事件は発生しなかった可能性が推測される。現在、うつ病や認知症の普及啓発については、行政や医療機関が取り組んでいるものの、一般市民に対して十分な理解が広がっているとは言えない。また、精神科医療機関の受診に抵抗を持つ人も少なくない。そのため、家族や周囲の人たちが早期に気づき適切な対応ができるためには、うつ病や認知症にはどのような症状が現れるのか、どのように対応したらよいのか、どういった場合に医療機関受診につなげていったらよいかについて、市は市民への広報を強化することが必要である。 |

# まとめと考察

1. 児童福祉法第1条は、「全て児童は、児童の権利に関する条約の精神にのっとり、適切に養育されること、その生活を保障されること、愛され、保護されること、その心身の健やかな成長及び発達並びにその自立が図られることその他の福祉を等しく保障される権利を有する」と規定している。したがって、障害の原因、特質および程度にかかわらず、まずは障害児を権利の主体者として位置づけることが必要であり、どのような事情があっても障害児を殺害する、虐待することが許されないことは言うまでもない。

2. ところが、毎年発生している児童虐待による死亡事例、重篤事例の中には障害児も含まれており、なおかつ障害があることが背景要因の一つと考えられる事例があることも否定できない。本調査では、これまでの調査結果もふまえつつ、被害児の障害等に関する状況、家族関係、あるいは障害の受容と虐待や虐待死との関係等を、心中事例と心中以外事例に分けて検討し、障害児の殺害、障害児の虐待死をどのように考えればいいのか、また、障害児の虐待死を防止するにはどのような課題があり、どのように施策を進めればいいのか、すなわち障害児の虐待死の実情と課題、また解決策を展望するよう努めた。

3. そのため、本章では、公表された自治体の検証報告で取り上げられた事例の全体的な傾向を概観した第2章を引き継ぎ、視点を〈鳥の目〉から〈虫の目〉に転換して個々の事例を可能な限り詳細に検討しつつ、個別事例を超える共通点を見出すメタ分析を行うこととした。なお、対象事例は、第2章において、266の自治体検証報告書から抽出された障害児等が被害に遭ったと思われる41事例を再検討し、ある程度は具体的な事例分析が可能な事例を対象とした。ただし、個別事例を取り上げた自治体の検証報告書は、個人情報への配慮などもあって、必ずしも障害等の具体的な状況や生育歴等の詳細を記していないものが多かった。そこで、本調査においても、第2章に準じて「対象児童を児童福祉法における障害児の規定の範囲にとどめず、なるべく広範な事例を含めることとし」「自治体検証報告において、『身体疾患』『精神疾患』『知的障害』『発達障害』といった用語が見られる事例、およびそれらを表すような他の言葉、さらにその疑いがあ

る事例を抽出し」ている。

4.　本調査では、結果として 38 事例を分析の対象とした（心中以外 19 事例、心中事例 19 例）。なお、心中以外事例では、被害を受けた児童が生存していた事例も一部含まれている（19 事例中 4 例が該当）。また、先にも述べたように、自治体の検証報告書は、被害を受けた児童の障害等の状況だけでなく、家族関係や、事件発生後の状況など事例の詳しい内容が不明なものも多かった。そのため、第 2 章と同様、新聞報道も活用して事実関係を補足するなどしているが、それでも分析、検討において限界があった点をお断りしておきたい。

5.　以下は、心中以外事例に関するまとめと考察である。

### （1）被害児の障害等の状況

　今回の対象児は、年齢的には 0 歳から 16 歳まで幅広く分布していた。この点、すでに第 2 章においても指摘したことだが、障害もしくはそれに類似する状態像が多様であることと関係するのではないか考えられる。たとえば、1,000 g 未満で生まれた超低出生体重児も複数あり、心臓疾患や先天性ミオパチーなどの身体疾患、精神遅滞（知的障害）や発達障害、自閉スペクトラム症などと診断された例、さらには、出生後、虐待も疑われた家庭内の事故によって重症心身障害となった事例もあった。被害児のこうした状態によって、虐待の態様や加害の動機、さらには被害を受ける年齢等が影響を受けている様子がうかがわれ、改善策を考える上では、「障害児に対する虐待、虐待死」と一概に括るのではなく、それぞれの特徴をふまえた分析、検討をする必要性が浮き彫りになった。

### （2）複雑、多様な家族関係

　家族関係も、複雑で多様な状況が認められた。家族形態で言えば、実父母と被害児が同居している事例が 10 例と過半数を超えていたが、実母（以下、単に母と記載。母と記載している場合は、すべて実母を指す）と非血縁男性（養父や交際相手）という関係の中で事件が発生している事例も 5 例あった。（父との別居を含む）母子家庭は 2 例、父子家庭が 1 例、さらに、内縁関係の男女の住居に母子が同居するまれ稀な形態もあった。なお、全 19 例の中で養母や継母などがいる家庭は 1 例もなく、離婚後に父が養育していた事例が 1 例あったが、残る 18 事例は、すべて実母が被害児と同居しており、そのうち 12 事例で母が加害者となっていた（養父らと複数で

加害行為を行った事例を含む）。

　そこで、母の状況を見ると、若年出産や20代前半までの出産が多く（年齢不詳の1例、母不在の1例を除く17例中12例）、過酷な生育歴があったり、母自身が精神遅滞（知的障害）や精神的な不調を抱えている例も見られた。加えて、被害児にきょうだいもいて、複数の児童を養育している場合も見られた。また、実父母が同居している場合も、父が多忙で不在がちであったり、子育てに協力していないとされる事例が目立った点も特徴の一つと考えられる。すなわち、障害等がある児童の存在を別にしても、すでに主たる養育を担わされた母は過重な負担を強いられており、そこへ被害児の障害等の状況が負荷されることで、危機的状況を招いた例が多かったように思われる。虐待死の遠因に、こうした家族関係、母の状況が影響していることは大いに考えられよう。

　次に、養父や交際相手が加害者となった事例を検討したい。いずれもステップファミリーもしくはその前段階の家族と考えられるが、母に対するDVが認められる事例や、若年の母の子育てを「しつけが甘い」などと批判して被害児に暴力をふるうようになった事例が見られた。また、被害児の下に異父きょうだいが生まれた事例もいくつかあった。家族形態だけでなく、そこで営まれている家族の状況も、概して複雑な様相を示していたように思われる。

　一方、実父が加害者となった事例を見ると、件数は少ないものの、しつけと考えて繰り返しプラスチックケースに閉じ込めたり、入院中の児童の水分制限を守らないといった事例が見られ、子どもの発達に関する知識不足や養育力不足が感じられた。父のこうした状況は障害の有無にかかわらず多くの虐待死事例に共通すると考えられる[8]。

　こうしてみると、障害児等における現在の虐待死を考える際には、単に児童の状態像に目を向けるだけでなく、家族の状況、家族関係にも留意して支援を考える必要があろう。

---

[8]　川﨑二三彦他（2015）「児童虐待に関する文献研究——自治体による児童虐待死亡事例等検証報告書の分析」（子どもの虹情報研修センター）は、実父や内縁男性などが単独で子どもの養育に当たっている際、「泣き止まない」などの理由から虐待して死に至らしめるといった例を挙げ、「虐待死させた男性は、年齢を重ねているからと言って、必ずしも養育能力が向上しているわけではないことが浮き彫りになった」と指摘している。

### （3）虐待の態様、加害の動機など

　虐待の態様としては、平手で十数回叩く、胸のあたりを踏みつける、下肢や腰などを踏みつける、顔や腹を複数回殴ったり突き飛ばすなどの行為が見られた。

　加害の動機について見ると、たとえば、排便の失敗が引き金となって母が虐待した事例では、父の発言として「（母は）育児に悩んでいる様子だった。最近はちょっとしたことでイライラし、怒りっぽい」などがあった。こうした例では、上記（2）でも指摘したことだが、若年出産や精神的不調、父親の非協力などの困難な条件に加えて、障害等がある児童の育児というストレスが加わり、養育の負担が限界を超えてしまったのではないかと思われる。これをコップの水に例えれば、すでにあふれるほどの水が入っているところへ、（排便の失敗等の）僅かな水、新たな水が加わることでこぼれてしまう（重大な事件に至る）ようなイメージになるだろうか。

　一方、養父や交際相手の例を見ると、思いどおりにならないことに腹を立てたなど、子どもの発達について理解できていないと思われる例が見られたが、加えて、「邪魔な存在でしかなかった」と供述していたり、「（本児を）不満のはけ口にした」「いたずら目的で虐待していた」とされた例もあり、障害等への配慮以前に人としての尊厳を踏みにじるような例もあった。

### （4）障害の受容について

　ところで、中田（1995）は障害受容の問題を検討し、障害をダウン症や小頭症など病理型の精神遅滞（病理群）、精神遅滞を伴う広汎性発達障害（自閉群）、それ以外の精神遅滞（精神遅滞群）の3つの群に分けた上で、それぞれの特徴をふまえ、「障害受容を段階としてとらえないこと」「慢性的な悲哀やジレンマが異常な反応ではなく通常の反応である」と述べ、「螺旋系モデル」を提唱した。そして、障害受容は「すべてが適応の過程である」と結論づける。この指摘をふまえてあらためて今回の事例を振り返ると、虐待死を防ぐための貴重な示唆が得られるように思われる。

　以下、具体的に見ていきたい。まずは被害児の年齢について。専門委員会第20次報告によると、「心中以外の虐待死」における被害児の年齢は、第1次から第20次までをトータルして0歳児が5割近くに達するなど、低年齢児に集中している。ところが、障害児等における「心中以外の虐待

死」は、第2章において高い年齢まで分布が広がっていることが示された。では、障害児等では、なぜこのように分布が広がるのか、この点を、中田（1995）を参考に検討してみたい。

　まず最初に、「病理群」について。中田（1995）は、病理群では、親はわが子の異常に気づかないうちに障害を告知されることから、「ほとんどの親は障害を告知されたときに極度の精神的混乱を経験し、その後、段階説で述べられているような悲しみや否認や怒りなどの感情を報告している」と述べている。それをふまえて今回の事例を見ると、3歳までに事件が発生した10事例のうち4例で、各種の疾患等が明らかになっていた。また、2歳までに事件が発生した7事例のうち4例は、低出生体重で出生し、誕生から長期の入院を余儀なくされた例も多かった。もちろん低出生体重での出産が直ちに病理群とは断定できないものの、こうした事例の保護者は、中田（1995）が指摘するように、当該児の疾患等を受けとめる準備もなされないまま現実に直面させられ、極度の精神的混乱や否認、怒りなどの感情に襲われ、ストレスを強めていた可能性があろう。他方、自閉群や精神遅滞群に関して、中田（1995）は「障害を認識するには（中略）通常の生活への期待を裏切られる出来事がきっかけとなっている」などと述べ、「診断の確定が困難で状態が理解しにくい疾患の場合、わが子の状態が一時的なものではなく将来にも及ぶことを認めるために、親は子どもの発達がいつか正常に追いつくのではないか、あるいは自閉が『治る』のではないかという期待を捨てることが必要となる」としている。本調査の対象事例の中にも、3歳児健診後に通院した医療機関で「知的障害を伴う広汎性発達障害」の診断が出され、4歳で死亡した事例があった。この事例では、母が警察で「（本児が）広汎性発達障害と診断され、将来を悲観してやった」と述べている。また、広汎性発達障害などと診断され、児童が思春期に達するにしたがい保護者の葛藤が強まり、虐待行為が発生した事例もあった。こうした事例では、一定期間の養育を経ることで障害の特徴が色濃く表れるようになり、保護者のストレスが限界を超えていった可能性が考えられる。障害児等の虐待死における年齢のバラツキには、今見てきたように、障害の種類による保護者の受けとめ方の違いが反映しているようにも思われる。なお、今回の事例の中には、関係機関等が、障害受容を段階説で捉えていたと思われる事例もあったが、障害受容は「すべて

が適応の過程である」とした中田（1995）の指摘は、保護者の気持ちや事例そのものをより深く理解する契機となるのではないだろうか。

### （5）関係機関の関与と今後の対策

　今回の対象事例に関しては、総じて早い段階から関係機関が関与して支援を行っていた。おそらく被害児に障害等の状況があることも関係しており、本調査では、そうした状況をふまえ、まずは、要保護児童対策地域協議会（要対協）の登録の有無を検討した。その結、登録の有無はほぼ半数ずつとなった（登録が9例、無登録が10例）。

　そこで、まずは登録されていない事例について検討すると、主な理由として、児童相談所が主担当として対応していることから、要対協を活用する必要性を感じていなかったとされる事例があった。また、虐待についての危機感が薄いなどのアセスメントの不十分さを指摘される事例もあった。その点をさらに見ていくと、被害児の障害等に対する支援を中心に考えていたため、虐待のリスクを見逃していたと思われる事例が見られた。こうした点をふまえ、多くの検証報告書が、要対協を基本に据えた支援を強調し、アセスメントについても、冷静な見立てを求めていた。

　一方、要対協に登録されながら事件を防げなかった事例を見ると、個別ケース検討会議を開催したものの機関間で意見の一致が見られなかった事例や、登録はしていても、個別ケース検討会議が適切に開かれなかった事例などがあった。要対協に登録すればそれで自動的に機関連携ができ、支援が軌道に乗るわけではないことが示されたものと言えよう。また、児童虐待を疑い、安全確認等の取り組みを強めることで、家族側から「虐待を疑っているのか」といった不満が出されるような事例もあった。障害がある児童とその家族に対する障害施策による支援と、虐待を疑っての安全確認、安全確保のための介入を両立させることの困難さが示されたとも言えよう。

### （6）障害児施策の充実の必要性

　上記（5）では、おもに支援機関、関係機関の取り組みや連携等について述べたが、これらの虐待死事件を視野を広げて鳥瞰すると、障害児に対する施策の不十分さが浮かび上がってくる。すなわち、実施体制の未整備等から障害・健康面における当該児の特徴に対応するケアの困難さを危惧して一時保護できなかったり、入所できる一時保護施設が限られている事

例があり、待ち時間が待てないことで乳幼児健診が未受診になった事例もあった。第1章で見たとおり、歴史的に見れば、何らの支援もないまま追い詰められて事件を起こす状況があったが、今日においても、施策が不十分ななかで事件が発生したと言わざるを得ない事例があった。こうした事例を見ると、虐待死の責任を加害行為を行った保護者に帰すだけで本当によいのか、それが問われているとも感じられ、障害児とその家族の立場に立ち、細やかに配慮された施策の充実が強く求められていることが鮮明になった。

## (7) まとめ

　ここまで、心中以外の事例の特徴を見てきたが、これを第1章で紹介した過去の事例と比較すると、今回の対象事例の多くは、家族形態、家族関係が複雑、多様化しており、その点で過去の事例と大きく異なっていることがうかがわれる。ただし、そうしたなかでも、家族、特に母親が主たる養育者として追い詰められ、事件に至った事例が目立っていた。その点は、過去の事例と共通するようにも思われる。ただし、家族が複雑、多様化していることを反映して、障害児等の虐待死もさまざまな態様を示し、その背景も多様化していることがうかがわれた。

　その意味では、現在のわが国の児童虐待対応における基本的なシステムとしての要対協をいかに適切に活用できるかが、こうした虐待死を未然に防ぐ上で、ポイントの一つになるものと思われる。なお、その際には、被害児の障害だけに注意を払った結果、見落としが生まれて適切なアセスメントを阻害する場合もあったことも教訓にして、支援機関の専門性を高め、事例に即した支援方針を確立することが重要であろう。また、支援機関、関係機関の努力だけでなく、障害児とその家族が暮らしやすい環境整備、施策の充実こそが、こうした事件を防ぐ最大のポイントではないかと考える。

**6.** 以下は、心中事例に関するまとめと考察である。

## (1) 事例数および人数

　今回対象とした心中事例は合計19例で、そのうち加害者である保護者が死亡した「心中既遂事例」は10例、子どもを殺害した後、自殺が完遂せず保護者だけが生存した「心中未遂事例」は9例であった。なお、「死のうと思った」だけで実行されなかった事例（6例）も「心中未遂事例」

として取り扱ったが、自死しようとする意思がどの程度だったのかは簡単に見極められるものではなく、検討の中で、1 事例は心中以外に移したため、結果として合計 19 事例を「心中事例」に振り分けることとなった。19 例のうち加害者は 19 人であった。すなわち、すべての事例が父や母などによる単独行為（犯行）であった。一方、被害児は合計 21 人。事例数より被害児の人数が多いのは、心中事例の特徴として、きょうだい全員が同時に巻き込まれる場合があることによる。今回は 2 例が該当し、1 例は共に障害児等に該当するきょうだい 2 人が同時に死亡したもので、もう 1 例は、加害者母が、実子だけでなく従弟（母の妹の子ども、障害の有無は不明）も巻き添えにしていた。この事例では母方祖母（母の実母）も死亡させられていた。したがって、本調査の対象事例において、死亡した児童は 21 人（障害児等とされるのは 20 人）、それに成人 1 人を加えた合計 22 人が被害を受けて死亡したことになる。

## （2）被害児の障害等の状況

　被害児の年齢は 0 歳から 15 歳までバラツキがあった。専門委員会第 20 次報告が示すわが国における「心中による虐待死」でも同様の傾向が見られ、共通する。障害の内容に関しては、発達障害およびその近接領域にあると思われる例が目立った。明確な診断はないが多動傾向が見られるものなども含めると 19 例（20 人）中 12 例（12 人）が該当した。その他では、ダウン症と診断された事例や身体障害があるもの、知的障害（精神遅滞）と考えられる事例があった。

## （3）家族関係、加害者について

　家族構成、家族の関係を見ると、祖父母等がいる場合を含めて、実父母がいる家族が 11 例、母子家庭が 8 例で、養父や継父、継母などがいる事例はなく、この点は「心中以外事例」とは異なる特徴と考えられる。加害者は、19 事例中、実母が 15 例と最も多かった。次いで実父が 3 例、残り 1 例が母方祖父であった。この点につき、川﨑他（2014）は、「戦前、戦後を通じて『非血縁』の関係にあるものは稀であり、ほとんどが血縁関係」と述べており、専門委員会第 20 次報告における「心中による虐待死」でも同じ結果が示されている。その意味で、今回の対象事例も例外ではなかったと言える。また、加害者父と加害者母の割合では、「母子心中」が最も多く、川﨑他（2014）や専門委員会第 20 次報告で示された特徴と共

通する。なお、「心中事例」では、「心中以外事例」で見られた非血縁の養父や母の交際男性が加害者になった例が皆無であり、両者の違いは明らかであった。また、加害者となった父母等が精神疾患のために通院していたり、既往歴がある、もしくは精神疾患が疑われる事例が多数見られたことも、「心中事例」の特徴と考えられる。

## （4）虐待の態様および自殺の方法

　虐待の様態としては、心中を企図していることから、全事例で殺害するための方法が選択されており、この点でも「心中以外事例」とは大きく異なっていた。具体的に見ていくと、全19例のうち、不明の3例を除く16例の中で最も多かったのが絞殺で8例、次いで練炭を用いた一酸化中毒によるものと刃物を用いての殺害がそれぞれ3例あった。残りは、首の圧迫と刃物の両方を用いたもの、および乳児の頭を蹴って頭蓋骨骨折を負わせ死亡させたもの各1例である。

　次に加害者の自殺方法について、死のうと思ったが実際の行為に至らなかった6例および自殺方法が不明の3例を除く10例のうち、殺害方法として練炭を用いた3例は自らもそれによって死亡している。また、刃物を用いたのは、被害児の殺害に刃物を用いた3例に1例を加えた4例（2例が生存、2例が死亡）。飛び降り自殺や首を吊っての自殺が1例ずつあり、これらは既遂事例であった。大量服薬を選んだ例（1例）もあった（生存）。

## （5）加害の動機、背景など

　加害の動機を一つに絞ることは適切ではないかもしれないが、そもそも既遂事例では、動機に関する手がかりが残されていなかったり、未遂事例も動機が明確でないものが多かった。したがって直接的な動機か否かは不明だが、子育ての不安や負担の大きさを挙げている例が多かった。「他の子どもと比べてしまい、辛い」「伸びていかないので不安」「子育てから逃れたかった。自分も死のうと思った」「育児、介護に疲れ果て、本児を殺して自殺するつもりでいた」などと話していたが、その中には、「子どもの将来を悲観して」「（将来）いじめられるかもしれない、楽しく生活しているうちに死んだ方がいい」などと考える者もいた。これらは、育児不安や育児の負担感の背景に、障害等がある子どもの育児という面が影響しているように思われ、なおかつ、現在の苦労だけでなく、将来の見通しが持てないつらさなども加わっているように感じられる。

　特に、今回対象となった被害児は、発達障害およびその近接領域にあると思われる例が全体の 6 割を占めており、こうした被害児の特徴が、障害受容の問題と重なって心中を企図するまでに至った可能性も否定できないように思う。

　また、加害者父が、離婚、別居の直前に「離れるくらいならみんな殺して自分も死のうと思った」として事件を起こした事例があった。川﨑他（2014）は、一般的な「心中による虐待死」事例における父親の加害の動機として、離婚問題など夫婦間のトラブル、ストレスがあることを指摘しているが、本件もそのような事例の一つと考えられる。

　ところで、すでに述べたように今回対象とした事例の加害者のほとんどが何らかの精神症状を示していた。川﨑他（2014）はこの点について、従来の心中事例の中に母親が精神科等に通院していたり、入院歴がある例が多いことを指摘しており、本調査の対象事例の母も同様の結果であったことが認められる。なお、今回の事例では、加害者父や加害者祖父も精神科への通院歴等があったことを付け加えておきたい。こうして見ると、被害児の障害等による負担感に保護者の精神的な不調が重なり、事件の発生に至った可能性が高いと感じられる。

### (6) 関係機関の関与と今後の対策

　心中による虐待死では、関係機関の関与が比較的少ないことが、専門委員会第 20 次報告などで示されている。しかし、本調査の対象事例については、児童相談所や市町村だけでなく母子保健分野や医療機関、学校等さまざまな機関が関与して支援していた。背景には、被害児の障害等によって、もともと支援の必要性があったこと、加えて比較的年齢が高い児童も多く、成長にしたがい必然的に関与する機関が増えていったこと、保護者が精神疾患等を抱えており、その面からの支援の必要性も認められていたことなどが考えられる。

　支援の課題として挙げられた点を見ていくと、先に述べた「心中以外事例」における課題と共通することも多い。たとえば、児童の障害等の状況に焦点を当てることで養育者の精神疾患等への理解や配慮が不足している例などがあったが、事例の理解に当たっては、家族全体をアセスメントすること、家族全体の健康度や障害受容の状況を意識した関わり方をするよう求めるものが多かった。また、多くの機関が関わることで主たる担当機

関が不明確になり、かえって支援の一貫性や統一性が失われかねないことが危惧される事例もあった。「心中以外事例」でも見てきたように、要対協による情報の共有や支援方針の確認等は、障害児等にかかる支援において、より重要な意味を持つと言えよう。

　障害の受容に関して、「心中以外事例」を検討する際、中田（1995）による「病理群」「自閉群」「精神遅滞群」の区分を紹介したが、この点は「心中事例」においても有効な考え方と思われ、「障害受容の過程を段階ではなく、肯定と否定の両面をもつ螺旋状の過程と考える」とする指摘は、具体的な支援においても、意識しておく意義があるのではないだろうか。

### （7）障害児施策の充実の必要性

　心中以外事例でも指摘したことだが、これら心中事例においても、保護者は多かれ少なかれ養育における負担を感じていた。というより、保護者の多くが精神疾患を抱えるなど、子育ての負担感は、心中以外事例よりも過重だった可能性も考えられる。その点をふまえると、心中以外事例で述べた点、すなわち、「障害児とその家族の立場に立った細やかな配慮がある施策の充実」は、心中事例においてさらに重要なポイントとなるのではないだろうか。

### （8）まとめ

　「心中以外事例」の考察では、「被害児に障害等の特性だけに注意を払った結果、見落としが生まれて適切なアセスメントを阻害する場合もあった」などと指摘したが、心中事例を見るにつけ、障害等を抱える児童の支援に当たっては、児童本人に目を向けるだけでなく、父母を問わず、精神的な不調を抱える保護者に対する支援の重要性が浮き彫りになった。家族全体に目配りすることは、言うは易く行うは難し。心中以外事例においても述べたことだが、支援機関の専門性を高め、事例に即した支援方針を確立すること、要対協を活用して良好なネットワークを形成することの重要性を強調したい。

　また、心中以外事例におけるまとめで、「支援機関、関係機関の努力だけでなく、障害児とその家族が暮らしやすい環境整備、施策の充実こそが、こうした事件を防ぐ最大のポイントではないか」と指摘したことを、ここでも繰り返し、まとめとしたい。

## ◆引用・参考文献

川﨑二三彦・松本俊彦・髙橋温・上野昌江・長尾真理子．（2014）．「親子心中」に関する研究（3）―― 裁判傍聴記録による事例分析．子どもの虹情報研修センター．

川﨑二三彦・相澤林太郎・長尾真理子・山邊沙欧里．（2015）．児童虐待に関する文献研究―― 自治体による児童虐待死亡事例等検証報告書の分析．子どもの虹情報研修センター．

川﨑二三彦（編著）．（2018）．虐待「親子心中」―― 事例から考える子ども虐待死．福村出版．

こども家庭庁．こども家庭審議会児童虐待防止対策部会児童虐待等要保護事例の検証に関する専門委員会．（2023-2024）．こども虐待による死亡事例等の検証結果等について（第19次～第20次報告）．

厚生労働省．社会保障審議会児童部会児童虐待等要保護事例の検証に関する専門委員会．（2005-2022）．子ども虐待による死亡事例等の検証結果等について（第1次～第18次報告）．

中田洋二郎．（1995）．親の障害の認識と受容に関する考察 ―― 受容の段階説と慢性的悲哀．早稲田心理学年報，27号．

中田洋二郎．（2002）．子どもの障害をどう受容するか―― 家族支援と援助者の役割．大月書店．

第2部

# 障害児への支援・家族への支援

## 第1章
# 障害児虐待の概要

米山 明

## はじめに

　障害（その疑い）は児童虐待の子どもの側のハイリスク要因の一つである。

　2022（令和4）年度の児童相談所　虐待相談対応件数（速報値）は21万9,170件で、児童虐待は増え続けている。児童虐待の要因は、妊娠を含む虐待者（保護者）の要因（望まぬ妊娠、ひとり親、被虐待経験、人格障害を含む精神疾患、知的障害など）、家庭の要因（育児負担、経済的困窮、孤立など）などがあるが、子ども自身の障害（その疑い）は児童虐待の子どもの側のハイリスク要因の一つである。知的障害や精神障害（発達障害および高次脳機能障害を含む）、医療的ケアニーズ、重症心身障害を含む身体障害やその他の心身の機能の障害（難病等に起因する障害を含む）（その疑いを含む）のある子ども（以下、障害児）は、育てにくさ育ちにくさゆえに養育上の不安や困難を抱える保護者（養育者）は少なくない。私たち関係機関が良い連携と役割分担のもと、障害児とその家族を丁寧に切れ目なく継続的に支援していく必要がある。

## 1. 保護者・家族による障害児虐待

### （1）児童虐待相談対応件数の推移

　児童相談所の虐待相談対応件数は、2000（平成12）年度の1万7,725件から2022（令和4）年度は21万9,170件（12.4倍）と増え続けている（図2-1-1）。一

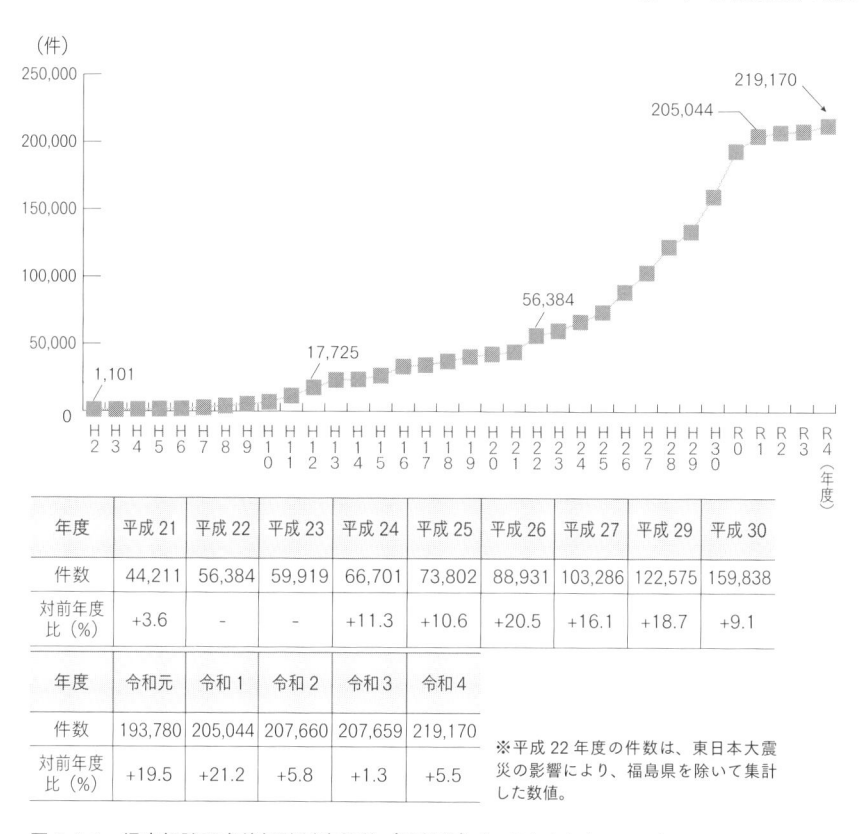

| 年度 | 平成 21 | 平成 22 | 平成 23 | 平成 24 | 平成 25 | 平成 26 | 平成 27 | 平成 29 | 平成 30 |
|---|---|---|---|---|---|---|---|---|---|
| 件数 | 44,211 | 56,384 | 59,919 | 66,701 | 73,802 | 88,931 | 103,286 | 122,575 | 159,838 |
| 対前年度比（%） | +3.6 | - | - | +11.3 | +10.6 | +20.5 | +16.1 | +18.7 | +9.1 |

| 年度 | 令和元 | 令和 1 | 令和 2 | 令和 3 | 令和 4 |
|---|---|---|---|---|---|
| 件数 | 193,780 | 205,044 | 207,660 | 207,659 | 219,170 |
| 対前年度比（%） | +19.5 | +21.2 | +5.8 | +1.3 | +5.5 |

※平成 22 年度の件数は、東日本大震災の影響により、福島県を除いて集計した数値。

図 2-1-1　児童相談所虐待相談対応件数（速報値）（こども家庭庁，2023）

方、2003（平成 15）年度の第 1 次から始まった児童虐待死検証における児童虐待死の統計では平成 19 年度の 142 人をピークに減少し、最近では 70 人程度で推移している。これは、平成 12 年に児童虐待防止法が施行され、国民には通報・通告義務があることなどが、児童虐待の実態と共に国民に認知されてきた結果かもしれない。

## （2）障害児虐待死検証から見えること

　第Ⅰ部で詳細に報告されているが、過去の虐待死亡事例検証では、その約半数の死亡時年齢は、0 歳代であるが、死亡事例から障害児虐待死（その疑いを含む；以下障害児）を抽出して、その原因や要因、背景を分析し報告した。障害児

の虐待死を抽出した分析において、全件数の虐待死で虐待死年齢は 0 歳児が約半数であるが、障害児虐待死は、年齢が 0 歳から 10 歳台まで全年齢において発生している特徴があり、障害児養育の不安や困難などが背景にあるためと推測している。詳細は第Ⅰ部第 2 章の「3. 被害児童について」を参照されたい。

## （3）障害児虐待の実態

　児童虐待のうち、障害児虐待の割合は 20% を超えており、児童虐待における子どもの要因としての「障害」（特に発達障害の疑い）が多いこと、また、「障害」があると虐待が深刻化しやすいことを示唆しており、虐待予防の観点からも重要な視点である。児童虐待防止法、障害者虐待防止法、改正児童福祉法下における児童虐待については表 2-1-1 を参照されたい。

## （4）具体的調査結果

　全国児童相談所長会が実施した「全国児童相談所における家庭支援への取り組み状況調査　報告書」のうち、田村が実施した「虐待につながる児童の状況から見た考察」では、2008（平成 20）年 4 月 1 日から同年 6 月末日までの 3 か月に全国の児童相談所で把握できた被虐待児 8,108 ケースのうち、2,763 件（34.07%）に「虐待につながる被虐待児の要因」があり、そのうちの 5 割強となる 15.44% に「障害が虐待につながる要因となっている」と報告されている。身体障害、知的障害など発達の遅れや偏りがあると、リスクが 4 倍（身体障害）から 13 倍（知的障害）高いと推定した（田村, 2009）。

　森田他が行った調査研究（2019）では、2018（平成 30）年 5 月 14 日から 5 月 31 日の 2 週間に児童虐待を疑われて全国の児童相談所に通告された事例のうち、児童虐待の認められた 6,300 ケースのうち、「発達障害疑い」が 11.4%、「精神発達の遅れ等」が 6.6%、「身体発達の遅れ」が 4.2%、「病弱・慢性疾患」が 1.0% 認められ、「問題行動あり」も 6.9% あったと報告されている。これら障害の内容と虐待重症度のクロス集計では、中度虐待においては「発達障害疑い」「問題行動あり」「精神発達の遅れ」が高く、重度虐待も同様の結果であった。

　奈良県は 2014（平成 26）年度の児童相談所が関わった全事例について事例

表 2-1-1　障害者虐待における虐待防止法制度の対象範囲

| 所在場所 | 在宅（養護者・保護者） | 福祉施設 | | | | | | 企業 | 学校病院保育所 |
|---|---|---|---|---|---|---|---|---|---|
| | | 障害者総合支援法 | | 介護保険法等 | 児童福祉法 | | | | |
| | | 障害福祉サービス事業所（入所系、日中系、訪問系、GH 等含む） | 相談支援事業所 | 高齢者施設等（入所系、通所系、訪問系、居住系等含む） | 障害児通所支援事業所 | 障害児入所施設等（注1） | 障害児相談支援事業所 | | |
| 年齢　18 歳未満 | 児童虐待防止法・被虐待者支援（都道府県）※ | 障害者虐待防止法・適切な権限行使（都道府県市町村） | 障害者虐待防止法・適切な権限行使（都道府県市町村） | — | 障害者虐待防止法（省令）・適切な権限行使（都道府県・市町村） | 改正児童福祉法・適切な権限行使（都道府県） | 障害者虐待防止法（省令）・適切な権限行使（都道府県・市町村） | 障害者虐待防止法・適切な権限行使（都道府県労働局） | 障害者虐待防止法・間接的防止措置（施設長）（注3）（注4） |
| 18 歳以上65 歳未満 | 障害者虐待防止法・被虐待者支援（市町村） | | | — | (18 歳まで)（注2） | (18 歳まで) | — | | |
| | | | | 【特定疾病40 歳以上】 | — | — | — | | |
| 65 歳以上 | 障害者虐待防止法高齢者虐待防止法・被虐待者支援（市町村） | | | 高齢者虐待防止法・適切な権限行使（都道府県市町村） | — | — | — | | |

※ 養護者への支援は、被虐待者が 18 歳未満の場合でも必要に応じて障害者虐待防止法も適用される。
なお、配偶者から暴力を受けている場合は、配偶者からの暴力の防止および被害者の保護に関する法律の対象にもなる。
（注 1 ）里親、乳児院、児童養護施設、障害児入所施設、児童心理治療施設、児童自立支援施設。
（注 2 ）児童発達支援事業所・放課後等デイサービス、障害児相談支援 ……通報は市区町村、報告が都道府県。
（注 3 ）精神科病院については、令和 4 年 12 月、精神保健福祉法の改正があり、通告が義務付けられた。
（注 4 ）文科省：体罰の禁止の徹底（通知 2013 年 3 月）教職員の性暴力の防止法（2022）：報告先は学校設置者。

調査・分析を行っている。平成 26 年度の調査・分析事業では、平成 24 年度および 25 年度の県および市町村で対応した全 4,045 事例のうち重症度が中度以上と判定された 982 事例について詳細な分析をした結果、492 事例（50.1%）に情緒・行動上の問題があり、疾病や障害がある 234 事例（23.8%）のうち発達障害が 10.2%、知的障害が 6.6%、慢性疾患が 3.5%であった（奈良県, 2015）。

　保護者や家族による、障害児への虐待については、国が公表している報告書からは、障害児虐待の実態を把握することは困難である。また、都道府県または児童相談所レベルで児童の「発達障害」の診断までを行っているところは少ない現状がある。

　繰り返しになるが、虐待は「障害」があると重症化しやすいことが示唆されており、虐待予防の観点からも重要な視点である。児童相談所や対応する関係機関が、ハイリスク要因として、虐待者である保護者の養育方針や保護者の性格の問題だけでなく、子ども本人の「障害（その疑い）」について、知能検査での知的障害の有無だけでなく、発達障害の特性、特に自閉スペクトラム症や注意欠如多動症特性など、全人的に客観的に評価をすることが大切である。その上でその発達特性に応じた予防策および対応策を具体的に検討・実施していくことが求められている。

## 2.　被措置児童等の状況と施設内虐待

### （1）被措置児童等の状況

　児童養護施設等に入所生活している児童の多くが、被虐待経験のある児童だが、2023（令和 5）年 2 月の実態報告において、「発達障害」「知的障害」をはじめとする疾病や障害のある児童が増加している実態がある（令和 5 年 2 月 1 日現在；こども家庭庁, 2024）。施設内で小児期逆境体験（ACE）のある児童だけでなく、疾病や発達特性や障害への配慮が必要ないわゆるケアニーズが高い児童の増加が目立っている（表 2-1-2, 2-1-3, 図 2-1-2）。

　一方、障害児入所施設（医療型・福祉型）に入所している児童のうち、被虐待（疑い）経験のある障害児は、令和 5 年が入所児童 8,244 人中 3,397 人（41.2%）である。2016（平成 28）年の 31.5%、平成 30 年の 37.7%（入所児童 9,632 人中3,632 人）から、その割合は増加している（北住他, 2017；こども家庭庁, 2024）。施

設内の療育（成長発達支援）にあたっては、基礎となる疾病や発達特性や障害への療育（発達支援）も当然必要だが、虐待を受け入所したケースも増加しており、個々に背景や成育歴など十分に把握し、被虐待経験に配慮した対応が求められている（図 2-1-3）。

施設職員は、保護者の子育ての困り感同様に、入所児童の発達の障害特性や発達の偏りが強いとその対応に工夫が必要となる。また薬物療法が必要な児童も少なくない。施設生活のケアにおいて苦慮することも推測され、結果的に不適切な対応や虐待と認定されるケースも一定数報告されている。

### (2) 被措置児童等虐待の実態

2021（令和 3）年度の全国の被措置児童等虐待の届出・通告受理件数は 387 件でそのうち都道府県等の虐待認定は、131 件であった。「児童養護施設」が 69 件（52.7%）、「里親・ファミリーホーム」が 21 件（16%）、「障害児入所施設等」が 20 件（15.3%）、「児童自立支援施設」が 8 件（6.1%）、「児童相談所一時保護所（一時保護委託含む）」が 6 件（4.6%）等であった。要因として障害特性への対応の難しさも複数報告されていた（図 2-1-4、2-1-5）。

## 3. 障害児通所支援系（児童発達支援、放課後等デイサービス等）の施設における虐待

障害児通所支援系の施設などは、障害者虐待防止法の管轄下であり、障害者福祉施設内虐待の状況が厚生労働統計として厚生労働省から毎年報告されている。

通所系障害児支援施設は「障害者虐待防止法」、入所系障害児支援施設は「児童福祉法」の下で取り扱われる。この報告によれば、2021（令和 3）年度の障害者福祉施設従事者等による障害者虐待についての相談・通報件数は 3,208 件でうち 699 件が虐待認定されており過去最多であった（厚生労働省, 2023）。通所系障害児支援に属すのは児童発達支援が 5 人（0.7%）、放課後等デイサービスが 95 人（13.6%）であった（図 2-1-6）。

表 2-1-2　児童養護施設等の児童の心身の状況（令和 5 年 2 月）（こども家庭庁，2024 より筆者作成）

| | 総数 | 該当あり | 心身の状況（複数回答） | | | | | | | | |
|---|---|---|---|---|---|---|---|---|---|---|---|
| | | | 身体虚弱 | 肢体不自由 | 重度心身障害 | 視覚障害 | 聴覚障害 | 言語障害 | 知的障害 | てんかん | 外傷後ストレス障害（PTSD） |
| 里親 | 6,057 | 1,793 | 62 | 36 | 6 | 32 | 22 | 32 | 604 | 43 | 69 |
| | 100.0% | 29.6% | 1.0% | 0.6% | 0.1% | 0.5% | 0.4% | 0.5% | 10.0% | 0.7% | 1.1% |
| 児童養護施設 | 23,043 | 9,853 | 193 | 64 | 5 | 106 | 63 | 128 | 3,226 | 233 | 511 |
| | 100.0% | 42.8% | 0.8% | 0.3% | 0.0% | 0.5% | 0.3% | 0.6% | 14.0% | 1.0% | 2.2% |
| 児童心理治療施設 | 1,334 | 1,168 | 8 | 0 | 1 | 1 | 3 | 6 | 126 | 27 | 144 |
| | 100.0% | 87.6% | 0.6% | 0.0% | 0.1% | 0.1% | 0.2% | 0.4% | 9.4% | 2.0% | 10.8% |
| 児童自立支援施設 | 1,135 | 825 | 1 | 0 | 0 | 1 | 0 | 1 | 144 | 13 | 56 |
| | 100.0% | 72.7% | 0.1% | 0.0% | 0.0% | 0.1% | 0.0% | 0.1% | 12.7% | 1.1% | 4.9% |
| 乳児院 | 2,404 | 649 | 261 | 40 | 18 | 33 | 27 | 52 | 110 | 38 | 6 |
| | 100.0% | 27.0% | 10.9% | 1.7% | 0.7% | 1.4% | 1.1% | 2.2% | 4.6% | 1.6% | 0.2% |
| 母子生活支援施設 | 4,538 | 1,409 | 59 | 17 | 7 | 19 | 13 | 53 | 418 | 30 | 47 |
| | 100.0% | 31.0% | 1.3% | 0.4% | 0.2% | 0.4% | 0.3% | 1.2% | 9.2% | 0.7% | 1.0% |
| ファミリーホーム | 1,713 | 877 | 34 | 14 | 9 | 26 | 14 | 26 | 271 | 19 | 69 |
| | 100.0% | 51.2% | 2.0% | 0.8% | 0.5% | 1.5% | 0.8% | 1.5% | 15.8% | 1.1% | 4.0% |
| 自立援助ホーム | 958 | 487 | 24 | 3 | 3 | 3 | 2 | 2 | 111 | 7 | 77 |
| | 100.0% | 50.8% | 2.5% | 0.3% | 0.3% | 0.3% | 0.2% | 0.2% | 11.6% | 0.7% | 8.0% |

注）＊は調査項目としていない。「心身の状況」の構成割合は、総数に対する割合であり、複数回答のため 100％ を超える場合がある。

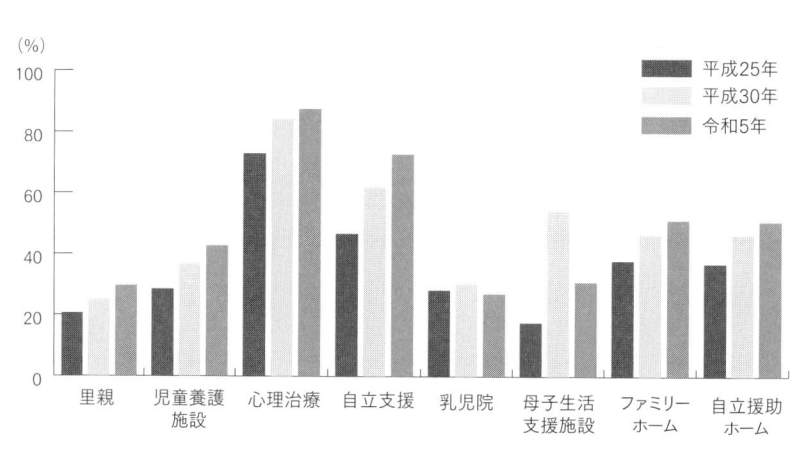

図 2-1-2　社会的養育が必要な子どもの中で、ケアニーズが高い子どもの割合
（こども家庭庁，2024 より筆者作成）

| 心身の状況（複数回答） | | | | | | | | | | 該当しない |
|---|---|---|---|---|---|---|---|---|---|---|
| 反応性愛着障害 | 注意欠陥多動性障害 ADHD） | 学習障害（LD） | 広汎性発達障害（自閉症スペクトラム） | チック | 吃音症 | 発達性協調運動障害 | 高次脳機能障害 | その他の障害等 | LGBT | |
| 186 | 456 | 63 | 559 | 18 | 15 | 18 | 3 | 302 | 24 | 4,258 |
| 3.1% | 7.5% | 1.0% | 9.2% | 0.3% | 0.2% | 0.3% | 0.0% | 5.0% | 0.4% | 70.3% |
| 1,609 | 3,066 | 419 | 2,743 | 296 | 144 | 124 | 11 | 1,491 | 75 | 13,043 |
| 7.0% | 13.3% | 1.8% | 11.9% | 1.3% | 0.6% | 0.5% | 0.0% | 6.5% | 0.3% | 56.6% |
| 260 | 642 | 46 | 675 | 23 | 14 | 12 | 1 | 223 | 3 | 161 |
| 19.5% | 48.1% | 3.4% | 50.6% | 1.7% | 1.0% | 0.9% | 0.1% | 16.7% | 0.2% | 12.1% |
| 119 | 480 | 31 | 447 | 23 | 10 | 7 | 0 | 161 | 4 | 303 |
| 10.5% | 42.3% | 2.7% | 39.4% | 2.0% | 0.9% | 0.6% | 0.0% | 14.2% | 0.4% | 26.7% |
| 7 | 17 | 0 | 40 | 0 | 2 | 9 | 5 | 281 | * | 1,750 |
| 0.3% | 0.7% | 0.0% | 1.7% | 0.0% | 0.1% | 0.4% | 0.2% | 11.7% | | 72.8% |
| 48 | 343 | 45 | 458 | 35 | 29 | 15 | 2 | 315 | 6 | 3,095 |
| 1.1% | 7.6% | 1.0% | 10.1% | 0.8% | 0.6% | 0.3% | 0.0% | 6.9% | 0.1% | 68.2% |
| 190 | 296 | 117 | 278 | 38 | 24 | 24 | 9 | 114 | 9 | 821 |
| 11.1% | 17.3% | 6.8% | 16.2% | 2.2% | 1.4% | 1.4% | 0.5% | 6.7% | 0.5% | 47.9% |
| 79 | 162 | 17 | 141 | 3 | 3 | 3 | 1 | 85 | 15 | 463 |
| 8.2% | 16.9% | 1.8% | 14.7% | 0.3% | 0.3% | 0.3% | 0.1% | 8.9% | 1.6% | 48.3% |

表 2-1-3　障害児入所施設における被虐待（疑い）経験のある児童の割合の増加
（厚生労働省，2020；こども家庭庁，2024 より筆者作成）

【平成 30 年】被虐待経験の有無および虐待の種類

| | 総数 | 虐待経験あり | 虐待経験の種類（複数回答） | | | | 虐待経験なし | 不明 |
|---|---|---|---|---|---|---|---|---|
| | | | 身体的虐待 | 性的虐待 | ネグレクト | 心理的虐待 | | |
| 障害者入所施設 | 9,632 | 3,633 | 1,604 | 216 | 2,299 | 552 | 5,293 | 706 |
| | 100.0% | 37.7% | 16.7% | 2.2% | 23.9% | 5.7% | 55.0% | 7.3% |

注）総数には、不詳を含む。

【令和 5 年】被虐待経験の有無および虐待の種類

| | 総数 | 虐待経験あり | 虐待経験の種類（複数回答） | | | | 虐待経験なし | 不明 |
|---|---|---|---|---|---|---|---|---|
| | | | 身体的虐待 | 性的虐待 | ネグレクト | 心理的虐待 | | |
| 障害者入所施設 | 8,244 | 3,397 | 1,527 | 167 | 2,077 | 615 | 4,355 | 479 |
| | 100.0% | 41.2% | 45.0% | 4.9% | 61.1% | 18.1% | 52.6% | 5.8% |

注）「虐待経験の種類」の構成割合は、「虐待経験あり」に対する割合であり、複数回答のため 100％ を超える場合がある。

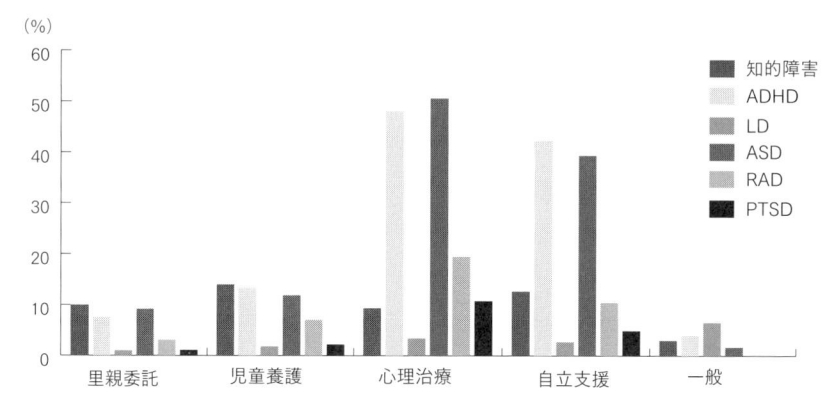

図 2-1-3　ケアニーズの高い子どもの増加（神経発達症／ RAD ／ PTSD）
（こども家庭庁，2024 より筆者作成）

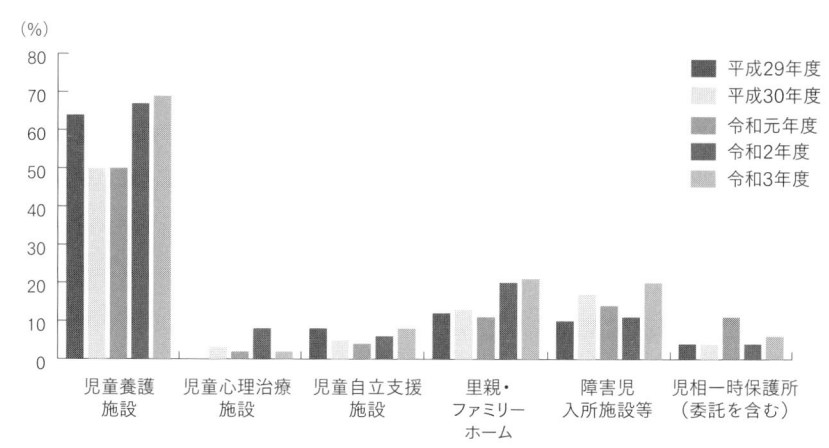

図 2-1-4　被措置児童虐待の状況について（平成 29 年度〜令和 3 年度）施設等の種別

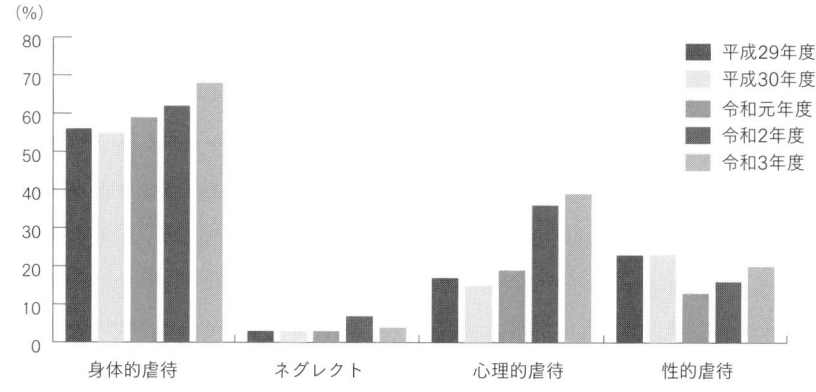

図 2-1-5　被措置児童虐待の状況について（平成 29 年度〜令和 3 年度）虐待の種類

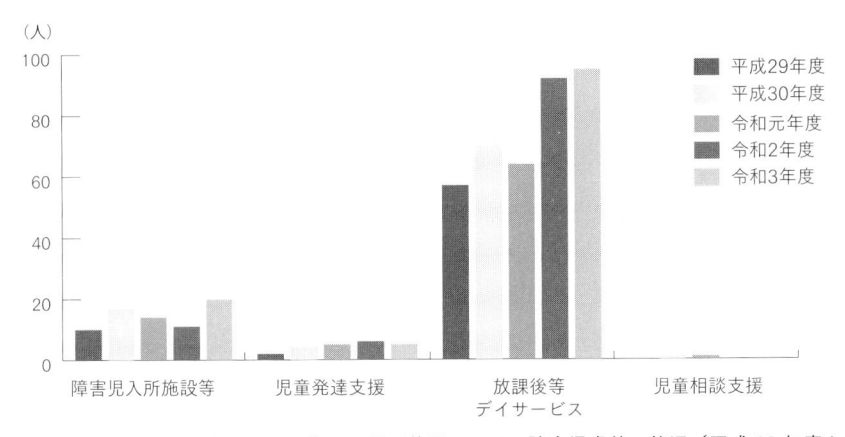

図 2-1-6　障害者支援施設　入所施設・通所施設における障害児虐待の状況（平成 29 年度から令和 3 年度）（図 2-1-4 ～ 2-1-6：厚生労働省, 2017-2021；こども家庭庁, 2022 より筆者作成）

# 4. 障害児虐待への対応と予防

　障害児虐待への対応と予防については、第 2 部第 2 章：障害児をもつ家族の理解と支援——障害受容、第 3 章：障害児の家族支援、第 4 章：医療的ケア児の支援、第 5 章：障害児（当事者）の声を聴くアドボカシー活動、第 6 章：子どもまんなか社会と障害児施策について、をそれぞれ参照されたい。

## (1) ペアレント・トレーニング（PT）の応用

　スタッフ・トレーニング（スタ・トレ）とティーチャーズ・トレーニング（ティー・トレ）について図 2-1-7 で示したように、2023（令和 5）年 2 月 1 日調査（こども家庭庁, 2024）の「心身の状況」によると、新しい社会的養育ビジョンでは社会的養育の対象は「すべての子ども」とされているが、障害等の配慮が必要な（ケアニーズが高い）子どもの割合が増え、その中でも発達障害と診断される子どもが増えており、里親を含む社会的養護の必要な子どものケアにおいて成育歴や育ちの背景と共に、発達特性をふまえた支援が求められる。令和 6 年度、こども家庭庁は、児童虐待防止等対策事業として、親子再統合（親子関係再構築）支援の体制の構築を打ち出し、虐待者へのカウンセリング、家族療法・保護者支援プログラム、ファミリーグループカンファレンスなどを支

援として挙げている。

　ペアレント・トレーニング（PT）は、発達障害のある子どもの保護者への心理社会的治療の一つと位置づけられているが、保護者から子どもへの肯定的な注目・働きかけにより、良好な親子関係形成が期待されている。

　日本子ども虐待防止学会（JaSPCAN）が実施した令和元年度（2020）および令和3年度と4年度の調査研究において、保護者以外の子どもをケアする人（障害児施設を含む児童福祉施設職員、里親など）の養育のスキルの一つとして応用されるPTをスタッフ・トレーニング（スタ・トレ）と呼び、発達特性のある子どもとスタッフの信頼関係を育むだけでなく、小児期逆境体験（ACE）の子どもたちへのトラウマインフォームドケア（TIC）、保護的・補償的体験（PACEs）提供のもととなるとし、さらにPTをアンガーマネジメントのエッセンスを含めたスキルと位置づけている。さらに支援者自身と施設内心理的安全を確保し、施設内虐待や不適切な関わり等の予防ともなる可能性や家族支援のスキルとして有用であることを報告した。なお、学校教員や保育士、児童発達支援や放課後等デイサービス事業所職員など日中の生活時間帯を教育、指導・支援する職種向けのPTの応用は、ティーチャーズ・トレーニング（ティー・トレ）と呼び報告している（図2-1-7）。

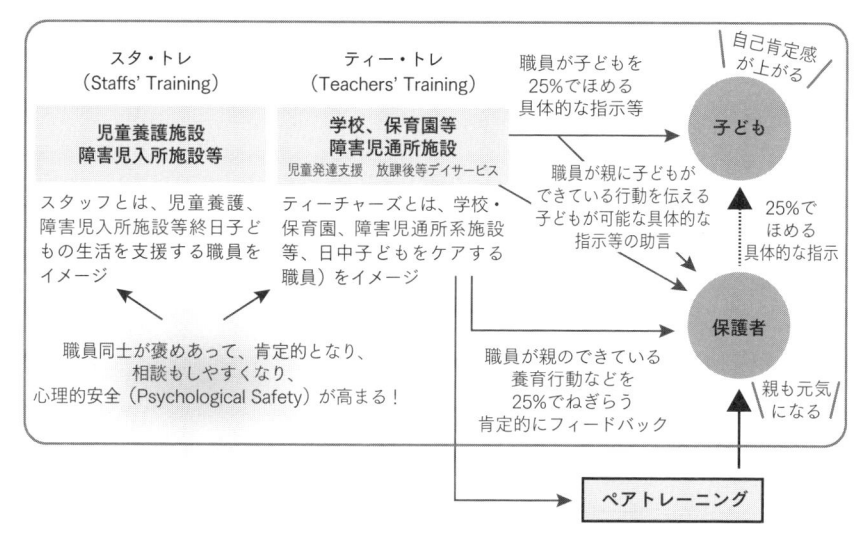

**図 2-1-7　スタッフ・トレーニング（スタ・トレ）とティーチャーズ・トレーニング（ティー・トレ）**
（長瀬, 2024 を長瀬・筆者が改変）

# おわりに

　今後、子どもまんなか社会、障害のある子ども、ない子どもすべての子どもが心豊かに育つ社会作りを自分の住む地域で、自分らもお互い様で、助け助けられ、共に育ち、共に生きる地域共生社会の構築を目指したい。

## ◆引用文献

一般社団法人日本子ども虐待防止学会. (2020). 障害児虐待等についての実態把握と虐待予防に関する家族支援の在り方, 障害児通所 事業所・障害児入所施設における事故検証について報告書. https://jaspcan.org/wp-content/uploads/report200917.pdf

北住映二・米山明・小崎慶介・下山田洋三・小山友里恵. (2017). 障害児入所支援の質の向上を検証するための研究. 厚生労働科学研究成果データベース, 201717007A.

こども家庭庁. (2022). 令和3年度における被措置児童等虐待届出等制度の実施状況.

こども家庭庁. (2023). 令和5年度全国児童福祉主管課長・児童相談所長会議資料.

こども家庭庁. (2024). 児童養護施設入所児童等調査の概要 (令和5年2月1日現在).

厚生労働省. (2017-2021). 平成29年度〜令和2年度における被措置児童等虐待届出等制度の実施状況.

厚生労働省. (2020). 児童養護施設入所児童等調査の結果 (平成30年2月1日現在).

厚生労働省. (2023). 障害者虐待事例への対応状況調査結果等について. https://www.mhlw.go.jp/content/12201000/001225682.pdf

森田展彰他. (2019). 平成30年度子ども・子育て支援推進調査研究事業の国庫補助協議 児童相談所の実態に関する調査. p.196.

長瀬美香. (2024). 発達が気になる子どもの家族への説明とペアレント・トレーニング. 小児看護, 47 (5).

奈良県. (2015). 奈良県の児童虐待の現状. https://www.pref.nara.jp/secure/150391/271202houkokusho.pdf

田村静子. (2009). 虐待につながる児童の状況から見た考察. 全国児童相談所における家庭支援への取り組み状況調査　報告書, 全児相, 87 (別冊), 89-98.

第**2**章
# 障害児をもつ家族の理解と支援
## ──障害受容

中田洋二郎

　障害受容という言葉は、身体障害のリハビリテーション医療や障害支援に携わる専門家の間に広く流布している。しかし、その概念が曖昧なまま、障害のある当事者やその家族が専門的支援に抵抗を示す際に、その抵抗の意味や背景を考慮することなく安易に用いられる。

　虐待死との関連でいえば、身体的虐待の結果の子殺しでも、障害による子育ての困難さがきっかけとなった生活苦による心中であっても、保護者に子どもの障害に対する否認の兆候があれば、その事件の主要な要因の一つが親の障害受容の問題とされる。軽々に「障害受容」という用語が専門家の間で使用されるのは、この用語の概念の曖昧さに一因があるとしても、それ以上に、わが子の障害を保護者がどのように理解し認識し受け入れるかが支援者にわかりにくく、それぞれの保護者の心情に応じた適切な支援を届けることができたか否かの判断が難しいからであろう。つまり、それぞれの事例における支援の適正さが十分に評価できないために、親の障害受容の問題とすることでその痛ましい事件の解明にそれなりの決着をつけているといえる。

　虐待死の事例には、社会的な支援の仕組みや支援のあり方に問題があったためか、あるいは保護者がわが子の障害を直視することができず、子どもの状態を正しく理解できなかったためかなど、その要因を社会的支援の不足あるいは保護者の問題に分けられないことが多い。そもそも子どもの障害に対する保護

者の心のあり様は決して保護者個人の内面の問題ではなく、社会支援のあり方にリンクして変化するからである。そのことを脇においたまま発達に障害や偏りのある子どもに対する保護者の虐待を、保護者の障害受容の問題だと安易に帰結してしまうのはあきらかに誤りだろう。そのような誤謬を繰り返さないために、本稿では保護者の障害受容の概念を再考し、保護者の障害受容とその支援のあり方について考察する。

## 1.　障害受容という概念の変遷と誤謬

　障害の「受容（acceptance）」を最初にテーマとして取り上げたのは、1951年に米国の医学雑誌に投稿されたグレイソン（Grayson, M.）の論文であった（Grayson, 1951）。しかし現在の米国では「受容（acceptance）」が専門誌で用いられることは少ない。その代わりに障害への「適応（adaptation）」や障害への「調整（adjustment）」が用いられる（細田, 2009）。米国の学術誌において「受容（acceptance）」という概念が消失していったのは、おそらく障害を受け入れるという個人の内面の問題よりも、障害に対してどのように折り合いをつけ対処するかをテーマとする方が、支援を提供するうえで実利的であり、米国のプラグマティズムに即するからだろう。

　ではなぜ、わが国で「障害受容」という言葉が多用されるのだろうか。それは、他者と異なることを恥じる日本の社会風土が関係しているように思える。障害を恥じず、障害に抗わず、甘んじること、すなわち障害の受容にわれわれは特有の価値があると感じるのかもしれない。そのような文化社会的背景の中で、「障害受容」という言葉とその概念がどのように生成されたか、また障害のある個人に留まらず、その家族を対象として用いられるようになった経緯について振り返ってみたい。

　受容（acceptance）という言葉が障害に関わる専門用語として最初に取り上げられたのは、第二次世界大戦の終戦間もない1950年代の米国の身体障害医療の領域であった。その際、受容とは、①身体的受容（障害の性質や原因や併発症状また予後を知ること）、②社会的受容（職業や住居や家族などとの関係において現実的であること）、③心理的受容（障害に関して重篤な情緒的な症状を示さないこと）とされ、身体の中途障害、また障害のある当事者に限定して用いられた（高瀬, 1967）。

　米国の1950年代は身体の治療を中心とした外科医療から、残された身体の機能の回復と活性のためのリハビリテーション医療へと拡大した時期であり、治療を受け入れることが困難な患者の心理を理解し、患者が自身の障害を受け入れることを支援することの重要性に焦点が当てられた時期である。その後、1950年代から1960年代後半までに、米国では身体障害（中途障害）の適応過程を身体の部位と機能の喪失への段階的な感情的変化としてとらえ（Cohn, 1961)、喪失した部位や機能に拘泥しない新たな価値観の形成の重要性が指摘された（Dembo et al., 1956；Wright, 1960)。

　これらの米国のリハビリテーション医療における患者の心理面への関心とその成果は、20年ほど遅れて上田（1980）によってわが国の障害受容の概念として表2-2-1のように定義された。この定義の背景には、身体障害（中途障害）のある当事者の適応の過程をショック状態に始まり否認や抑うつ状態から受容に至るまでの段階的な変化としてとらえ、その最終段階すなわち「障害受容」を価値観の転換による障害のある自分自身の人間的価値の再発見とする考えがある。

　この定義に基づく障害受容への関心は、その後1980年代から1990年代半ばにリハビリテーション医療や障害福祉に関わる学術誌や商業雑誌で特集が組まれるなど専門家の間に急速に広まり、さらに身体障害（中途障害）に限らず心身のさまざまな障害や難治性の疾患における当事者またその家族の問題へと拡大していった。

　「障害受容」という言葉が一般に広がるにつれ、それを障害のある当事者やその家族の心理的課題としてとらえる誤謬が、リハビリテーション医療や障害支援の現場に蔓延しはじめた。当然の成り行きであろうが、1990年代後半から2000年代初頭にそのような障害受容の誤謬への問題意識が高まり、身体障害（中途障害）の領域で障害受容の概念の批判や再検討の動きが現れる（南雲, 2002；田島, 2006)。

　この時期（2000年代初頭）は、「障害」におけるパラダイムシフトが世界的

**表 2-2-1　障害の受容の定義**（上田, 1980)

| |
|---|
| 障害の受容とはあきらめでも居直りでもなく、障害に対する価値観（感）の転換であり、障害をもつことが自己の全体としての人間的価値を低下させるものではないことの認識と体得を通じて、恥の意識や劣等感を克服し、積極的な生活態度に転ずることである。 |

になされた時期である。すなわち世界保健機関（WHO）は障害の概念を 1980 年の国際障害分類（ICIDH）いわゆる医学的モデルから、2001 年の国際生活機能分類（ICF）の社会モデルへと展開し、わが国では「障害」を個人の属性ではなく社会の障壁としてとらえる学術的な動き、すなわち「障害学」が盛んとなり、当事者の視点からの障害の研究に着目するようになった（石川・長瀬, 1999；杉野, 2007）。個人の課題とされがちな障害受容という概念への批判が起きたのは、このような社会的変化が背景にあったといえる。

これまで振り返って見てきたように障害受容という概念は、人生の途上で突然身体の部位あるいは機能を失った人が、その喪失感から脱却する心理的過程として理解することが望ましいのであるが、現在では「障害受容」という言葉を支援の抵抗に対して安易に用いる傾向が蔓延している。本来の意図から離れて濫用される状況を考えると、支援者としては「障害受容」という言葉の弊害を認識しつつ、謙抑的にこの言葉を用いることが望ましいといえる。

## 2.　公的介入における支援の希薄さと保護者の障害受容

子どもの障害の種類と程度は多様であり障害か否かが明確となる時期は異なる。わが国の母子保健とくに乳幼児健康診査はそれぞれの障害が顕現する時期に組織的に実施され、今では子どもの障害の多くはほぼこれらの健診で発見される。言うまでもなく、乳幼児健診の役割はただ子どもの障害を発見するだけではない。早期治療や早期療育を目的としている。しかし、そのような公的な支援的介入には、障害のある子どもの養育者が支援の必要性を認識することが前提となる。そこに保護者の障害受容の問題が浮上する。

保護者の障害受容への関心の高まりについて言及するうえで、現在までの乳幼児健診制度の歴史を振り返ってみたい。終戦後間もない 1948 年に妊産婦乳幼児健康診査が創設され、1961 年に 3 歳児健康診査、1977 年に 1 歳 6 か月児健康診査が整備された。3 歳児健康診査よりも 1 歳 6 か月児健康診査が後発したのは、主として自閉性の障害を巡る発見の時期の問題であった。自閉性の障害は愛着形成やコミュニケーションの発達の障害を一つの特徴としている。愛着形成や言語発達には臨界期があり、そのため 3 歳時点で発見し支援的介入を開始するのでは遅すぎる。そこで定型発達において言語発達が目覚ましい 1 歳 6 か月から 2 歳の間に新たな健康診査、すなわち 1 歳 6 か月児健康診査が導入

された。

　より早期に発見するという点で1歳6か月児健康診査の導入は適切であったが、この健康診査が始まった当時は早期療育という点ではまだ体制が不十分であった。いわば早期発見はあっても早期療育のない時代である。当時、発達に障害のある子どもの通所サービスとして精神薄弱児通園施設があったが、利用可能年齢は3歳からであり、健診で自閉性の障害や軽度の知的障害が発見されても、1年半以上の期間は利用できず、いわば家庭に留め置きの状態であった。すなわち障害が発見されたとしても、保護者はただこれまでと同様に家庭で子どもの面倒を見るしかなかった。

　このように発見後の手立てが希薄では、保護者に子どもの障害を認める動機は生じにくく、健康診査の保健師や発達相談員が子どもの発達の遅れや異常を指摘しても、多くの保護者は障害があることを受け入れず、またそのことによって生じるスティグマを避けるために、「うちの子はおくてだから」、「男の子はことばが遅いから」、「長男も同じだったけど今は普通に学校に通っています」などの口実で健診後の支援的介入に抵抗ないしは拒否を示した。

　保護者が健診後の支援を拒む第一の要因は当時の公的支援の希薄さであったが、早期療育なき早期発見のジレンマの中で、支援者の側には保護者がわが子の発達の現状を認めようとしない態度を、保護者の障害受容の問題ととらえるようになった。すでに述べたようにこの時期「障害受容」という言葉は、身体障害（中途障害）の領域から多様な障害の支援の領域に拡大しており、障害の当事者でない保護者にそれを適用することに何ら違和感がなく、支援者は保護者の障害受容に支援の困難さの原因を集約したといえる。

　当時、筆者は発達相談員として1歳6か月児健康診査に携わっていた。1歳6か月児健康診査で関わった保護者の中には、子どもに重度の自閉性障害がありその特徴となる異常な行動が顕著であっても、かたくなに障害を認めようとしない保護者もいた。しかし、そのような例はきわめて稀で、多くは健診後に経過観察を重ね、子どもの成長を共に観察し、子どもの発達の特徴と偏りが定型発達と異なることを丹念に説明し続け、その事実を共有すると、子どもが療育施設を利用できる年齢になる頃には子どもに障害があることを理解し、子どもが定型発達とは異なる発達をしていることを認めた。

　このように保護者の多くは、障害を受容できないというよりも、障害をにわかに理解できない、あるいは支援の必要性を十分に認識できない状態にあると

いうべきであろう。保護者の障害の理解や認識が困難な要因は保護者側の障害
受容の問題にあるのではなく、支援者のインフォームドコンセントの不適切さ
と子どもの障害への具体的な支援の不十分さが影響している。保護者がわが子
の障害を否定する際にはこれら支援する側の要因を大いに考慮すべきであり、
多くを保護者の障害受容の問題とするのは明らかに過ちだといえる。

## 3.　保護者の障害の認識過程と支援のあり方

　一概に保護者の障害受容といっても障害の種別や程度によってその実態は異
なり、支援する側が考慮しなければならないことも異なる。保護者の障害受容
に関するわが国の調査研究は多数あるが、その中で障害の種別や程度の違いを
比較したものは少ない。そのため少し古いが筆者が関わった調査研究をもとに、
障害の種別による保護者の障害の認識過程の違いについて検討したい。

　なお、調査は 1994 年に実施したもので、ダウン症や自閉症などを含む知的
障害のある子ども（調査時点での年齢は 6 歳から 20 歳）の保護者（72 例）を対
象とした。調査方法は半構造化面接による聞き取り調査である。聞き取りの主
たる内容は、①障害あるいは発達の異常に気づいた時期、②異常に気づいた人
物、③障害と診断された時期、④保護者自身が子どもに障害があることを認識
した時期である。また保護者が障害を知った時点に遡って子どもの障害を知っ
た状況や、その後子どもの障害を認めるまでの保護者の心情を回想によって聞
き取った。

　この調査結果をまとめた論文（中田, 1995）から、上記の 4 点の内容が明ら
かに異なる二つの群についてあらためて比較し、その結果を表 2-2-2 に示した。
二つの群はダウン症を主とする障害の原因が明確な知的障害群（病理群）と自
閉的症状を伴う知的障害群（自閉群）である。なお表 2-2-2 に示した結果はお
もに 1970 ～ 1980 年代に子どもの障害が判明した例であり、医学の進歩ととも
に障害と診断される時期が両群共により早期になっているなど現在では異なる
状況がある。しかし、両群の特徴の違いは調査時と現在で大きくは変わらない
と思える。表 2-2-2 に示すように両群は障害に気づく時期と認識する時期、ま
た子どもの異常に気づく人物がまったく異なる。このような状況の違いは子ど
もの障害を認めるまでの保護者の心情に影響し、回想された内容も両群で大い
に異なった。

表 2-2-2　障害種別による障害の認識と障害告知の時期の比較
（中田, 1995）

| | ダウン症など病理群<br>17 例 | 自閉症など自閉群<br>44 例 |
|---|---|---|
| 障害・発達の異常に<br>気づいた時期 | 生後　0.6M | 生後　18.3M |
| 異常に気づいた人物 | 医師・看護婦<br>82.4% | 保護者自身<br>75% |
| 障害と診断された時期 | 1.1M | 46.8M |
| 保護者が子どもに<br>障害があると認識した時期 | 告知時　100% | 告知以前　20%<br>告知時　27.1%<br>告知以降　52.9% |

## （1）病理群の保護者の障害の認識

　子どもの障害を知った状況と子どもの障害を認めるまでの保護者の心情について、病理群の保護者の代表的な口述例を次に示す。

　事例1：病理群の母親の口述（1983 年診断、ダウン症、女児、療育手帳中度）
　　出産1か月後産院の医師の紹介で大学病院を受診した。心電図、染色体検査などの結果が出たときにダウン症と説明された。本を読んで予備知識は持っていたが、ダウン症とはどんなものか知らず説明はわかりにくかった。遅れについて「どういう状態ですか」とたずねたら、「おとなにはなりますよ」とそっけなく答えられ、「何かしてやれることは？」とたずねたら、「入院はできるけど、どうやっても同じですよ」と言われた。診断を伝えられた日、若い医者たちが子どもの周りを囲み「これがダウン症だよ」というような説明をされ、レントゲン検査のときも革バンドで肢体を押えられ、まるで物みたいな扱いだった。何度か通った病院だったが主人も私も、車でどう行ったか覚えていない、二度と行きたくないと思う。

## 1）診断告知と保護者の抑うつ反応

　事例1の母親は、診断告知後、睡眠リズムに異常をきたし、子どもを連れて外出することができず、抑うつ的な状態が1年ほど続いたと述べている。この間、親族の来訪が多く、母親はそのことを訝しく思っていたが、後に夫から自分の自殺を恐れて留守の間の自分と子どもの様子も見てもらうためだったと聞

き、傍目にも自分の状態が尋常ではなかったのだと納得したと語っている。

　また、この間、新生児期に訪問した保健師がその後も継続して来訪し、1 年後に地域のダウン症の親の会に同伴してくれ、そこに参加できたことが抑うつ状態から抜け出すきっかけになったと語った。母親が再適応できた要因としてこの保健師の継続訪問とその際の育児の助言が大きかったと推測される。

## 2)　援助の要望と支援の齟齬

　過去の研究では、障害のある子どもの出産後の親の抑うつ状態と再適応の過程をフロイト（Freud, S.）の対象喪失論と結びつけ、「切望した健康な子どもの喪失」とその喪の作業として説明している（Solnit & Stark, 1961）。しかし、障害児の誕生に対する保護者の感情は単に健康な子どもを出産できなかったという喪失感だけではない。なぜなら母親の口述した内容の背景にこの母親の親性の芽生えがあるからである。

　事例 1 の口述での医師への質問、すなわち「どういう状態ですか」や「何かしてやれることは？」の意図は、素人目にも生きていることが危うい子どもを、これからどのように育てたらよいか専門家の助言が欲しかったからだと母親は語った。母親には障害があるという事実を拒否したい気持ちだけではなく、子どもをどう育てればよいかを知りたいという親としての責任と気概が生じている。しかし、医師はそのことを理解できず、成人まで生き延びられること、入院する必要がなく家庭で育てられることだけを説明している。

　この医師が大学病院で染色体異常を専門としていたことを考慮すると、これらの説明は「ダウン症の子どもは短命である」という当時の定説を否定し、ダウン症でも家庭で健康に育つことを母親に伝え育児を励ましていると推測できる。しかし、母親は診断告知後の情緒が混乱した状態にあり、この医師の説明の真意を理解できず、その態度を冷淡で無情だと誤解した。

　事例 1 は医療における患者とその家族に対するインフォームドコンセントの重要性がわが国ではまだ認識されていない時代であり、障害を告知する状況としてははなはだ不適切であったが、その時の保護者の質問と医師の回答に見るように援助の要望と支援の齟齬が生じている。このような齟齬は支援者が支援の利用者の状態を十分に理解していない場合には、おそらくどの時代にも起き得ることであろう。そしてそれは患者やその家族を孤立させ、その後の適応をより困難にする要因となる。

### 病理群の特徴

　病理群の特徴は、子どもの出生後早期に保護者が子どもの異常に気づかず心の準備のない段階で医療従事者から障害を知らされ、また子どもの障害が否定できないほど明らかなため、保護者はわが子の障害を認めざるをえない状況におかれる。その状況における保護者の状態は突然の障害の告知とその不適切さによって生じた急性ストレス反応であり、その際に対処行動がうまく取れないと、急性ストレス反応は心的外傷の原因となり、抑うつ状態を惹き起こして再適応と回復までに一定の期間が必要となる。

### 障害受容の段階的モデルと支援の留意点

　従来、保護者の障害受容はドローターら（Drotar et al., 1975）の仮説が著名で、図 2-2-1 のように段階的に進むと考えられた。それは障害受容の段階的モデル、段階説あるいはステージ理論と呼ばれる。この段階的な適応過程は障害のある子どもの保護者の多くに当てはまると考えられていた。確かに病理群のほとんどの保護者は事例 1 と同様に子どもの障害を伝えられた際に心理的衝撃を受け、その後は抑うつ的な気分に襲われたと語った。この感情的反応は対象喪失による悲哀の現象として語られることが多いが、それは事例 1 で示したように不適切な障害の告知による急性ストレス反応と心的外傷からの回復の過程でもある。子どもの障害を発見した際に、支援者としてはその事実を保護者に

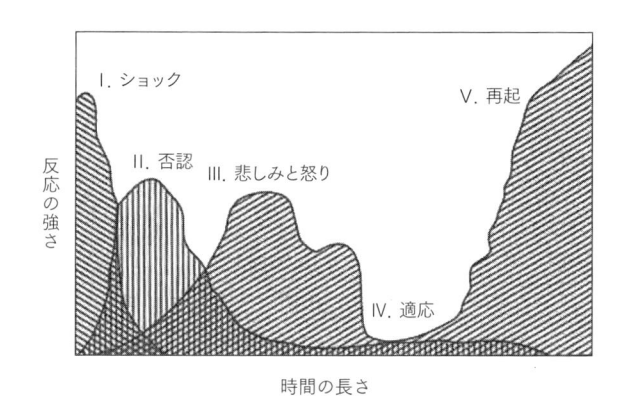

図 2-2-1　先天性奇形を持つ子どもの誕生に対する正常な親の反応の継起を示す仮説的な図（Drotar et al., 1975）
注）Klaus, M. H., Kennell, J. H. (1982) より採録

伝える必要があるが、その際には障害の告知が惹き起こす情緒的反応を理解し、その情緒的反応に対応しつつも、保護者の内面に生じている子を想う親の心情を見あやまらず、障害のある子どもの養育に必要な具体的な情報と支援を提供することが必要である。

　わが国の障害受容を段階的にとらえる研究（鑪，1963；田中・丹羽，1990；要田，1989）では、再適応の段階を超えて最終段階には人間的成長や価値の変換や価値観の転換が生じるとし、それを保護者の障害受容としている。このような障害受容の理論は障害のある子どもを養育することが必ずしも負の影響だけではないことを示唆しており、とかく否定的になりがちな障害のある子どもの子育てにおいて肯定的な側面を与えてくれる。しかし、障害のある子どもとその家族の支援においては、保護者が子どもの障害を受容することに視点をおくのではなく、再適応に至るまでのプロセスとその過程での保護者の状態を観察し、適宜にまたそれぞれの状態に合った支援を継続的に提供することが支援者の役割であろう。

## （2）自閉群の保護者の障害の認識と支援のあり方

　自閉群の保護者の口述例を次に示す。この保護者の口述内容は、後に詳しく述べるが、自閉群の保護者に共通する特徴が著明であり、自閉群の代表的な例といえる。

　事例2：自閉群の母親の口述（1985年診断、自閉症、男児、療育手帳中度）
　　生後8か月頃に視線が合わないことから異常を感じた。1歳の頃、保健所に相談に行ったが、スキンシップが大事と言われ、こちらの質問に答えるだけの専門的な知識がなく何の役にも立たなかった。4歳のとき言語治療室から子どもの神経科専門のクリニックを紹介された。CTや脳波検査の結果には異常がなかったが、医師から自閉傾向児と言われた。いろいろ尋ね歩いた末の診断だったので告知された時は、やっぱりという感じでさめていた。自分のせいだけではないことがわかり気持ちが軽くなった。障害を認識したのは、小学校5〜6年の頃、地域での生きにくさ、受け皿のなさから、障害児としての生き方を選ぶべきだと強く思ってから。

### ①支援の専門性への不信

　自閉群では、保護者が子どもの発達に異常を感じて発達相談等を訪れても、子どもに障害が疑われることを保護者はすぐに伝えられず、しばらくの間子どもの発達経過を見守ることを提案された例が多い。それは、子どもの年齢が1歳から2歳では障害の程度を見極めるにも、また医学的診断を確定するにも症状が流動的だからであろう。事例2でも最初に相談した保健所で同様の措置がとられたようである。

　事例2で相談に当たったのは心理相談員で子どもの発達に異常があることを母親と共有したが、母親には様子を見ることを提案したという。医療機関ではないこともあり心理相談員としては断定的なことを言うのを差し控えたのであろうが、母親は相談員の「様子を見ましょう」という言葉に対して、自分たちもこれまで様子を見てきたのに、発達が専門であるという相談員が自分たちと同じことしかできないのか、この人を信頼することはできないと思ったと語った。その後、母親はいくつかの相談機関へ来談したが、どの機関でも同じような対応のため発達相談に対して否定的であった。ただ直接子どもに訓練をしてくれる言語治療室は信頼でき、そこで医療機関の受診を勧められ、4歳になって神経科クリニックで自閉傾向児との診断を受けている。

　事例2でも事例1と同じように最初の支援機関で援助の要望と支援の齟齬が起きている。しかし、援助の要望と支援の齟齬は、事例1では母親の抑うつを強め、事例2では支援の専門性への不信感を抱かせるという点で異なる。また、両事例のその後の状態も異なり、事例1では障害受容の段階的モデルに見るような感情的な変化であったが、事例2では次に述べるような自責を伴う慢性的なジレンマ状態であった。

### ②慢性的ジレンマと診断告知による自責からの解放

　自閉群のように親が発達の異常に気づいてから確定診断が下りるまでに数年かかる場合、保護者は子どもの異常の原因がわからないために慢性的なジレンマ状態に置かれる（Willner & Crane, 1979）。その間、保護者はわが子の状態の原因を自分の子育ての不適切さや愛情不足ではないかと自問し、家族もまた保護者の親としての未熟さを責める。そのため保護者にとって通常は好ましくないわが子の障害の診断と告知が、自閉群においては保護者が慢性的ジレンマ状態と自責の念から解放される機会となる。

　事例2でも神経科クリニックでの「自閉傾向児」との診断告知によって、母親は「自分のせいだけではないことがわかり気持ちが軽くなった」と、自責の念から解放され安堵感を得たことを口述している。

### ③障害認識の多様性と個人差

　病理群の保護者の障害の認識は全員が診断告知の時点であったが、自閉群では診断告知が必ずしも保護者が障害を認識するきっかけにはならない。医学的診断が確定する前に支援者の曖昧な態度にしびれを切らして、わが子は自閉症であると自らが決めたという保護者もいれば、事例2のように診断名は受け入れても、自身では子どもの障害がいつかは治ると思い続ける例もある。事例2の母親が子どもの障害を認めるに至った経緯の詳細は次のようであった。

　母親は就学の際に特殊学級（現在の特別支援学級）を勧められたが通常級を進学先に選択した。その際の気持ちを、子どもに障害があることは理解していたが、学校は普通の子どもと接する機会とし、障害のための教育は自分の努力で補う覚悟だったと語った。母親は、実際に子どもが小学校の間は、当時の自閉症の効果的な療育といわれた方法を学ぶために、自閉症のセミナーやワークショップに参加し、さらには子どもを連れて数日から数週間の療育を受けるために全国を駆け巡っている。しかし、そのような努力をしても子どもの状態が改善せず、障害のある子どもとして育てることを覚悟したとき、すなわち中学校で特殊学級に進学させることを決めたときに、自分は子どもの障害を認めたと語った。

　著者はこの保護者の聞き取りを行った際に、この保護者の事前調査票に就学時に療育手帳を取得したことが記載されているので、母親はその頃に子どもの障害を認めたのだろうと思っていた。そのせいで前述の母親の話は意外だったが、他の自閉群の保護者も障害の認識の時期が異なり、子どもの障害を認めるに至ったいきさつと理由がさまざまであることを知り、自閉群の保護者の障害の認識は多様であり個人差が大きいことを認識した。

### 自閉群の特徴

　自閉群の特徴は、まず言語発達に顕著な変化が生じる1歳半前後に、保護者は子どもの発達の異常に気づくが、診断は確定せず障害か否かが明確でない期間が生じる。子どもの異常に気づきながらもその原因がわからない期間が遷延

すると、保護者は慢性的なジレンマ状態に置かれ、子どもの発達の異常の原因を考えあぐねて、結局、自らの子育ての仕方や愛情のかけ方に原因を帰属させ自責感を抱く。そのため障害の診断は必ずしも保護者にとって否定的なものではなく、子どもの障害の診断が確定することは、保護者の自責感を和らげ、慢性的ジレンマから解放するきっかけになる。ただし、障害の告知は保護者の障害の認識と関連せず、わが子の障害を認める時期は診断以前、診断時、診断以降に分かれ、子どもの障害の認識には多様性と個人差が生じる。

### 慢性的悲哀および螺旋形モデルと支援の留意点

　自閉群の保護者の場合、障害の診断と告知は病理群に見たような侵襲的な要素が少なく心的外傷とならないことが多く、保護者が障害受容の段階的モデルのような経過を辿る例は少ない。そのため前述した自閉群のような特徴をもつ保護者の場合、従来の障害受容の概念とは異なる適応過程を考える必要があろう。

　そこでオーシャンスキー（Olshansky, 1962）の慢性的悲哀（悲嘆）の概念が参考になる。この概念は障害受容を到達点とする段階的モデルと障害受容を前提としない点で異なる。オーシャンスキーの論文からその一部を邦訳したものを以下に紹介する。

　　　知的障害児の大多数の親は広範囲な精神的な反応、つまり慢性的な悲哀に苦しんでいる。この悲哀の程度は個人また状況によって異なる。その感情を隠さずに表明する親もいるが、忍耐を重んじ慢性的悲哀を隠す親もいる。

　　　医師や臨床心理士やケースワーカーなどの専門家は、慢性的悲哀が知的障害児の親の自然な反応であることにあまり気づいていない。そのため、専門家は親に悲哀を乗り越えるようはげまし、親がこの感情を表明することを妨げる。また、慢性的悲哀を神経症的な症状と見なし、親が現実を否認する傾向を強める要因と考える。専門家がこの反応を知的障害児をもつ親の当然の反応として受け入れることができれば、家族の生活をより快適にするためにより効果的に援助することができる（Olshansky, 1962）。

　慢性的悲哀の概念は保護者の不適応や病的な状態と誤解されがちだが、最も重要な点は、保護者が悲哀や悲嘆感を内在化していてもそれは障害のある子どもの親として自然なことであること、そしてそのことを理解しておくことが保

護者を支援するうえで有効なことである。慢性的悲哀はオーシャンスキーの論文の発表以降に障害福祉や看護の領域で実証的に検討されているが、それらの成果をあらためて整理すると表2-2-3のようになる。

　慢性的悲哀は障害受容を前提とはしていないが障害受容を否定する概念ではない。むしろ保護者が悲哀感を抱えながらも、日常の子育てのストレスに対処し、ときおり起きる悲哀感の再燃に耐えることは、その先に人間的成長や価値観の転換といった本来の意味での障害受容があることを示唆する。このような障害受容と慢性的悲哀を統合する概念として、著者が提唱したのが螺旋形モデルである（中田, 1995）。その概要を以下に紹介しよう。


　　親の内面には障害を肯定する気持ちと障害を否定する気持ちの両方の感情が常に存在する。それはいわば図2-2-2〔原典では図6〕に示したように表と裏の関係にある。そのため、表面的には二つの感情が交互に表れ、いわば落胆と適応の時期を繰り返すように見える。またその変化を一次元の平面で見れば否定から肯定の段階のごとく見え段階説的な理解が生じる。しかし、その過程は決して区切られた段階ではなく連続した過程である。すなわち段階説が唱えるゴールとしての最終段階があるのではなく、すべてが適応の過程であると考えられる。（略）

　障害受容の過程を段階でなく、肯定と否定の両面をもつ螺旋状の過程と考えることは親が現実を認識できず障害を受容できない状態を理解することに役立つ。

**表 2-2-3　慢性的悲哀の概念のまとめ**

| |
|---|
| 1. 障害のような終結することがない状況では、悲哀や悲嘆が常に内面に存在する。 |
| 2. 悲哀は表面にいつも表れているわけではなく、時々再起するか周期的に再燃する。 |
| 3. 慢性的悲哀は問題の悪化だけでなく、家族のライフサイクルで起きる普通の出来事、たとえば就学、就職、結婚、転勤、老齢化などがきっかけとなることが多い。 |
| 4. 慢性的悲哀が表面化するときには、喪失感、否認、失望、落胆、恐れ、怒りなど障害受容の段階的モデルの初期の感情や状態と同じ反応が再起する。 |

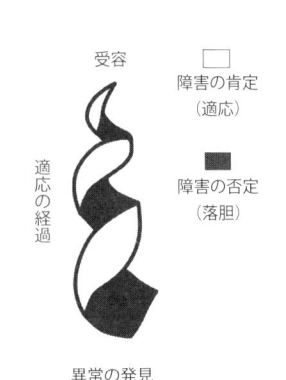

図 2-2-2　障害受容の螺旋形モデル（中田, 1995）

　螺旋形モデルには、障害のある子どもの保護者の内心には悲哀が常に潜在し、通常は子どもの障害を認めていても、何らかのきっかけで悲哀や抑うつ感が日常生活の安定を脅かすほど高まった際に、一時的に障害を否定する方向に気持ちがシフトし、精神的破綻を回避するという考えがある。そのように保護者の状態を理解することによって、支援者が子どもの障害を認めない保護者を否定的にとらえる傾向を緩和し、困難な状況における保護者の心理を理解することを促す。

　また螺旋形モデルは、障害受容を落胆から回復への単純な道のりではなく、紆余曲折あるいは行きつ戻りつといった複雑な適応過程と考えている。それは自閉群のように診断の確定が遷延することによって保護者が慢性的なジレンマ状態に置かれる場合や、発達障害すなわち高機能の自閉スペクトラム症（ASD）や注意欠如・多動症（ADHD）や限局性学習症（SLD）など、成長とともに障害と適応の状態が変化し、ときには二次的な障害が派生するなど、表2-2-4 に示すように家族が絶え間なくストレスを抱える状況において、保護者への支援が欠かせないことを支援者が理解するのに役立つ。

　発達障害においては、子どもの発達の障害や異常を巡って、診断が確定しな

**表 2-2-4　知的障害を伴わない発達障害の家族のストレス**

（1）保護者の障害の認識と受容の葛藤
　　発達の特異性から起きる問題が「障害」なのか「個性」なのかわからず、どっちつかずのアンビバレンツで不安定な状態に家族はおかれる。
（2）子育てやしつけの慢性的な困難さと親子関係の形成不全
　　発達の特異性による、子育ての困難さとしつけの失敗、それに対する周囲からの批判、子どもの不従順・反抗のエスカレーション、この3つが悪循環となり、親子関係を悪化させる。
（3）行動の問題の再発による保護者の罪障感の再燃
　　診断告知によって保護者は罪障感と自責から一旦は解放されるが、発達の特異性は、その後も子どもの成長とともに新たな形で行動の問題を引き起こし、親は再び自責と罪障感を抱き、それを内在化させる。
（4）保護者・家族・親族間の葛藤
　　子どもの発達特性を障害として理解しにくく、子どもの問題の見方や理解の仕方に夫婦、祖父母など家族・親族間で葛藤が生じやすい。また伴侶に発達の特異性がある場合、家族・親族間の葛藤がより強まることがある。
（5）きょうだい間の葛藤
　　同胞の発達の特異性のために、きょうだい間の序列関係や互いの理解が難しく、葛藤(妬み・蔑み／喧嘩・暴力)が激化しやすい。
　　複数の子どもに発達の特異性がある場合、きょうだい間の葛藤は強まり、問題への対応が二重三重に保護者の負担となる。
（6）子どもの自己の成長の歪みによる問題
　　子どもは叱られ非難される経験が重層し、前思春期までに自己否定的傾向が強まり、自己像の形成の歪みが生じやすい。極端な場合、思春期の問題、たとえば不登校、引きこもり、家庭内暴力、反抗、非行などが深刻な形で現れることがある。

い、医師や医療機関によって診断が異なる、発達に特異な点はあっても障害として
の診断には至らないなど、保護者にとってわが子の障害がどのようなもので
あるのかがわかりにくく、そのため子どもの症状が障害なのか、生まれつき
の性格なのか、あるいは保護者自身の育て方や愛情のかけ方が間違っていたの
か、そのような迷いが子どもの成長とともに何度も繰り返し生じる。そのよう
な場合、保護者は自閉群と同じように慢性的ジレンマ状態に置かれ、子どもの
障害とそれに付随して起きることがらすべてを否認したくなるだろう。そのよ
うな例においても慢性悲哀と螺旋形モデルは保護者の状態を理解するのに役立
つ。

　すなわち、慢性的悲哀と螺旋形モデルは保護者の迷いと揺れを包摂するもう
一つの障害受容論といえる。支援者はそのことを理解し、保護者が子どもの障
害を受け入れることが困難な状況において、障害受容の支援を目的にするので
はなく、保護者のジレンマ状態を打破するための具体的な支援の手立てを考案
する必要がある。

# 結語

　本稿で紹介した調査では子どもの虐待に関する事項については聞き取ってい
ない。そのため調査結果から障害受容と子どもの虐待死との関連に関する実証
的な知見を提供することはできない。しかし、この調査での聞き取りの際に、
保護者はしばしば自殺や親子心中のエピソードに言及した。それは病理群や自
閉群を問わず生じ、しごく自然に語られたが、発達相談など通常の子どもの相
談では保護者が語ることのない内容であった。おそらく回想を促す傾聴的な聞
き取りの方法が保護者の自己開示を促したのであろう。

　どの保護者の話も自殺や心中の企図まではいかず念慮や夢想の範疇であった。
それは当然だろう、面接に協力してくれた保護者はいわばサバイバーだからだ。
しかし、もし事例1で新生児訪問をした保健師がその後に母親の家庭を訪問し
続けなかったら、あるいは、もし事例2で母親が支援者への不信から援助を諦
め言語治療室に辿り着いていなかったら、どちらも仮定だが二つの事例で述べ
たような支援がなかったなら、その後の事情は変わっていたかもしれない。

　病理群では診断告知後の抑うつ状態、また自閉群ではジレンマ状態の際に、
家族の危機が生じやすい。そしてそのどちらも支援者の側から見ると保護者が

障害を受容できていない状況である。繰り返しになるが、その時に必要なのは障害受容の支援よりも、保護者が何を求め、また何が効果的な援助かを考え、具体的な情報と支援を提供することが重要であると思える。

## ◆引用文献

Cohn, N. (1961). Understanding the process of adjustment to disability, *Journal of Rehabilitation, 27*, 16-18.

Dembo, T., Leviton, G. L., & Wright, B. A. (1956). Adjustment to misfortune－A problem of social-psychological rehabilitation. *Artificial Limbs, 3*, 4-62.

Drotar, D., Baskiewicz, A., Irvin, N., Kennell, J. H., and Klaus, M. H. (1975). The adaptation of parents to the birth of an infant with a congenital malformation: A hypothetical model. *Pediatrics, 56*, 710-717.

Grayson, M. (1951). Concept of "acceptance" in physical rehabilitation. *Journal of the American Medical Association, 145*, 893-896.

細田満和子. (2009).「障害の受容」再考. 総合リハビリテーション, *37*(10), 899-902.

石川準・長瀬修（編著）. (1999). 障害学への招待――社会・文化・ディスアビリティ. 明石書店.

Klaus, M. H. & Kennell, J. H. (1982). Parent-Infant Bonding. The C. V. Mosby Company. （クラウス, M. H.・ケネル, J. H. (1985). 竹内徹・柏木哲夫・横尾京子（訳）. 親と子のきずな. 医学書院.）

南雲直二. (2002). 社会受容――障害受容の本質. 49-114. 荘道社.

中田洋二郎. (1995). 親の障害の認識と受容に関する考察――受容の段階説と慢性的悲哀. 早稲田心理学年報, *27*, 83-92.

Olshansky, S. (1962). Chronic sorrow: A response to having a mentally defective child. *Social Casework, 43*, 190-193.

Solnit, A., & Stark, M. (1961). Mourning and the birth of a defective child. *Psychoanalytic Study of the Child, 16*, 523-537.

杉野昭博. (2007). 障害学――理論形成と射程. 東京大学出版会.

田島明子. (2006). リハビリテーション領域における「障害受容」に関する言説・研究の概括. 障害学研究, *2*, 207-233.

高瀬安貞. (1967). 青年期と身体障害. 水野祥太郎 他（監修）. リハビリテーション講座 *3*. 307-334. 一粒社.

田中千穂子・丹羽淑子. (1990). ダウン症児に対する母親の受容過程. 心理臨床学研究, *7*(3), 68-80.

鑪幹八郎. (1963). 精神薄弱児の親の子供受容に関する分析研究. 京都大学教育学部紀要, *9*, 145-172.

上田敏. (1980). 障害の受容――その本質と諸段階について. 総合リハビリテーション, *8*(7), 512-521.

Willner, S. M. & Crane, R. (1979). A parental dilemma: The child with marginal handicap. *Social Casework*： *The Journal of Contemporary Social Work, 60*, 30-35.

Wright, B. A. (1960). *Physical disability*： *A psychological approach.* New York：Harper & Row.

要田洋江．（1989）．親の障害児受容過程．藤田弘子（編）．ダウン症児の育児学. 35-50．同朋舎.

# 第3章
# 障害児の家族支援

北川聡子

　すべての家族に子ども・子育て支援は必要であり、子どもの健康や福祉サービスそして子育て支援の一環としてすべての家族に支援が必要であることを前提に障害児の家族支援を考えていきたいと思います。

　障害のある子どもは、自分に起こったことを表現したり、言語化するのが困難な場合があるため障害のある子どもへの虐待の実態について、一般の子どもたちよりも社会的な対応がどうしても遅れていました。

　しかし、障害のある子どもが虐待の被害者になる可能性に関しては、多くの調査でも明らかになっています。北海道大学グループの研究（松本, 2013）の中でも、虐待について子どもとその家族が直面する困難は複合的であると記されており、子どもの直面する困難と脆弱性の中では、はっきりと子どもに障害が見られる家族が多いと記載されています。

　虐待通告の当該児童では 47.1%、きょうだいでは 34.5% に子どもに障害があり、当該児童ときょうだいの双方に障害があるのは 21.8%、どちらか一方では 59.7% と全体の 6 割の世帯に障害がある児童が含まれていました。

　また子どもの障害の 71 例のうち 40 例（67.8%）は、親の障害と重なっています。虐待の複合的要因の中で、障害がある子どもたちは、虐待の被害者になりやすく、また障害のある養育者が虐待してしまう可能性があります。以前は障害児施策は、厚生労働省障害福祉課の施策として位置づけられていましたが、

子どもという観点からこども家庭庁の管轄に入ったことは、虐待防止の観点から重要です。

　また、一瀬（2010）の論文でも、次のように指摘されています。

　　　米国での母集団研究（Sullivan and Knutson 2000a）によると、非障害児に対する虐待の発生率は 9％ であるのに対して、障害児に対する虐待の発生率は 31％ であり、障害児への虐待の発生率は非障害児の 3.4 倍に達すると報告されている。日本においては、細川らの調査（細川・本間、2002）があり、平成 12 年度に児童相談所が扱った児童虐待件数のうち、被虐待児が障害児であったケースは 7.2％ であった。母集団で換算すると、障害児千人あたり、5.4 ～ 7.0 人が虐待されていることになる。児童虐待は、年間約 3 万人発生し、児童千人あたりで 1.4 人という試算もあることから、障害児は非障害児の 4 ～ 10 倍の頻度で虐待されていることになる。」「障害のある乳幼児を育てる母親は、周囲との関係で傷つき、それらから回避をするために関係を断絶する『閉じこもり』という状況に陥ることがある。」「子どもの障害特性だけに焦点をあてるのではなく、早期の段階では、むしろ周囲との関係の断絶について着目することが重要である。もうひとつ、重要な視点は、母親のメンタルヘルスである。

　このように、障害のある子どもの虐待の発生率の高さに言及しています。

　虐待防止対策では、「リスク」という表現が多く使われますが、しばしばリスクという表現はジャッジメントの面が強調されがちです。そのためここでは改めて、虐待のリスクが高いという表現ではなく、子育ての支援や家族支援の「ニーズ」とし、子どもと家族・当事者のもつ「ストレングス」に着目し、ニーズとストレングスを真ん中に置いた支援が必要であると考えます。

## 1. 社会モデルとしての家族支援——子どもを救うには、家族を救わなければならない

　私たち社会福祉法人麦の子会（以下、むぎのこ）が行ってきた家族支援は、子どもの権利を守るための家族支援です。それは、特に子どもに障害があって、子育て自体が困難なことが多い立場にいるお母さんお父さんが、地域で安心し

て子育てできるための家族支援からのスタートでした。

　その支援とは、養育者、特に主たる養育者であるお母さんが抱える、障害のあるわが子を育てるための困難を、社会の資源である児童発達支援センターを中心とした、さまざまな機関と連携し、応援するという社会モデルの子育て支援です。

　実際、障害のある子どもの子育ては、障害のあるわが子と初めての出会いから始まり、障害のあるわが子を受け入れることへの葛藤、また子どもの特性に合わせた子育ての大変さとさまざまな支援が必要となります。そのため、子どもが安心感をもってその子なりに育っていくためには、社会的なサポートが不可欠です。

　しかし、障害のある子どもを育てるための支援は、障害のない子どもたちと家族の支援の延長線上にあり、アセスメントを行いニーズにどのように対応するかは障害のない子どもの支援と同じ構造なのです。ですから障害のある子どもの子育て支援は、すべての子どもにも生かされる子育て支援です。

　　　　「一人の子どもを育てるには、村中の大人の知恵と力と愛と笑顔が必要」

　　　　　　　　　　　　　　　　　　　　　　　　　　　（アフリカのことわざ）

## 2. 子どもへの支援——発達支援

　ここでは、障害の特性に関する発達支援ではなく、障害があっても必要な心の支援について考えていきます。むぎのこでは乳幼児期に大切な養育者と子どもの愛着関係の構築を大切にしてきました。また、養育者と子どもが困難を抱える場合は、職員との関係の中で信頼関係をベースとした支援を基本に据えてきました。発達に心配がある子どもの場合、ここを丁寧に行っていく必要があります。むぎのこの40年間の実践の中で、障害のある子どもにとって頼れる養育者ができること、養育者があること、人は敵ではなく応援してくれるという感覚をこの時期に持つことができた子どもの予後は比較的安定しています。

　ですから発達支援は、障害を治して能力を伸ばすのではなく、人は助けを求めていい、という安心感、安全感の土台作りがベースになければなりません。

　安心感のベースは、特に人との関係で傷つきやすさを抱えたセンシティブな発達障害の子どもの予後に影響します。また、乳幼児期は子どもの攻撃性を問

題行動とせずに、親も支援者も肯定的に受けとめる時期でもあります。この子どもの甘え、安心してネガティブな感情を受けとめることは、小手先ではできない子どもへの向かい方です。私たち支援者も親も攻撃性や表現の裏にある子どもの心を理解して、受けとめる力が求められています。しかしいわゆるいやいや期にはパニックなど長く続く場合もありますので、養育者との二者関係だけでは大変です。さまざまな支えが必ず必要です。いろいろな人と手をつなぎながら子育てをしたお母さんたちの多くは、子どものことを理解し、自分の育ちも含めて見つめつつ、子育てによって「成長できたと思う」と言ってこられます。子育てに支えが必要なことはすべての養育者にとって共通な事です。

　むぎのこで行ってきた子どもへの支援は、お母さんが頑張って立派にならなければならないという支援ではありません。お母さんが時にはつらいと言いながらも、出来るだけ前向きに子育てに向かい合えるよう、お母さん・お父さんたちたちを支える支援です。

　次に具体的な支援ですが、むぎのこでは訓練的な障害を治すという歴史的にあった医学モデルの支援ではなく、子どもはその子の発達に合った楽しい遊びの中で発達をしていくという支援を大切にしてきました。親子遊び、感覚遊び、自分のやった結果が見える遊び、人との関係を結べるように工夫した遊び、見立て遊び、集団遊びなどを通して、癒やされ、楽しさやもう一回遊びたいという期待感、自発性を高め、子どもたちは育っていきます。そのためには遊びの工夫、発達に合った遊び、構造化など一人ひとりの発達に合わせた遊びを構築できる専門性が必要です。発達支援に求められるのは遊びを通して行う保育士等の専門性です。また特性を理解して、感覚の過敏、整理されたわかりやすい空間、見通しが持てるようにすること、体の不自由な子どもに合ったポジショニングや、体へのアプローチなど、それぞれの子どもの特性に合わせた支援をすることも大切です。

　姫路市総合福祉通園センター・ルネス花北の所長であった宮田（2001）によると「療育とは、障害のある子どもそれぞれの『育ちにくさ』（困り感）の原因を分析し、それらを一つひとつ解決し、彼らの『育ち』が彼らなりに成し遂げられるように援助する営み」「障がいのある子どもと親の『豊かな親子関係』、子どもの育ちの基盤になる『自信』、地域社会で豊かに暮らしていくための『生活する技術』などを保障する、療育本来の責任」がある。「つまり『障害のある子どもの育ちと親の育児を援助する』」と記されています。このように障

害がある子どもの発達支援は、特別なものではなくその子その子に合った育ち
のための配慮された子育て支援です。

# 3. 家族支援の実際

　障害のある子どもを育てていると、多くの困り感やニーズがあります。

・育てにくさと理解できない不安や混乱、子どもとの関係がうまくいかず母子
関係への不安や、自信喪失等がある、夫や親族などの理解や協力等が難しいこ
とが多い、保育園・幼稚園・学校への不適応や友達関係がうまくいかない、保
護者同士の関係も理解を得にくい、学力不振・学校での逸脱行動によって教師
との関係がうまくいかない。子どものことを理解してくれないどころか、親の
努力が足りないと言われるなど、理解されないことが多い。子どものパニック
などにより地域から孤立し、時には虐待通報などされる。
・きょうだいに過度に依存したり、期待値が高くなる問題、保護者の抑うつ等
による虐待や家族の危機など、障害のある子どもの子育ては、困り感が複雑に
絡んでいることが多く、孤立しがちになり、また虐待のリスクも高くなりやす
くなります。そのため子どもを守るためにも育てる側の家族支援は欠かせませ
ん。どんな障害がある子どもも大切でかけがえのない存在です。

　そのため、お母さんたちの心のケアは大切です。妊娠中に自分たちの抱いて
いたイメージと違う子どもであったという葛藤を、多くの障害のある子どもの
保護者は感じることが多いと思います。障害のある子どもの存在を受け入れ、
わが子としてかわいいと感じる関係になることは簡単なことではありません。
また人生のライフサイクルにおいて、周囲からいろいろなところで傷つけられ
るようなことはまだ少なくありません。
　子どもは悪くはありませんが、ある意味周囲、親戚等からの無理解も含めて
トラウマを受けたような体験となる場合があり、子どもが小さな時の家族への
心理支援は大変重要だと考えます。

## (1) 障害のある子どものとの出会い

〈自閉症の子どものお母さんの手記〉

　この世にいては、いけないかもしれない。何かのバチがあたったんだ。この世は、真っ黒になってしまった。この子も真っ黒だ。真っ黒な人は、ここにいてはいけない。いられない。どんなに洗っても、どんなにきれいにしようとしても黒は消えない。墨汁を頭からかぶせられた。頭から全身あびせられて身も心も真っ黒になってしまった。なんでこんな子が私の所に来たんだ。なんで私なんだ。こんなにたくさんの人がいるのに、なんで私なんだ。友人は、あなたを選んでやってきた、育てられる人のところに生まれてきたと言ったけど、それは何の慰めにもならない。真っ黒は、真っ黒のまま。どうせ自分じゃなくて良かったと思っているんでしょ。自分とまったく別の世界の話だと思っていた。なんで私なの。もう一人産もうと思わなきゃよかった。もう一人子どもを産まなきゃこんなことにならずにすんだ。子どもをつくらなきゃよかった。こんな子が生まれてくるならつくらなきゃよかった。3人家族でよかったのに、欲張ったバツだ。自分は差別心の塊だと、墨汁をかけられて気づかされた。こんなのいやだ。他の人だってもっとひどいこと考えていたに違い。なんで私なの、なんで私なの、ヤダヤダヤダヤダ、ヤダヤダ。

〈ダウン症児のお母さんの手記〉

　つらかった。何度も死のうと思った。育てていかなければという思いと、この子が死んでくれたらという思いが交互におきた。夢であってほしい。朝めざめたらお医者さんが来て、何かの間違いだったと言ってくれるはずだ。なんで私なの。つらい。つらい。つらい。どうやって生きていけばいいの。やっぱり死ぬしかない。でもかわいい。幸せ感じるはずだったのに。私は、一生親の迷惑を、心配をかけて生きていくのか。

　嬉しいはずの出産が、未来が見えないどん底の気持ちになってしまったり、子どもと心中を考えたお母さんも少なくありません。子どもを育てるにはパワーが必要ですが、そのパワーが失われてしまう状況に陥ってしまうこともあります。
　でもこのようなネガティブな気持ちになることは、当たり前のことです。だ

からこそネガティブな気持ちも含めてそのままの気持ちに耳を傾け、聴いてくれる人の存在が大切です。

## （2）心理支援の実際

　実際子どもと一緒に遊ぶことは、お母さんが子どもの気持ちをキャッチしたり、子育ての実際の方法を学んだりする大切なことです。しかし保護者に対して、教育的な助言や指導だけでは、子どもとうまく関われない保護者にとってはそれが却ってストレスになる場合があり、親子関係を悪化させることもあります。

　親子通園での子どもと遊びながらの愛着の形成も大切です。しかし主たる養育者であるお母さん自身の心の悩みや葛藤が子育てに影響するため、お母さんへの個別カウンセリングやグループカウンセリングなどの心理支援が大切です。そこでむぎのこでは専門性を高めるために、職員が仕事をしながら大学院で学ぶことにしました。私自身は実習を重視するアメリカの大学院で、知識を学ぶだけではなく、精神科のクリニックで実際に毎週インターシップをしながら学びました。

　やがて職員や卒園児のお母さんの中に大学院で学ぶ人が増えて、その後外部のスーパーバイザーを入れながら、心理支援をベースとした家族支援が可能となりました。

　むぎのこでの心理カウンセリングは、以下のように行われています。

| グループカウンセリング | 2 歳児　3 歳児　4 歳児　5 歳児<br>週 1 回午前　　学齢児　月 1 回午後 |
|---|---|
| 個別カウンセリング | 随時必要に応じて　約 60 人 |
| トラウマサポートワーク | 月 2 回 |
| 自助グループ | グループによって月 1~2 回 |
| パパグループ | 毎週土曜日 20:00 ～ |
| ペアレントトレーニング<br>（コモンセンスペアレンティング：CSP） | グループを作ってセッション |

### ①グループカウンセリングについて

　幼児期は、年齢・学年ごとに毎週実施しています。学齢期になると、自助グループもありますので、グループカウンセリングは、月 1 回となります。その際のスタッフは、セラピスト、幼児の担当職員、先輩お母さんの 3 人で構成し

ています。安全で、自分を守ってくれる人がいると感じられる環境で「子ども
を可愛いと思えない」「他児と比較して子どもに落胆してしまう」「子どものこ
だわりに付き合った方がいいのか」「夫が子育てに協力的でない」「（お母さん
自身も）褒められたことがないから、子どもを褒めることができない」など、
子育ての中で湧きあがった気持ち、自分のこと、何に傷ついてしまうのかなど
を話せる場となっています。

　グループカウンセリングは、「自分だけが悩んでいたと思っていたけれど自
分だけではなかった」という人とのつながり（コネクト）、そのつながりに
よって自分自身が肯定感を持つことで（エンパワーメント）、人生への前向きな
変化（チェンジ）にもつながります。

　今までの生き方を見直しながら新しい価値感を育み、新たな人生に向き合う
ことを目指しているアメリカのアミティ（依存症等の治療共同体をベースとした
非営利団体）に似ていると思うことがあります。

「グループカウンセリングに参加して」

5 歳児の母

　元々の私は友達はたくさんいましたが、基本 1 人でいることが好きで、自分の
嫌な部分は他人に知られたくないタイプでした。

　そんな私がこれまでグルカン（むぎのこのお母さんたちはグループカウンセリ
ングのことをグルカンと呼びます）に参加し感じたことや心境の変化を書きます。

　2 歳児クラスでは、まわりも入園したばかりの母たちだったため、発達の遅れ
を理解できない、されない、親戚・友人にわが子を会せるのが辛いといった悩み
の話が主で、自分も育てにくさを感じていたためとても共感し、自分の話でも、
他の母の話を聞いても、とにかく毎回泣いていました。

　その反面、わが子は少し療育を受ければすぐに遅れを取り戻せると思っていた
ところもありました。

　年少組では、わが子とまわりの子の様子がわかりはじめ、わが子の障害の重た
さに気づくようになります。

　他人の話と自分の悩みを比べてしまい、毎回落ち込み、他人の話を聞くのが辛
くなり、グルカンに出たくなくなりました。1 年を通して 3 分の 1 くらいしか参
加しなかったと思います。

　年中組になると、自分から参加したいという気持ちになり、他人の話を聞くの

が楽しくなりました。それはきっと、少しずつわが子を受け止められるように
なったからではないかと思います。

　なぜそうなったか。それは人に話すことで、まずは自分を受け入れ、先生方や
まわりの母たちもどんな私でも受け止め続けてくれたからだと思います。

　現在は、年長組です。相変わらずわが子の育てにくさや大変さはありますが、
それを笑い話に変えられるまでになりました。

　気が付けば、自分の嫌な面も抵抗なく話せるようになり、他人の良い面も悪い
面も受け止めることが出来るようになっていました。

　そして、心を許せる仲間が出来ました。

　自分の思いを人に話すことで、まずは自分を許し、自分が他人に受け止められ
たことで、初めて他人やわが子のことも受け止めることが出来たと感じています。

　私にとってこれまでグループカウンセリングに参加したことは、自分が成長し、
とても意味のあったことだと思います。

「私にとってのグループカウンセリング」

アユカさんのお母さん

　園長の個人カウンセリングで、アユカに睡眠障害とパニックがあり、ショート
ステイホームを勧められました。5 月からショートステイホームで連泊でみても
らうことになりました。

　母親として最悪、できていない。アユカを捨てているんじゃないか。他人から
もひどい母親と思われるに違いない。責められるんじゃないか。グループカウン
セリングに出たくないと担任の前で泣いた。でも担任には参加の方向で勧められ
た。自分の気持ちで出なくてもいいのはわかっていたが、泣きながら出た。

　ショートステイホームに連泊させてもらっていて、週末アユカに会ったらつら
くて吐いている。こんなに手厚くしてもらっているのに週末も子どもを見れない。
その気持ちをグループカウンセリングで話してみたら否定されなかった。それど
ころか、「つらいね、今ね」とカウンセラーの先生に責められる感じじゃなくて、
聞いてもらえて救われた。

　他のお母さんも責める感じじゃなくて、肯定的な雰囲気が柔らかくてよかった
なと思った。それからグループカウンセリングが自分にとって大切な時間となっ
た。

## ②トラウマサポートについて

　子どもに障害があり、発達が心配ということでむぎのこ通園が始まりますが、グループカウンセリングなどでお母さんに話を聞いていくうちに、家庭的に大変な中で育ってきたお母さんたちが多くいることに気がつきました。年長になると、ほとんどのお母さんたちが自分の家庭や育ちの中で大変なことがあったということなど、自分を見つめることが多くなります。そのため、月2回2時間のトラウマケアのためのワークを希望するお母さんに、トラウマケア・ワークを行っています。取り入れているトラウマワークは、カリファルニアで長年セラピストをしていた西尾先生が行ってきた西尾リプロセスワークです（西尾, 2004）。15年前からは西尾先生にむぎのこに来ていただいて、トラウマワークを毎年行っていました。現在は資格を取ったセラピストによって行われています。

　トラウマケアの流れは、1. 安全化（サポート、徹底的な受け入れ）、2. 安定化（危機管理、感情の制御）、3. 自分のケアをする（現実的なスキルトレーニング）、4. 記憶の再現（エクスポージャーとグリーフワーク）、5. 統合（認知、思考、行動、意義などの分野での心理教育と社会的スキルトレーニング）となっています。

　このワークの特徴は、記憶の再現前後の時間は、安全のための時間を十分に持つことを大切にしていることです。

　ワークのコアの部分は、以下のように行います。

### サイコドラマによる再現

　1. トラウマの説明とセッティング　4分
　2. トラウマの再現と強調　3分
　3. トラウマを与えた人に言いたかったことを言う　2分
　4. トラウマを与えた人が謝る　1分
　5. こうだったら良かったというシーンのやり直し　3分
　6. 健全な人間関係を体で体験――ハグ、優しい言葉など　2分

### 5つの領域で、回復が起こるようにワークを通してセラピストが援助

　1. トラウマが無かったら存在しなかった新しい可能性を見つける
　2. 他人との関係の質の再考
　3. 自分の人生で何が一番大切か

4.　自分の強さに気づく

5.　生きるということへの尊敬

　心と体は成長しても、トラウマを受けた記憶はその時のまま身体も覚えているといわれています。そのためワークは、記憶に新しい意味づけをし良い方向に書き換えるプロセスです。心も身体もリフレーミングされ、癒やされる感覚になります。

## 「虐待を受けていた自分 ── ワーク・自助・カウンセリングを受けて」

中学生の母

　私は、2歳半の時に母を亡くし、父と祖父母と 3歳年上の障害のある兄と 2歳年下の妹とで暮らしていました。幼い頃から祖父に殴る蹴るの暴力を受けていました。小さい頃から父に「お前はどうせ何やったって駄目なんだから」と言われて育った私は、とても自己肯定感が低く、祖父から受ける暴力も自分が悪いからだと思っていました。小学校高学年くらいから父から性的虐待を受けるようになりました。その頃の私は嫌だったけど私は父から必要とされてる、愛されてるんだと思い、拒むことが出来ませんでした。父からの虐待は中学 3年生くらいまで続きました。中学生になって自分の家が普通ではないことに気付いた私は絶対に周囲に知られたくないと思うようになり、高校生になってからは、生徒会や文化祭活動に積極的に参加する明るく元気な女子高生を必死に演じていました。高校を卒業してからは銀座でホステスをして働いていました。そこで知り合った 28歳年上の妻子ある男性を好きになり、その人が札幌に転勤する時に付いて行き一緒に暮らし、そこで男の子と女の子の双子を出産しました。子どもたちが生まれた時はとても幸せな気持ちになりました。ですが、双子の子育ては想像以上に大変なものでした。しかしその頃の私は「大変だから助けて欲しい」と口に出して言うことが出来ませんでした。大変と思うたびに父に言われた言葉を思い出し、やっぱり私は何をやっても駄目なんだと思い、もっと気持ちが落ち込みました。

　1歳半健診で息子が重度の自閉症と診断され、その 1年後にむぎのこに入園しました。むぎのこでは母子家庭のお母さんたちが明るく元気に支え合いながら生活しているのを見て、私もこのままではいけないと思い、結婚を決断しない子どもたちの父親と別れ再出発しました。

　それでもなかなか双子の子育ては上手くいかず子育ての中で自分の子どもの頃

を思い出すことがあり、そのたびにイライラし大泣きしていました。そのためむぎのこの中のさまざまな心のケアの支援を受けました。

　最初は個別のカウンセリングを受けていました。何回か受けていくなかで徐々に自分が受けた虐待の話を出来るようになりました。その後トラウマケアのサポートを受けたり、性的虐待の自助グループに入って自分と同じような虐待を受けた経験がある人の中で話をして、ずっと誰にも知られたくないと思ってきた気持ちが少しずつ軽くなり、自分だけではないんだ、同じような体験をしている人がいるんだ、と知ることができました。

　ワークを受けた最初のうちは、これまで自分が思い出さないようにしていた色々な記憶が甦ってきてパニックのように大泣きしました。そのたびに今安全な場にいることを確保してもらいました。

　何回かワークを受けていくと少しずつ自分は悪くなかったんだと思えるようになり、そのようなプロセスの中で、前に進みたいという気持ちが自分の中に現れました。

　過去は消すことが出来ないけど、カウンセリングやワークや自助グループに参加することで自分の過去と向き合い、みんなから力をもらい保育士資格を取得することが出来ました。そして同じような経験をした仲間との出会いが何より力になりました。

　今は同じような体験をした若いお母さんたちを支える側になっています。これからもそのままの自分を大切に、仲間と支え合って生きていきます。

## ③ペアレントトレーニング──コモンセンスペアレンティング

　発達障害の子どもは、とてもセンシティブで繊細な子どもも多いことから、お母さんたちの心のケアをしつつ、実際の暮らしの中で子どもに肯定的に関わるためにコモンセンスペアレンティングを行うことにしました。一人ひとりのお母さんは生まれも育ちも違うため、このプログラムを行う時は、ニーズに合わせてグループをつくっています。ロールプレイで子どもに対する肯定的・具体的な関わり、問題が起きた時にお互いを傷つけずに関わる方法などです。褒めること、肯定的に子どもの行動を捉えるために実際にできるようになるのはなかなか難しいことも多いので、楽しんで練習することです。子どもとの肯定的な関わりを、知識として知っているだけでも、いざという時に一呼吸おけるようになると考えています。

#### ④自助グループ

　グループカウンセリングや個別カウンセリングなどを経て、自己理解と他者理解が進んでくる（学齢期になる）と、先輩お母さんがファシリテーターになり、同じ悩みを持つお母さんたちの自助グループに参加するようになります。たとえば、虐待を受けて育った、DVの経験がある、家族に自死をした人がいる、SA（性的な虐待）の被害経験、比較的障害が重い子どものお母さんのグループなど、自分が集まりやすいグループに参加するかたちで、週1回から月1回程度、それぞれにミーティングをしています。自分の育ちの中での困り感、子どもが大きくなっても子育てのライフサイクルに合わせた困り感を、仲間と共に語り合っています。SAのグループは、地域にあまりないので、地域の機関から紹介されて参加する方もいます。

　自助グループでは最初は沈黙していても、だんだんと安心感を得て、自分の言葉で自分のことを表現するようになってきます。自分にしかわからなかった経験を普遍化する営みともいえます。支援者が入らない、まさに当事者性です。自助グループは知恵と力の宝庫ともいわれています（信田・キャンベル・上岡, 2022）。

　自分の話を聞いた他の人が、違う観点からリフレーミングしてくれて、マイナスだと思っていたことが、プラスだったのだと気づかされたり、自分を承認され、仲間にありのまま受け入れられてもらえる場があるということが支えになります。

　なじめない時は、他の自助グループから自分に合ったグループを選ぶこともできます。自助グループに参加しながら、日常生活を続けるということの安心感は、大きいといいます。

#### ⑤パパグループ

　週1回土曜日の夜に行っています。ペアレントトレーニングの後は、お父さんたちの語り合いの場になります。「子育てに協力してくれない、と妻に怒られる」「子どもがなついてくれない」「妻と子育て観が違う」「妻に気を使ってしまう」などなど、この場は男性職員が入ってお父さんと一緒に気持を分かち合います。父子家庭のお父さんも、子育ての悩みを話し合う場になっています。

# まとめ──家族支援と当事者性の大切さ

今後の虐待防止施策は、りっぱなお母さんお父さんを理想とするのではなく、リスク要因を母親個人の責任としてジャッジするのではなく、すべての親子に子育て支援が必要であるという立場で、当事者のニーズとストレングスを真ん中に置いた寄り添い型の支援が、重要です。

これまでの評価型の支援では乳幼児健診などで支援者と出会っても、「本当の気持ちや困り感を話すことは自分にとって安全ではない」という気持ちが働き、その段階で支援を受けることやめてしまい、結果として孤立してしまうことにつながっています。孤立は、養育者の心身の健康に影響し、子どもの健康にも良い影響はもたらしません。そのため孤立を防ぐことを柱に据えた育児支援、家族支援が必要です。

子育ては母親の責任、そしてあなたの子育てはうまくいっていないという支援は、母親にスティグマが貼られるだけで、サービスを使ったり、親子分離しても結果としてうまくいかない循環に陥ってしまうのです。

子育ては家族だけの問題ではなく、社会全体で応援していくという意識改革と仕組みが求められています。それは、「子ども」と「家族」の声を聴きながら、「ために」ではなく「共に」というあり方ともいえます。

障害児の場合は、障害のない子どもの子育て支援や家族支援に加えて手厚さが必要ということです。わが子に障害があるとわかった時、私たちの社会が能力主義の価値観の中で、この先この子とどう生きていけばいいのか、どう育てていけばいいのか未来の見通しも持つことができないことも多く、ネガティブになってしまう感情もまた事実です。加えて障害のある子どもの子育ては障害のない子どもに比べるとケアすべきことが多く、また対応もその子に合わせていかなければなりません。

スウェーデンの全国の親の会の元会長のエライニさんも、障害児とわかってからこれまでの自分の子育てを、むぎのこのお母さんたちの前で涙ながらに語ってくれました。障害のあるわが子を受け入れ、育てていくための涙は世界共通のことなのかもしれません。親が子どもを支えるパワーを失わないためには寄り添う人と、仲間が必要です。涙を希望に変えていくためには、障害のある子どももない子どももすべての子どもが私たちの社会にとって、大切で必要

な子どもであるという哲学・価値観が社会の側に求められます。そして、理想を掲げるだけではなく、現実を見据えていくことが大切です。

　障害児の子育ては、それぞれに困り感は違いますが、その大変さは一般子育てに比べると多いかもしれません。だからこそ、それぞれの子どもに合った発達支援と家庭支援など社会的な支援が必ずといっていいほど必要なのです。

　障害のある子どもの子育ては、すべての子育て支援のあり方のモデルといってもいいと思います。すべての親子に支援のニーズがあり、強み（ストレングス）があります。家族の持っているストレングスに注目し、家族が子どもの発達上のニーズを保障するのが難しい時は、社会がそれをサポートするのが子育て支援の原則ともいえます。

　社会的サポートは、子どもがかけがえのない大切な子ども時代を送るために、またお母さん、お父さんたちが安心して子育てできるために必要です。

　私たちは、アメリカから心理支援を、そしてヨーロッパ特にスウェーデンからは障害があることの社会モデルを、フィンランドからは子どもを大切にする哲学を学びました。

　このような学びを通して私たちがこれまで行ってきた家族支援は、すべての親子の家族支援にも通じると思われます。私たちの法人（麦の子会）では、ファミリーホームが４軒、里親さんが50人いて支援していますが、その里親さんたちも同じ支援を受けて子育てをしています。

　今こそ子どもの研究者、実践者、子どもに関わるすべての人たちが連携しながら、すべての子ども守り、育むために国の叡智を集めて、子どもの幸せを考えていく時にきているのではないでしょうか。

　それは、子どもを権利の主体者として意識すること、また子どもと家族を真ん中に、医療、教育も含めた子育て関係者がつながっていくことです。そして子どもと家族が暮らす地域には、いろいろな人が住んでいます。フォーマルなサポートだけではなく、インフォーマルなサポートや、自分の経験を活かすピアサポートの存在も重要です。

　これからは、当事者主体、子どもの権利、切れ目ない支援、包括的な支援、それぞれに専門性を持ちながらも気さくに寄り添い、つながり続ける支援などが求められます。

「幸せはどこに」

〈前述したダウン症児のお母さん〉

　生まれてすぐ、子どもの時、この先親子共どもどうなるのか不安で不安でたまりませんでした。娘に障害があることは今でも変わりません。

　でも 27 歳になった娘との付き合いの中で、これまでたくさんの人に助けられたりしたこともあるかもしれませんが、いつの間にか私も子どもから頼られたり、反抗されたり、私も子どもに頼ったり、気が付いたらふつうの親子関係でした。

　そして、私が仲間に出会い、信頼して頼れる人に出会う中で「私はなんだかツイているんじゃないか」と思うようになったのです。障害のあるわが子のことは一生私が面倒を見なければと思っていたけれど、私がいなくなっても社会の中で何とかやっていけると思うようになりました。私も子育てを通して独りぼっちじゃなくなりました。私も働いて、社会に必要とされ、自分自身の人生も良い感じです。

　最後に、今後は障害のある子どもの存在を一人の人間として理解し合うために、小さな頃から社会的に一緒に暮らすことが求められると思います。

　さらに、同じ子どもであることとともに、違いを理解し合うための通訳ができる大人の存在も必要です。

　札幌市の自立支援協議会で「教育・福祉・医療の連携研修」が開かれた時に、教育委員会の方が「教育と福祉は文化が違うのですから、違いからスタートすることが大切です」と発言されました。

　同じだと思うとなぜわかってくれないのかという葛藤が生じますが、そもそも違いがあるというところから理解が深まり、協働や役割分担が生まれるという、とても前向きな示唆に富んだ言葉でした。

　人間はそもそも国、言葉、職業、宗教、立場、性別、年齢などみんな違いがあるのです。私たちの身近なところでも、いろいろな人がいて違いがあるからこそ本当は豊かになるのです。そしてどの命も大切なのです。

◆引用文献

細川徹・本間博彰．（2002）．我が国における障害児虐待の実態とその特徴．厚生科学研究（子ども家庭総合研究事業）平成 13 年度報告書．382-390．

一瀬早百合．（2010）．障害のある乳幼児に不適切な養育が生じるプロセス —— 事例研究を通じて．社会福祉, *51*, 53-54.

松本伊智朗（編著）．（2013）．子ども虐待と家族 ——「重なり合う不利」と社会的支援．明石書店．

宮田広善．（2001）．子育てを支える療育 ——〈医療モデル〉から〈生活モデル〉への転換を．ぶどう社．

西尾和美．（2004）．アダルト・チルドレン　癒しのワークブック —— 本当の自分を取りもどす 16 の方法．学陽書房．

信田さよ子・キャンベル，シャナ・上岡陽江．（2022）．被害と加害をとらえなおす —— 虐待について語るということ．春秋社．

第**4**章

# 医療的ケア児の支援

江原伯陽

## はじめに

　地域で小児科を開業していると、さまざまなハイリスク児に出会うことがある。超低出生体重児、先天奇形や染色体異常、難病を抱えた子どもたちなどさまざまである。その要因として、やはり新生児医学の進歩により、それまで生存が困難とされた新生児が救命され、さまざまな後遺症を抱えながらも地域の家庭に帰ってくることに起因することが多い（江原, 2009）。そのため、これら退院後も医療のサポートを必要とする在宅児（ここでは医療的ケア児と略す）はこのわずか15年の間に2倍以上ふくれ上がり、2021年（令和3年）には2万180人まで増え、人口1万人あたり2名ほどの医療的ケア児が地域で生活していることになる（厚生労働省, 2022）。

　これらの児が社会で生きていけるためには、母子保健法に基づく養育医療や児童福祉法（令和4年6月改定）などさまざまな法令によって支えられている。しかし、実際これらの家族と接すると法的整備はまだまだ不十分であり、生活する上でさまざまな困難が待ち構え、家族や児本人に対し耐えがたい苦痛を与え、終わりのない戦いを強いていることがよくわかる。

## 1. 苦しい在宅療養生活と支援の不足

　一例を挙げると、筆者宅に毎年正月に送られてくる双子がいる家族からの年

賀状があるが、双胎の第一子は双胎間輸血症候群により脳の実質が萎縮し、そのため日々舌根が沈下し、夜間に母親が頻回に体位変換をしないとチアノーゼに陥ることが長い間続いたにもかかわらず、行政は福祉予算を削減するためにヘルパーの派遣日数を減らす計画を立てていた。そのため母親は、「私は 1 日 24 時間働いています。それでも削れるところがあるなら教えてください。この子を 3 年間世話してきたが、もう 30 年も生きた気がする」と悲痛な声を上げている。

　また別の例は妊娠 25 週、650g にて出生した超低出生体重児。脳室周囲軟化症のため後遺症として脳性マヒになったが、生後 1 年の時に呼吸器感染症に罹患し、心肺停止になるもなんとか一命を取り留めた。その後成長してからは、周囲の苦況を理解し涙するも発語ができず、胃瘻(いろう)による栄養剤の注入、車椅子で日常生活を送りながらなんとか成人式を迎えることができた。しばらくして 50 歳の父親までが交通事故に遭い、脳出血のため寝たきりとなった。同じ屋根の下で一度に重度の医療的ケア者と重症心身障害者を抱え、父親は交通事故のため介護保険も使えず、先の見えない将来に母親は途方にくれ、悲嘆の毎日を送っている。

　にもかかわらず、これら重症の心身障害児者が日中利用できる福祉制度は福祉介護事務所における放課後デイサービスと成人以降の生活介護のみである。そのため 2024（令和 6）年度の福祉報酬改定では、「医療的ケアが必要な者に対する体制や医療的ケア児の成人期への移行にも対応した体制を整備するため、常勤看護職員等配置加算について、看護職員の配置人数に応じた評価を行う」としながらも、実際利用定員 20 名以下の成人生活介護事務所において、重症度判定スコア（人工呼吸器、気管カニューレや胃瘻など）（田村・江原他, 2023）に該当する利用者が 2 名以上いる場合、看護師常勤換算で 3 名以上を配置した場合にのみ、当日の利用者数に 84 単位（840 円）／日の加算をすることになっている（厚生労働省, 2022）。この報酬単価はきわめて低くほとんどの福祉事務所では赤字となることから、受け入れを断っているのが実情である。一方在宅においては、たとえ人工呼吸器を装着した児でも日中のヘルパー派遣（重度訪問）以外に、訪問看護師が自宅を訪問する回数は週に 3 回、1 回 90 分以上を超えると診療報酬上赤字になる（厚生労働省, 2018）。そのため、家族が自宅を離れて外出できるのは看護師が滞在している時間帯に限られ、母親が気軽に買い物や美容室に出かける自由は許されない。

　こうしたなか、これら医療的ケア児者を世話する家族（特に母親）の睡眠時間は平均 5 時間を下回り、その睡眠は被介護者に対する喀痰(かくたん)吸引や体位変換、

さらに突発的な sPO2[※1] 低下への対処などにより、何度も寸断されるのが常である（厚生労働省, 2020）。医師の時間外労働が月間 200 時間を超え、そのために自殺したニュースを例に挙げるまでもなく（和久・藤村・江原他, 2007）、医療的ケア児者を世話する家族の「時間外労働」はそれを遥かに超え、しかも児の養育や家族の介護の名のもとに、「辞職する」こともできない、終わりのない道のりを辿っている。

　そのような、ある意味非人道的な生活を強いられる本人や家族の人権や尊厳について、筆者はかつてその答えを求めて医療や福祉事情が充実している米国を見学し、この分野が専門の女性弁護士に尋ねたことがあった。女史によれば、今日これら医療的ケア児者に対する手厚い保護の背後にあるのは、黒人に対する差別撤廃を訴えた公民権運動同様、障害者差別についても長い闘争の歴史があるとの回答であった（National Park Service）。

　日本でこのような苦しい小児在宅療養生活が増えたのは、かつて NICU における長期入院児が多発したことにより、新たに入院を必要とする病的新生児が入院できなくなったことも一因とされる「墨東病院事件」[※2] 以降、2011 年頃より徐々に地域においても医療的ケア児を受け入れる必要性が叫ばれるようになったからである（田村, 2017）。筆者もそれに呼応して、地域において受け皿となる医療スタッフの養成に向けて、かつて NICU に勤務し現在地域で勤務医や開業医として活躍している小児科医らを結集し、気管カニューレや胃瘻交換など在宅医療の実技講習会を頻繁に開いた（江原・長谷川・金原, 2013）。その後この運動は小児科医が免許更新時に受けるべき講習会の選択枝として認められ、制度として定着していった。しかし米国のように、NICU や小児ICU に勤務する小児科医師に対し、研修のローテーションとして病院から地域にアウトリーチし、キャリアを形成する上での必須経験として位置づけられるまでには至っていない。

　米国では医療費がきわめて高いことから、NICU はあくまでも急性期医療であるという認識のもと、急性期が過ぎればよりアメニティ（生活の質）の高い Subacute Hospital（亜急性期病院）に移る。そのため、日本のように 1 日中

---

※1　動脈血を経皮的に測定した場合の酸素飽和度。

※2　2008 年 10 月、激しい頭痛を訴えた妊婦が都立墨東病院など 7 か所の医療機関に診療を断られ、最終的に墨東病院で出産し、脳内出血で手術を受けるも、その 3 日後に死亡した事件。

モニター音が鳴り響く NICU における長期入院のような事態は発生しない。その代わり、Subacute Hospital で約半年かけて慢性期の治療（虐待を受けた児も含め、日本にはない5対1看護）を行い、さらに退院に向けて家族への在宅ケアトレーニングやメディカルソーシャルワーカーによる訪問看護師の手配が行われ、ようやく退院の運びとなる（日本小児連絡協議会重症心身障害児（者）・在宅医療委員会, 2015）。このような「中間施設」を日本でも導入すべく、筆者の紹介で日本小児科学会では米国より講師を招聘し（日本小児連絡協議会重症心身障害児（者）・在宅医療委員会, 2015）、さらに各総合周産期センターや小児病院に対する調査を行い、ようやく病院施設の規模に応じて病棟単位や病室単位レベルで整えられるようになった（舟本・江原他, 2017）。

　しかし、退院後の訪問看護師の養成については、看護師が一人で重度の医療的ケア児を訪問するためには、かなりの経験と度胸が必要とされる。そのためこれら重度障害児に対して訪問看護を行えるステーションがまだまだ少ない上、前述のように人工呼吸器装着児の訪問時間（週に3回、1回90分）が短いために、家族のレスパイト（休息）を補うには至っていない。一方、米国では訪問看護師のことを Shift Nurse と言い、ローテーションを組んで一日に8時間または12時間患者宅に滞在し、その間家族（特に母親）が外出や勤務することを可能にしている。このような体制を支える訪問看護ステーションは数百名のナースを抱え、シフト制を敷き看護師の長時間にわたる訪問滞在を可能にしている。それに対し、日本では訪問看護ステーションの大規模化が叫ばれて久しいにもかかわらず、ほとんどの訪問看護ステーションはわずか数名のナースで運用しているのが実情である（中島, 2024）。

## 2.　休息（レスパイト）は不可欠

　そういう意味で、日本においては重度の障害児、特に医療的ケア児を抱えている家族は睡眠時間が極端に短いために休息する（レスパイト）ことが不可欠であるが、しかしそれを可能にするかたちで児を一時的に収容する施設（短期入所）はきわめて不足している（森・江原・舟本他, 2014）。医療的ケアが不要であれば福祉型施設の短期入所も可能であるが、医療的ケアが必要な場合は看護師が24時間勤務する医療型施設へ短期入所が不可欠となる。また、休息を意味するレスパイトは医療入院として認められないため、病院ではそれを一般

病床の一部として用意することができず、やむなく検査入院等の名目で受け入れることとなる。それゆえ、このようなレスパイト病床はきわめて少なく、筆者の勤務する地域でも人口 30 万人を対象にする地域小児科センターでさえわずか 1 床しかなく、その申し込みは受け付け開始 5 分後には締め切りとなるほど競争が過激である。統計上、日本における医療的ケア児のレスパイト入院は年間平均 6 〜 8 日しか利用できない状況にある。しかもわずか 1 泊のために、自宅から人口呼吸器、加湿器、吸引器等をすべて病院に持参する必要があり、担当する看護師に対して家族が行う申し送りは短くても 1 時間以上かかる。

　米国におけるレスパイト入院はさぞ長期間利用できるだろうと、筆者がかつて勤務したシカゴ大学があるイリノイ州の医療的ケア児に対する年間予算について調査したところ、その 9 割は前述の Shift Nurse（訪問看護）に費やされ、レスパイト予算はわずか 1 割であった。つまり、レスパイトをしなくても、看護師が 8 〜 12 時間患者宅に滞在すれば家族はほぼ休息が取れるので、わざわざ外泊してまでレスパイトする必要がないことを意味する。

　このように、日本では訪問看護の時間が極端に短く、かつレスパイトの利用もきわめて困難な状況のなかで、家族（特に母親）の在宅介護による疲労状況は極端にひどく、そうしたなかでの寝不足（医師が当直明けした場合はほぼ酩酊状態に相当する）、およびそれに起因する鬱に近い状態の中で、ついイライラとなり、思わずネグレクトや虐待に陥る危険性が高いことを充分に認識しなければならない。労働安全衛生法における規定では、従業員の時間外労働が過去 2 〜 6 か月の間に月に 80 時間を超えた場合、もしくは過去 1 か月の間に 100 時間を超えた場合は脳や心臓疾患を誘発し、過労死になる可能性があることから、月に 80 時間以上の時間外労働が発生した場合には必ず産業医による面接指導が行われる制度が設けられている。しかし、自宅において児を養育する名のもとで、育児は労働として認識されることは一切なく、たとえそれが過労死基準を超えた長時間作業であったとしても、法的になんら規制することはできない。

## 3.　医療ネグレクトと虐待リスク

　こうした医療的ケア児の養育は、憲法で規定する基本的人権に抵触する事態であるにもかかわらず、日本ではこれら患者およびその家族に対する人権の擁護がほとんどされていないなかで、地域において虐待やネグレクトの症例報告

がきわめて少ない。そうしたなか、米国では調査が行われ、医療的ケア児に対するネグレクトは要注意とする論文が発表された（Collen & Komatz, 2020）。その内容を要約すると、「ネグレクトの割合は障害のない子どもに比べ、障害のある子どもは少なくとも 3 〜 4 倍高く、身体的暴力や性的暴力をより頻繁にしかも深刻に経験する傾向がある。さらに虐待やネグレクトのリスクは、障害の種類や重症度、医療的ニーズによっても異なる。たとえば、知的障害や心理的問題を持つ子どもは身体的・精神的虐待のリスクが高く、先天性の障害を持つ子どもは特に監督者によるネグレクトを受ける割合が高い。言葉を話せない子どもは性的虐待のリスクが高く、さらに医療的ケア児は特に医療ネグレクトのリスクが高い」と報告している。また、医療的ケア児の虐待率が高いことを説明するための危険因子については、「特別な医療を必要とする子どもは、その状態の性質上虐待を受けやすい。彼らは地域社会から孤立しており、基本的なニーズを養育者に頼っている。また、医療的ケア児の子どもたちは、コミュニケーション能力に障害があるため、虐待を打ち明けることができなかったり、知的障害に関する子どもの教育が不足しているため、何が虐待や不適切なケアにあたるのかを知らなかったりする場合がある。」と分析している。

　筆者が最近経験した医療ネグレクトに起因する死亡例 S さん（13 歳）を紹介する。出生前診断ではダウン症候群を疑われたが、いざ生まれてみると完全大血管転位症と重度の知的障害を伴う染色体異常と判明した。出生当時、この心疾患に対する 20 年生存率は約 60% とされていたが、重度の知的障害を有することから、病院側は親の希望を受け入れ本児には心臓の根治手術をせず、肺高血圧を軽減する姑息的な肺静脈絞扼術を施行したのみで様子を見ることとした。その頃、重度の知的障害を伴う染色体異常である 13 トリソミーや 18 トリソミーに対する心臓手術の是非について医療界でも随分議論されたが、その後の趨勢として根治手術する方向に医療が向かい、統計的に見ても先天奇形や染色体異常の死因としての先天性心疾患は減少傾向にある。しかし、本児の場合、根治手術をしなかったがために、死亡に至る 13 年もの間、常時チアノーゼ状態が続き、特別支援学校に通学しても sPO2 が 70 前後と低迷していたにもかかわらず、親は電磁波が発生するとして学校での sPO2 測定についてもかたくなに拒んだ。sPO2 にはそのような身体への弊害はないと学校側および校医 & 指導医（筆者）がいくら説明しても親は納得しなかった。さらに自宅において本児の胃瘻管理がずさんであることから、学校では昼食時に栄養剤を注入する

たびに胃瘻部分から強酸性の胃液がびらん状態の腹壁に流れ出し、本児が激痛のために絶叫する事態が続いた。それを理由に父兄は児を登校させることを拒絶し、教育委員会は就学義務違反として児相懸案事項となった。その後、本児の安否確認をするために訪問看護師が数回自宅訪問したものの自宅への入室を拒まれる事態が続いたため、主治医が児相に通告し、児相職員が本児の自宅郵便ポストに警告文を入れる手段を取った。その後、放課後等デイサービスにおいて児の高熱が発覚したため、主治医が再度児相に通告。家族は児相の通院勧告を無視し、数日経てようやく児をこども病院に受診させ、即入院となった。入院中も家族は医師が行う敗血症への治療方針について頑なに受け入れることを拒否し、医療側の必死の治療にもかかわらず1か月後に不幸な転機となった。

　さて、本件の死亡に至るまでの流れを医療ネグレクトの基本的な考え方に即して振り返ってみよう（図 2-4-1）。

　子どもの健康被害および疾病の重症度を横軸に、医療ネグレクトの程度を縦

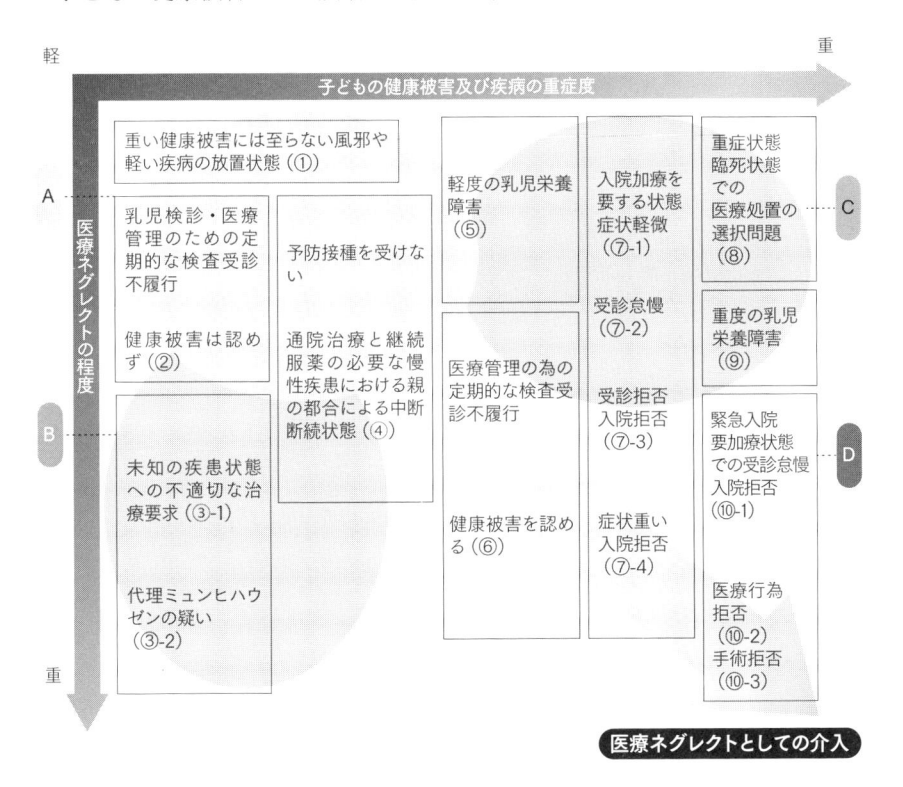

図 2-4-1　医療ネグレクトの基本的な考え方（日本小児科学会，2014）

軸に展開した図に照らし合わせた場合、本児においては予防接種を受けない、通院するための交通費がないことを理由に、④通院治療と継続服薬の必要な慢性疾患における親の都合による中断、断続状態、⑥医療管理のための定期的な検査受診不履行、そのために健康被害を認める、さらに⑦-3に示す入院加療を要する状態であるにもかかわらず受診拒否、入院拒否、⑨重度の栄養障害、⑩緊急入院要加療状態での入院拒否、入院後の医療行為拒否のステップを辿り、最終的に不幸な転機に至っている。

## 4.　児童相談所の対応遅れ

本件のような緊急性を要する医療ネグレクトに対し、児童相談所の対応を時系列的に図 2-4-2（日本子ども虐待医学研究会・医療ネグレクトへの対応手引き改訂ワーキングチーム, 2013）に照らし合わせてチェックすると、まず、地域のか

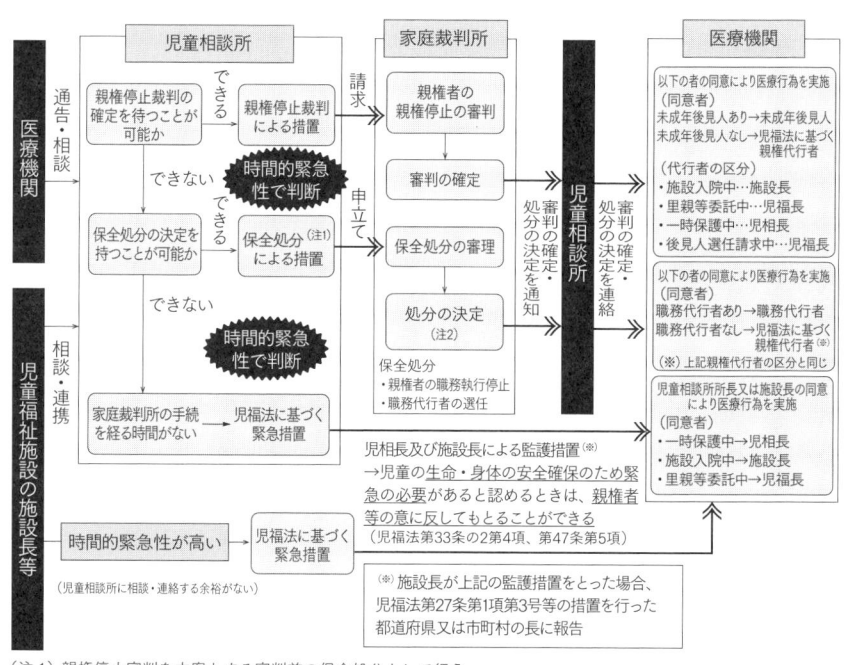

（注1）親権停止審判を本案とする審判前の保全処分として行う。
（注2）職務代行者の選任は職務執行停止に加えて必要がある場合に行う。
　　　職務代行者の資格に定めはなく、弁護士、児相長、医師等が選任されている例がある。

図 2-4-2　医療ネグレクトにより児童の生命・身体に重大な影響がある場合の対応

かりつけ医（主治医）による通告があったにもかかわらず、「時間的緊急性」による判断で「親権停止」や「保全処分」がなされなかった点、さらに親の意に反してでも「児福法に基づく緊急措置」として「児相長による監護措置」や医療行為の介入が行われず、そのため緊急入院が遅れた点を指摘せざるを得ない。

　本児に対する医療ネグレクトの理由は不明であるが、緊急時の輸血拒否も含め、2023（令和 5）年 3 月 31 日における厚生労働省こども家庭局長通知として、「宗教の信仰等を背景とする場合も含め、児童に対し医師が必要と判断する医療行為の実施に保護者が同意せず、児童の生命・身体の安全確保のため緊急の必要があると認める場合等には、一刻を争う情況であることを十分にご認識いただき、児童の生命・身体の安全確保を最優先に、児童相談所長は可及的速やかに一時保護した上で児童福祉法第 33 条の 2 第 4 項に基づく医療行為への同意等の対応を御願いします」とあり、自治体の首長に対してもすでに周知徹底をお願いしている。

## 5. 治療方針についてのインフォームドコンセント

　一方、本児が出生した時の医療情況を振り返った場合、当時（13 年前）の医療レベル（完全血管大転位症および心室中隔欠損症を伴う完全大血管転移症に対する手術 20 年後の生存率が 60%）に即して行う心臓手術の必要性に納得しない家族に対する粘り強い説得が必要であった。その説明様式および書式は医療ネグレクトへの対応手引き（日本子ども虐待医学研究会・医療ネグレクトへの対応手引き改訂ワーキングチーム, 2013）を参照して医療側の意見として書式（図 2-4-3）を整え、後に虐待やネグレクトが発生した時に、親の対応を考える上で参考資料として備える必要がある。

## 意見書

医師の意見書様式例　　　　　　　　　　　　　　　　　　　　　　　（記載例）

| 患者氏名 | ○○　○○ |
|---|---|
| 年齢・性別 | ○年　○月　○日生（0 歳 4 か月）　　　　男・女 |
| 疾患名（注 1） | ファロー四徴症、肺動脈閉鎖、22 番染色体部分欠失 |
| 現在の問題点（注 2） | ・チアノーゼ、哺乳困難、体重増加不良を認める。<br>・日齢 0 より NICU にて管理し、長期入院中。<br>・肺動脈血流は、薬剤（プロスタグランディン製剤の持続点滴）で拡張した動脈管で保持されている。薬剤がなければ動脈管は自然閉鎖する可能性が高い。 |
| 今回必要な医療行為の内容及び根拠（注 3） | ・薬剤により確保している肺動脈血流を、短絡手術（鎖骨下動脈－肺動脈短絡手術）で確保することが必要。<br>・上記の手術は、肺動脈閉鎖に対して、我が国においても○○年代頃より開始され、今日では外科治療の基本手技の一つとして定着している（参考文献参照）。 |
| 予測される効果と今後必要な医療行為（注 4） | ・肺動脈血流の増加によるチアノーゼの改善、プロスタグランディン製剤の持続点滴からの離脱、肺動脈の発育が期待される。<br>・短絡手術後は、抗凝固法（内服治療）が必要になる。これは、中断せず、継続することが必要であり、定期検査と薬用量調整を要する。<br>・将来的には根治手術が必要である。 |
| 当該行為を行わなかった場合に予測される結果及び緊急性の程度（実施すべき時期）（注 5） | ・動脈管は無治療では閉鎖する。薬剤の効果は日齢にしたがい減弱し、薬剤の増量は無呼吸発作などの合併症の危険が増加し、手術なしに長期生存は見込めない。<br>・動脈管による肺血流量のみでは、根治手術に向けた肺動脈の発育は期待できないため、○週間以内に鎖骨下動脈－肺動脈短絡手術が必要である。 |
| 当該行為に伴う合併症等の危険性（注 6） | ・手術死亡の危険率は 1％未満。（過去 10 年間で当施設での手術死亡例は認めない）<br>・手術合併症の危険率は 5％未満。（創部感染、短絡血管閉塞、心不全など） |
| 親権者等に対する説明の実施状況（注 7） | 実父母に対し、入院時（○年○月○日）に、薬物治療などを含めた NICU 管理についての説明には同意を得た。その後は面会も少なく、手術治療についての面談には拒絶的である。 |
| その他特記事項 | |

記載日：　○年　○月　○日<br>
医療機関名：　○○○○　　　　　　　　　　　　　　　主治医名（自筆）：○○○○

（注 1）日本語で記載、略語は不可。<br>
（注 2）箇条書き等簡潔に記載すること。<br>
（注 3）手術術式、投与薬剤名を記載すること。また、標準的な医療行為であることを示すため、根拠となるガイドライン等を記載し、コピーを添付すること。<br>
（注 4）当該医療行為によって改善される点及び今後必要な医療行為を具体的に記載すること。<br>
（注 5）当該医療行為を実施しない場合の自然歴、死亡や重大な後遺症が起きる理由など、緊急性が明らかになるよう実施すべき時期を含め記載すること。<br>
（注 6）当該医療行為によって生じ得る合併症等の症状、死亡や後遺症などの危険率等を記載すること。<br>
（注 7）親権者等に対し必要な医療行為について説明した内容、説明後に親権者等が意思表示した内容などを記載すること。

※この意見書は、児童相談所での記録となるほか、親権停止審判等が行われる場合には、家庭裁判所に証拠書類として提出されるものである。

図 2-4-3　医師の意見書様式記載例

# 6.　医療ネグレクトの覚知

　ハイリスク児を持つ親はわが子を養育するために、健常児の親の数倍もの労力と愛情を注ぐ一方、わが子が染色体異常や慢性疾患を持つがために引け目を感じることがあり、そうした負い目のために自らを社会から断絶してしまうこともあり得る。それゆえ、自宅という閉鎖された環境の中での密室行為は医療ネグレクトというかたちで発見される場合がある。S さんの場合、筆者が主治医として訪問診療した際も、親は別室に S さんを隠し診察を拒むほどであった。上述のように、米国においても医療的ケア児に対するネグレクトは要注意とする論文が警鐘を鳴らしているが、最近日本でも、自宅を訪問する在宅看護師がどれだけ虐待を発見できるかについて調査した論文（西・田口, 2020）が発表された。

# 7.　子どもの尊厳に対する配慮

　しかし、そうした医療的ケア児の親に対する意識調査（Houlihan et al., 2024）の中で、親の希望として最も重視すべき事項として、医療継続中における患者の尊厳を守ることが挙げられ、「ヘルスケアシステム（医療福祉制度）において人間の尊厳に取り組むためには、家族は一人ひとりの子どもを大切にし、子どもと家族が人生を楽しむ機会を作ることが最も重要であるとし、家族たちは、ヒューマニズムに沿った制度に変革するためには、子ども全体を中心に考え、信頼関係とコミュニケーションを築き、家族間のサポートを大切にすべきだと訴えている。自分の子どもを単なる診断名としてではなく、人生の意味と喜びを持つ一人の人間として大切にすることが喫緊の課題だとし、非人間的な制度を利用することは生活の質と幸福度を低下させる。」と結論づけている。

　一方、終末期においては家族が望む緩和ケアの要望についても理解を示す必要があり、積極的な治療を望まない Advance Care Planning（ACP）についても、家族、医師、訪問看護師、病院側の間で共通の認識としてまとめることが求められる（Orkin et al., 2020）。しかし、とりわけ現在の日本では地域においてこのような重度医療的ケア児を最期まで看取る小児科医や在宅医の存在は乏しく、ましてやそこに至る日常生活の中で、特別支援学校や放課後デイ等のよ

うに医師が不在で看護師のみが勤務する現場では、死に直面したことのない看護師や教職員に対して心理準備を含め細心の注意を払う必要がある。前述の死亡したSさんの場合、特別支援学校において常時親子のようにSさんに接してきた教職員らの受けたショックは大きく、後にグリーフケアを開催してそれぞれの心中を吐露する機会を設ける必要があった。

# 8.　虐待の予防は周産期から

　一方、虐待のリスクをあらかじめ認知する観点から見た場合、ニューヨークでは 1995 年から 2004 年までに病院で蓄積された早産児の妊婦および児のデータが後の虐待を予想し得ると報告している（Mason et al., 2018）。実はこうした動きは、日本では 1980 年代初頭に、筆者が勤務した大阪府立総合周産期センターにおいてすでに虐待を予見して、NICU 退院時の退院サマリーを 3 枚綴りにし、1 部を当該市町村の保健師に配布し、情報を共有して虐待防止のセーフティーネットに資してきた。現時点では、こうした NICU を有する各総合や地域周産期センターにおいて、入院中および退院した病的新生児の家族が未受診妊婦や特定妊婦だった場合、早産や低出生体重児を出産する可能性があり、また産後に虐待リスクが予想される、あるいはすでに虐待が発生したケースについて 1 〜 2 か月に 1 回産婦人科医、新生児科医、メディカルソーシャルワーカー（MSW）および地域の保健師が相談する場を設け、常時 20 〜 40 件の案件を討議している。一方、東京での 5 歳未満の小児死亡例を検討した登録検証制度（国立成育医療研究センター, 2014）において、死因を調査した 257 件では、虐待で死亡した 5 件のうち、4 件が生後 28 日以内の死亡であった。したがって退院前から虐待と予見できるケースについては、退院時やのちの保健師による家庭訪問などの場において注意深く観察する必要がある。また、超低出生体重児や重症仮死などの周産期／新生児期のイベントによる死亡 49 件における死亡時期も、生後 28 日未満が 33 件、28 日〜 1 歳が 12 件、1 歳以降は 4 件のみと主に新生児期に集中している。それに対し、先天異常や染色体異常／遺伝子異常の死亡数 127 件では、死亡時期は 28 日〜 1 歳が 52 件、1 〜 5 歳未満が31 件もあり（図 2-4-4）、ケアの長期化に伴い、家族の身体的、心理的負担に伴う虐待やネグレクト発生のリスクについても注目しなければならない。

　米国におけるこれらハイリスク児のフォローアップ場面では、日本のように

| | 死因カテゴリー（%） | | | | | | | | | | |
|---|---|---|---|---|---|---|---|---|---|---|---|
| | 1 | 2 | 3 | 4 | 5 | 6 | 7 | 8 | 9 | 10 | 計 |
| 28 日未満 | 0 | 0 | 0 | 0 | 0 | 0 | 44 | 33 | 2 | 1 | 80 |
| 28 日以降1歳未満 | 4 | 0 | 6 | 1 | 3 | 2 | 52 | 12 | 5 | 24 | 109 |
| 1-4 歳 | 1 | 0 | 4 | 10 | 3 | 7 | 31 | 4 | 1 | 7 | 68 |
| 合計<br>（%） | 5<br>(2) | 0 | 10<br>(4) | 11<br>(4) | 6<br>(2) | 9<br>(4) | 127<br>(49) | 49<br>(19) | 8<br>(3) | 32<br>(12) | 257<br>(100) |

小児科医 5 名によるスクリーニング結果：死因カテゴリー（5 名の最頻度カテゴリーを示す）

| Category | カテゴリー名と詳細 | 高頻度に見られた病名 |
|---|---|---|
| 1 | 故意に加わった外傷、虐待、ネグレクト | ― |
| 2 | 自殺または故意の自傷 | ― |
| 3 | 外傷またはその他の外因死 | 溺水、窒息 |
| 4 | 悪性腫瘍 | 難治性固形腫瘍 |
| 5 | 急性的な内科または急性外科疾患 | ライ症候群、心筋炎 |
| 6 | 慢性的な症状（慢性疾患） | 免疫不全 |
| 7 | 染色体異常、遺伝子異常、先天異常 | 18 トリソミー、複雑心奇形、横隔膜ヘルニア |
| 8 | 周産期／新生児期のイベント | 超未熟児（在胎 22-25 週）、重症仮死 |
| 9 | 感染症 | 髄膜炎、急性細気管支炎 |
| 10 | 突然の予期しない、説明できない死亡 | SIDS（乳幼児突然死症候群） |

**図 2-4-4　チャイルドデスレビューパイロットスタディ研究班の症例スクリーニングの結果**
（国立成育医療研究センター，2014）

単一の病院での対応ではなく、面（地域ごと）としてフォローアップチームを結成し、小児神経科医やナース以外に、臨床心理士、PT、ST、OT 等リハビリスタッフ、さらにメディカルソーシャルワーカーも参加し、虐待予防も含めてそれぞれの職種がその場で必要と判断したサポートを同時に実施することで問題の解決に向けて動くワンストップセンター的な組織として機能している。

# 9.　法的整備と医療マンパワーの増強

　2022（令和 4）年 6 月に成立した改正児童福祉法により、日本でもすべての妊産婦、子育て世帯、子どもに対し、母子保健・児童福祉の二大機能が連携・協働して、切れ目のない一体的な相談支援を行うことを目的とし、「こども家庭センター」の運営が各市町村において始まった（こども家庭センターガイドライン、令和 6 年 4 月 1 日施行）。こうした子育てに困難を抱える世帯がこれまで

以上に顕在化してきている状況等をふまえ、児童等に対する家庭および養育環境の支援を強化し、児童の権利の擁護が図られることとなった。さらに、「こども家庭ソーシャルワーカー」の養成を立ち上げ、将来的に国家資格として認める動きが出ている。

　一方、こうした苦しい生活を強いられている医療的ケア児およびその家族に対する具体策として、2021（令和3）年9月18日に医療的ケア児支援法（医療的ケア児及びその家族に対する支援に関する法律）が施行され、都道府県は、必ずその支援を行う責務を負うこととした。その具体的な全体像は図 2-4-5 のとおりである。

　虐待の根底には貧困が重要な要素になっていることを考えれば、この支援法

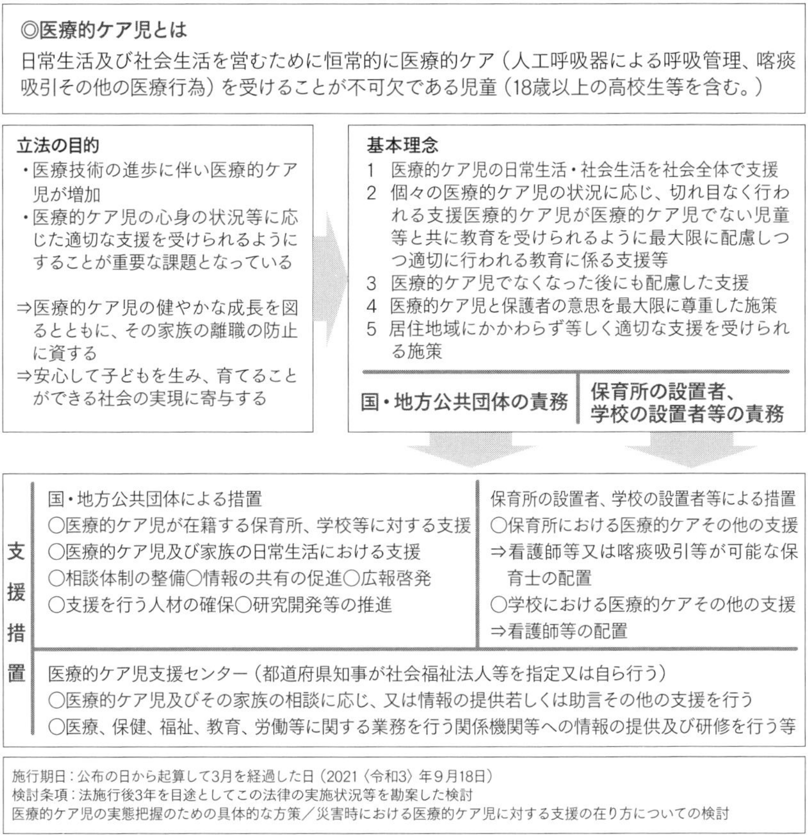

◎医療的ケア児とは
日常生活及び社会生活を営むために恒常的に医療的ケア（人工呼吸器による呼吸管理、喀痰吸引その他の医療行為）を受けることが不可欠である児童（18歳以上の高校生等を含む。）

**立法の目的**
- 医療技術の進歩に伴い医療的ケア児が増加
- 医療的ケア児の心身の状況等に応じた適切な支援を受けられるようにすることが重要な課題となっている

⇒医療的ケア児の健やかな成長を図るとともに、その家族の離職の防止に資する
⇒安心して子どもを生み、育てることができる社会の実現に寄与する

**基本理念**
1　医療的ケア児の日常生活・社会生活を社会全体で支援
2　個々の医療的ケア児の状況に応じ、切れ目なく行われる支援医療的ケア児が医療的ケア児でない児童等と共に教育を受けられるように最大限に配慮しつつ適切に行われる教育に係る支援等
3　医療的ケア児でなくなった後にも配慮した支援
4　医療的ケア児と保護者の意思を最大限に尊重した施策
5　居住地域にかかわらず等しく適切な支援を受けられる施策

**国・地方公共団体の責務**　　**保育所の設置者、学校の設置者等の責務**

| 支援措置 | 国・地方公共団体による措置<br>○医療的ケア児が在籍する保育所、学校等に対する支援<br>○医療的ケア児及び家族の日常生活における支援<br>○相談体制の整備○情報の共有の促進○広報啓発<br>○支援を行う人材の確保○研究開発等の推進 | 保育所の設置者、学校の設置者等による措置<br>○保育所における医療的ケアその他の支援<br>⇒看護師等又は喀痰吸引等が可能な保育士の配置<br>○学校における医療的ケアその他の支援<br>⇒看護師等の配置 |
| --- | --- | --- |
| | 医療的ケア児支援センター（都道府県知事が社会福祉法人等を指定又は自ら行う）<br>○医療的ケア児及びその家族の相談に応じ、又は情報の提供若しくは助言その他の支援を行う<br>○医療、保健、福祉、教育、労働等に関する業務を行う関係機関等への情報の提供及び研修を行う等 | |

施行期日：公布の日から起算して3月を経過した日（2021〈令和3〉年9月18日）
検討条項：法施行後3年を目途としてこの法律の実施状況等を勘案した検討
医療的ケア児の実態把握のための具体的な方策／災害時における医療的ケア児に対する支援の在り方についての検討

**図 2-4-5　医療的ケア児およびその家族に対する支援に関する法律の全体像**（厚生労働省，2021）

の立法の目的の一つである「家族の離職防止に資する」点はきわめて重要である。医療的ケア児を抱えた家族は昼夜子どもの世話で家から離れられず、そのため出生前まで就業していた職場から離職せざるを得ず、または再就職しょうにもさまざまな困難が待ち構えているために実現できないことが多い。そのため、まず医療的ケア児の日中の居場所を確保し、その間に家族が就業できる時間を作り、一家の収入増を図るとともに家族にとっても働くことで生きがいが感じられるようにする必要がある。

　さらにこれら医療的ケア児の日中の居場所作りについては、保育、学校や放課後児童クラブ等の施設において行う必要がある（図2-4-6）。しかし、医療的ケアが必要なため、これらの施設においては看護師を配置することが前提となる。そのため、マンパワー増強のために看護師の処遇改善、さらに医療的ケアの実技講習や知識の習得により、看護師のモチベーションを保つことが不可欠となる。

　さらにこの支援法の施行により、それぞれの各都道府県においてコントロールセンターとコーディネーター機能を持つ「医療的ケア児支援センター」を設立することとなった（図2-4-7）。現時点では病院内や重症心身障害児施設での設置などその進捗状況はさまざまであるが（厚生労働省, 2020）、いずれにしても支援センターは都道府県内の各地域において、実質的な支援に結びつける医療、福祉や教育等の資源について精通することが求められる。しかし、現時点でこれら支援センターに対する予算配分はきわめて不足しているため、十分な職員を配置できていないのが実情である。

　さらに日本では各都道府県において医療的ケア児等コーディネーターを養成

**図2-4-6　自治体が支援を拡充する必要のある施設**（フローレンス, 2021 を元に作成）

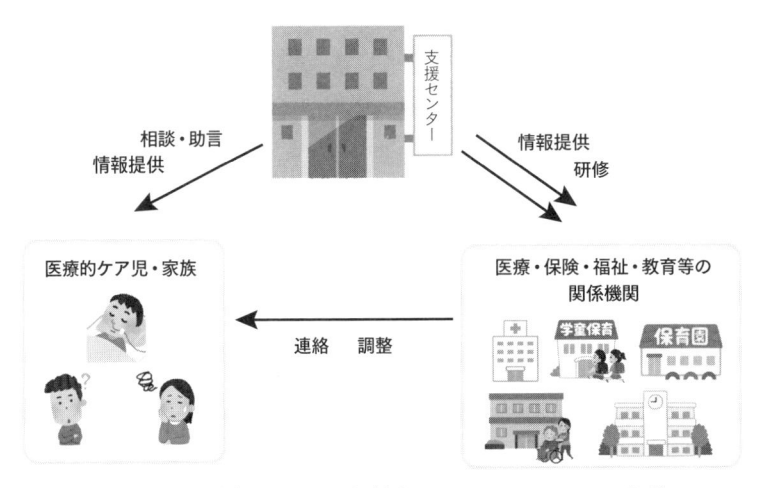

図 2-4-7 医療的ケア児支援センターの役割 (フローレンス，2021 を元に作成)

し、医療的ケア児の全般的なニーズに対応しようとしているが、地域における支援体制の整備についてはある程度機能しているものの、コーディネーターは必ずしも医療スタッフではないため、医療との連携においてまだそれほど親和性を示していないのが実際である。また、その研修プログラムを見ても、虐待についての講義時間はわずか 3 時間のみであり、実際に虐待ケースに遭遇した場合の対応はまだ未知数である。

# 結語

このように、医療的ケア児を地域で養育する家族の精神的、身体的な負担が過酷であるにもかかわらず、これら家族を支える訪問看護師の訪問時間がきわめて短いだけでなく、さらに家族が一時的に休息できるために児を収容する短期入所施設も少なく、児が後に成人した場合に利用しょうとする日中の生活介護施設も採算が合わないために受け入れが困難など、わが国の法的整備や施設やマンパワーの充実はきわめて不十分である。また、将来的に家族が老いた場合に、わが子を重心施設に入所させようにも空きベッドがほとんどないのが実情である。このような厳しい状況に置かれた家族にあっては、つい疲労と耐えがたい心理的負担のために、虐待やネグレクトに陥ってしまうリスクが常にあることを認識しなければならない。

その対応として、地域にあっては母子保健と障害福祉が合体したこども家庭センターや相談支援専門員がセーフティーネットとしての役割を果たし、医療的に専門性が高い場合は医療的ケア児等コーディネーターや支援センターがその役割を果たすこととなる。一方、ネグレクトや虐待が発生した時には家庭児童相談室から児童相談所へつながり、一時保護や緊急措置になるが、その流れにおいて医療的ケア児の場合、急速に体調が悪化することが予想されるため、緊急入院の病床確保も含め、きわめて迅速な動きが求められることを常に念頭に置かなければならない。

## ◆引用文献

Collen，R. J. & Komatz，K.（2020）．Children with Medical Complexity and Neglect: Attention Needed. *J Child Adolesc Trauma*, *3*, 293-298.

江原伯陽.（2009）．虐待防止の観点から見た周産期医療と地域小児科外来の病診連携，こどもの虐待とネグレクト，*27*, 305-312.

江原伯陽・長谷川功・金原洋治.（2013）．在宅医療実技講習会の試みと意義．周産期医学，*43*, 1421-142.

舟本仁一・江原伯陽他.（2017）．NICU や急性期病棟から在宅への移行を支援する中間施設に関する調査．日本小児科学会誌，*4*, 739-744.

Houlihan, B. V., Coleman, C. et al.（2024）．What Families of Children with Medical Complexity Say They Need: Humanism in Care Delivery Change. *Pediatrics 153 SUPPLEMENT ARTICLE, JANUARY 01.*

国立成育医療研究センター.（2014）．小児の死亡登録検証制度（東京都パイロット調査報告）

厚生労働省.（2012）．医療ネグレクトにより児童の生命・身体に重大な影響がある場合の対応について.

厚生労働省.（2018）．医療的ケアが必要な子どもと家族が安心して心地よく暮らすために——医療的ケア児と家族を支えるサービスの取組紹介．厚生労働の現場から.

厚生労働省.（2020）．医療的ケア児者とその家族の生活実態調査報告書．令和元年度障害者総合福祉推進事業．令和 2 年 3 月.

厚生労働省.（2021）．医療的ケア児及びその家族に対する支援に関する法律の全体像.

厚生労働省.（2022）．医療的ケア児支援センター等の状況について．令和 4 年度医療的ケア児の地域支援体制構築に係る担当者合同会議.

Mason，S. M. et al.（2018）．Hospital Data Shows Preterm Infants at High Risk for maltreatment in N.Y. 1995-2004. *Annuals of Epidemiology*, *28*, 590-596.

森俊彦・江原伯陽・舟本仁一他.（2014）．重症児の一般病院小児科における短期入所（入院）の実態と課題．小児科学会雑誌，*118*, 1754-1759.

中島朋子.（2024）．訪問看護の推進と質向上のための規模と機能の拡大に向けて．全国訪問

看護事業協会　訪問看護ニュース，*175*，10-11.

National Park Service. Disability History: The Disability Rights Movement. ARTICLE・DISABILITY HISTORY: AN OVERVIEW. https://www.nps.gov/articles/disabilityhistoryrightsmovement.htm

認定 NPO 法人フローレンス．（2021）．「医療的ケア児支援法」が可決　全国医療的ケア児者支援協議会が提言活動を行ってきた医療的ケア児支援が自治体の責務に．プレスリリース．https://prtimes.jp/main/html/rd/p/000000199.000028029.html

日本子ども虐待医学研究会・医療ネグレクトへの対応手引き改訂ワーキングチーム．（2013）．医療ネグレクトへの対応手引き　平成 25 年改訂版．p.4.

日本小児科学会 こどもの生活環境改善委員会．（2014）．子ども虐待診療の手引き 改訂第 2 版．

日本小児連絡協議会重症心身障害児（者）・在宅医療委員会．（2015）．NICU・PICU から在宅に移行する過程の中間施設について（米国施設長 Dr. W. James Silva からの考察）．日本小児科学会雑誌，*119*（9），1442-1445.

西留美子・田口（袴田）理恵．（2020）．在宅宅重症心身障害児の被虐待様場面に対して訪問看護師が情報提供ケースとして判断する実態と関連要因．小児保健研究，*79*，36-45.

Orkin，J. et al.（2020）. Toward an Understanding of Advance Care Planning in Children with Medical Complexity. Pediatrics. *145*（3）：e20192241.

田村正徳．（2017）．わが国の NICU が抱える喫緊の社会的課題．医学のあゆみ，260，Issue 3，201-207．医歯薬出版株式会社．

田村正徳・江原伯陽他．（2023）．動く医療的ケア児の見守りを重視した障害福祉制度の改訂に資する判定スコアの提言．日本小児科学会誌，*127*，611-617.

和久紀久・藤村正哲・江原伯陽他．（2007）．病院小児科の時間外診療と医師の時間外労働の現状について．日本小児科学誌，*111*，893-898.

# 第5章
# 障害児（当事者）の声を聴く
# アドボカシー活動

## はじめに

「私たち抜きに私たちのことを決めないで（Nothing about us without us）」というメッセージは障害者運動から生まれたが、障害のあるなしにかかわらず、子どもであるというだけで、その声を聴かれずに判断されたり、聴いても軽んじられ、時として不幸な結果を招いてしまうことが、今も、さまざまな場面で続いている。

障害のあるなしにかかわらず、すべての子どもが自分に影響を与えるあらゆる場面で意見を聴かれ、かつその意見が発達しつつある能力にしたがって尊重されなければならない。そのためにも子どもには、意見表明を容易にするあらゆるコミュニケーションの方法や合理的配慮など、その環境が整備されるべきであることは言うまでもない。

## 1. 子どもの意見聴取等の仕組みの整備

児童虐待については、児童相談所への虐待相談対応件数は、一貫して増加を続けている。2018年東京都目黒区で女児が虐待により死亡する事件や、2019年千葉県野田市において、関係機関が関わり女児の訴えを聴取していながら児童虐待により女児が死亡する事件が発生するなど、多くのかけがえのない子どもの命が失われている。

こうした状況を受け、厚生労働省において児童虐待防止対策の一環として、

子どもの権利擁護を推進するため、子どもの保護および支援にあたって、まずは社会的養護のもとで生活している子ども等の意見表明権を保障する仕組みのあり方について、2019年度にモデル事業を実施しながら検討が行われた。

　具体的には、子どもの意見表明権の保障のあり方、権利擁護の仕組みのあり方等を検討し、目指すべき方向性を整理するため「子どもの権利擁護に関するワーキングチーム」（以下、ワーキングチームという）が厚生労働省に設置され、以下の3点を含む取りまとめが公表された。

①都道府県等（指定都市及び児童相談所設置市を含む）が在宅指導・里親委託・施設入所・指定発達支援医療機関への委託の措置を採る場合には、子どもの年齢等に合わせた適切な方法によりあらかじめ子どもの意見を聴取しなければならないことを児童福祉法に規定するべきである。また、これらの措置の停止、解除及び他の措置への変更を行う場合や、措置の期間を更新する場合についても、同様に子どもに与える影響は大きいものであり、あらかじめ意見を聴取しなければならないこと。

②具体的には、児童福祉法上、都道府県等は、意見表明を支援する者の配置など子どもの意見表明を支援する環境の整備に努めなければならない旨を規定するべきであること。

③権利救済の仕組みとして、児童福祉審議会を活用した権利擁護の仕組みを都道府県等が構築に努めなければならない旨を規定すべきであること。

　紹介した3つの事項を含むワーキングチームで取りまとめられた内容については、社会保障審議会児童部会社会的養育専門委員会（以下、養育専門委員会という）においても議論がなされた後、権利救済の仕組みについては努力義務から義務化に修正された内容が報告書に盛り込まれた。

　ワーキングチームの取りまとめの内容や養育専門委員会の報告書等をふまえ、2022（令和4）年6月に成立した改正後の児童福祉法では、社会的養護のもとで生活している子どもの権利擁護にかかるさまざまな取り組みが規定された。都道府県等も、児童の意見聴取等の仕組みの整備などを推進することとされ、特にこの改正では以下の①〜③の3点が新たに定められた。

　都道府県等においては、引き続き、子どもの権利擁護の取り組みを推進するため、①子どもの権利擁護の環境整備を行うことを都道府県等の業務として位

置づけ、②都道府県知事又は児童相談所長が行う措置等の決定時において、子どもの意見聴取等を行うこととし、③子どもの意見表明等を支援するための事業（以下「意見表明等支援事業」）を制度に位置づけ、その体制整備に努めること、と規定された。

「意見表明等支援員養成のためのガイドライン（以下ガイドラインという）」（こども家庭庁, 2023）において、「意見表明等支援事業」とは、「児童相談所長等の意見聴取等措置の対象となっている児童の施設入所等の措置や一時保護の決定等を行うことに係る意見又は意向や、施設入所等の措置が採られている児童等の当該措置における処遇に係る意見又は意向について、児童の福祉に関し知識又は経験を有する者（意見表明等支援員）が、意見聴取等の適切な方法により把握するとともに、これらの意見又は意向を勘案して児童相談所、都道府県その他関係機関との連絡調整その他の必要な支援を行う事業」といった内容で規定（児福法第6条の3第17項）された、と説明している。

なお、この意見聴取等措置の対象は、乳幼児や障害児等も含めたすべての子どもであり、意見や意向として言葉を発することが困難な子どもについては、いろいろなコミュニケーションツールやガイドヘルパーの配置といった合理的配慮など、あらゆる適切な方法や支援を検討し、実施することによって、その意向をくみ取ることをしなければならないことを意味している。

## 2. 障害児（当事者）の声を聴く<br>アドボカシー活動（意見表明等支援事業）

意見表明等支援事業とはいわゆるアドボカシー活動であると考えられる。ここでは、すべての子どもアドボカシー活動について述べるなかで、障害児（当事者）の声を聴く取り組みについて触れることとする。

### (1) 子どもアドボカシーとは

「子どもアドボカシー」とは、子どもが自分で意見表明することができる場合には、その意見を聴いてもらえるよう環境を整備すること。また、子どもが充分に意見形成・表明することができにくい場合には、支援すること。そして、子どもが意見を表明することが困難である場合には、子どものために擁護・代

弁することである。

　アドボカシーについて具体例を挙げて説明してみる。火事や地震があって家に閉じ込められ、本人が声を上げることができない場合、発見した人が「大変だ、誰か来て、助けて！」と声を上げること。暴力やいじめ、あるいは虐待などを受けている子どもを発見した時、その子どもに代わって「助けて下さい」と通告するなど声を上げること。そして子どもを勇気づけエンパワメントすること。このように相手に声が確実に届くように「声を上げること」、そしてその実現に向けて支援することがアドボカシーである。子どもアドボカシーとは、端的に言えば、意見表明権など子どもの権利を擁護し保障する活動である。

## ①アドボカシーの2つの分類

　大別すると「個別（ケース）アドボカシー」と「システムアドボカシー」に分類できる。

　「個別アドボカシー」は、その個人の必要なニーズなどに対して、最も適切で最善の利益が得られるように、その権利を擁護し、エンパワメントする活動である。

　「システムアドボカシー」は、子どもや利用者の権利を擁護するために、法律・制度政策などの整備や充実強化および行政機関・児童福祉施設などの柔軟な対応や変革を求めて、社会的な課題などを解決・軽減する活動である。

## ②個別アドボカシーの種類

　こうした子どもの声を聴き、意見形成・意見表明の支援や代弁をし、子どもをエンパワメントする個別アドボカシーは、基本的に、①セルフアドボカシー、②フォーマル（制度的）アドボカシー、③インフォーマル（非制度的）アドボカシー、④ピアアドボカシー、⑤独立（専門）アドボカシーの5つの種類に分類されている（図2-5-1）。

　①のセルフアドボカシーとは、端的に言えば、子ども自身が、自分の権利や利益、自己実現など自分が必要としている人間的な要求や支援などを得ることができるように、自ら主張することである。

　子どもは、セルフアドボカシーを形成することが大切であり、このセルフアドボカシーの形成は他の4種類のアドボカシーの基本方針である。

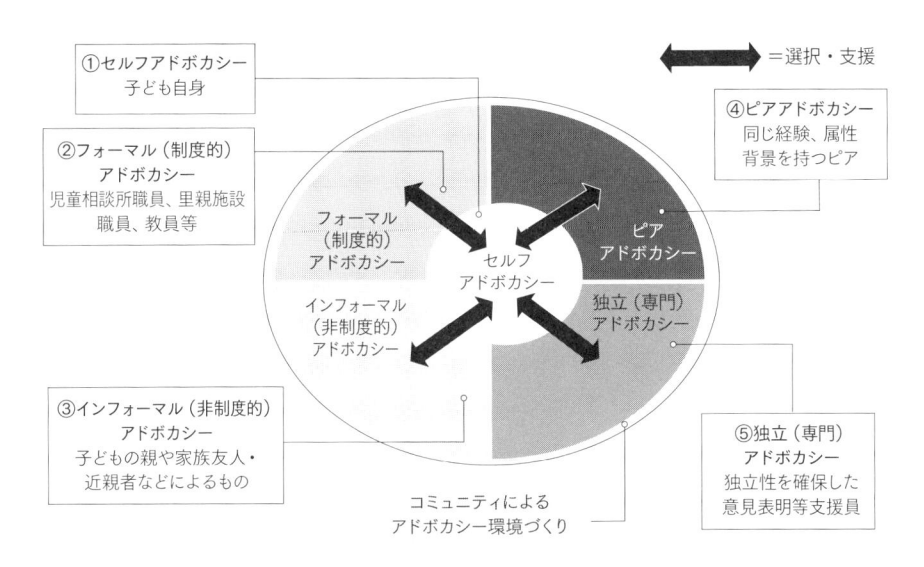

図 2-5-1　個別アドボカシーの担い手と種類〜すべての国民がアドボカシ―の担い手
（WAG, 2009 より改変）

　②のフォーマル（制度的）アドボカシーとは、児童相談所の職員や里親・施設職員、教員等、子どもの相談援助や支援、教育などの業務に従事している専門職員によるアドボカシーであり、専門性を持っているので適切なアドバイスを得られやすい。

　しかしながら、ケースワーカーやケアワーカーなど関係機関の専門職員などは、専門職としての立場から、子どもの最善の利益を優先して考慮することに努めている。そのため、たとえば、家庭で虐待を受けていたために一時保護した子どもから「今すぐにでも家に帰りたい」という意見表明があっても、子どもの願いや希望をかなえることができない場合もあり得る。

　「障害児入所施設及び障害児通所支援事業所を利用する障害のある子どもの権利擁護、意見形成支援・意見表明支援のための手引き（案）（以下「障害児手引き案」という）」の中で、障害児の施設・事業所でのフォーマルアドボカシーの基本的な考え方について次のように説明している（みずほリサーチ&テクノロジーズ, 2023b）。

・職員によるアドボカシーの実践は、子どもとの信頼関係構築、子どもが表出することの傾聴、遊びや豊かな活動等を通じて経験を積み重ねながら子ども

が権利について学んでいくことが土台となる。

・日常の遊びや活動、生活場面の中で、子どもが表出したことに応答し、子どもが受けとめられたと実感し、また表出したいと思えるようなコミュニケーションの繰り返しの中で、子どもの主体性の回復を図りながら意思表出を支援することが大切である。

・育まれた意思が言葉やそれ以外の方法で表出されるよう、工夫して意見形成支援を積み重ねていくことが大切である。

・子どもの形成された意見を言語化し、子どもにその内容を必ず確認した上で、子どもに代わり代弁することなどにより意見表明支援を行っていく。

・子どもが表明した意見を実現していくよう努め、子どもが自ら判断し行動することを支えていくことが重要である。

・子どもが表明する意見と、職員がその子どもの最善の利益と考えることに相違が生じる場合もあるが、職員は将来も見据えた子どもの最善の利益を考え、支援することも少なくない。

・そのようななかでも、子どもの意見を否定せず、意見を受容し傾聴してくれる存在が必要である。施設・事業所内で各職員が役割分担を行い、もしくは外部の大人が意見表明等支援員（アドボケイト）となり、子どもの意見を保障することが必要である。

・障害のある子どもの中には表現することが難しい子どもや、表現をしていても本人の意図とは違う言葉遣いになってしまう等の子どももいる。その都度子どもに意思を確認することが必要である。

・その際、大人主導の誘導的な関わりになりやすいことを職員が意識し、子どもに確認を行っていくことが重要である。

・これらの信頼関係構築から意見表明支援までのプロセスは、常に繰り返されることで子どもの自己肯定感や自尊心の向上につながり、子ども自身が困難な課題に直面した際にも、自分ならできるという自己効力感をもって対応することができる。

・また、子どもが本来持っている力が湧き出され、自分らしく生きていくというエンパワメントにつながっていく。子ども自身が考え、それを周囲に表明できるセルフアドボカシーの実現につながっていくものである。

　ここで、放課後等デイサービスでの実践（朝日新聞 2023 年 12 月 18 日付記事）

について紹介する。

## 「子どもの声に、とことん寄り添う」 大分市の放課後等デイサービス

どんな障害があっても、幼くても、子どもの声に耳を傾ける——。徹底した「子ども主導」で支援する児童発達支援・放課後等デイサービスが大分市にある。特性やこだわりが強く、子どもの意見を尊重する「子どもアドボカシー」は難しいと言われる知的障害や発達障害のある子どもたちの成長を、丁寧な関わりで引き出している。

### こだわり受け止め、成長促す「こうあらねばならぬ」捨てて

「子ども主導」の支援をするのは、合同会社 KEYZ が運営する「シンパシー＆エンパシー」だ。2 歳以上の未就学の子どもが対象の児童発達支援事業所「シンパシー」や、小１〜高３が対象の放課後等デイサービス「エンパシー」などを展開する。

午後１時、幼稚園に行っていたタケシさん（6）とアキさん（5）がやって来た。

始まりの会が終わると、タケシさんは「DA　PUMP」の曲をかけてもらい、キレキレのダンスを披露。部屋の隅ではアキさんが折り紙をする。「終わったらアキも踊る〜」。タケシさんはその後、ボルダリングが設置された壁によじ登った。

「シンパシー」では毎日の活動メニューを子どもが自分で決める。

子どもが「いやだ！　遊びたい」と言った場合も、「そうやなあ。遊びたいな」とまずは子どもの思いを受け止める。次に「せっかく来てくれたから訓練頑張ってほしいな。格好良いところ見せてほしいなー」などとお願いすると、2、3歳でも「やってあげようかな」となるという。

代表の一宮宜枝さんは「大人が受け止めてくれると、子どもは次は頑張ろうとなる」と話す。「親にも職員にも、『こうあらねばならぬ』は捨ててくださいと言っている」

タケシさんは通い始めたころ、すぐに他の子に手が出る子どもだった。

一宮さんは、いきなり「ダメ」というのではなく、なぜその行動をとったのかを尋ね続けた。タケシさんは「おもちゃを貸してほしかった……」などと理由を話し出す。「そうやったんやね」。一度受け止めた後に「人をたたいてタケ

シさんが悪い子と思われるのは悲しいよ」と伝える。

　さらに「タケシさんにはたくさんいいところがあるのにね！」と語りかける。言葉で表現することも教え、貸してほしかったら「貸して」と言ってみようと働きかけた。

　そうした対応の繰り返しで、タケシさんは少しずつ成長を見せる。

　一宮さんは「子どもの行動には理由がある。そして、子どもにも説明が必要。問われるのは大人だ」と強調する。

　一宮さんがシンパシー＆エンパシーを開設したのは昨夏。以前はスクールソーシャルワーカーだったが、子どもの声を大切にした対応をすると、教育委員会や校長などから「子どもに寄り添いすぎではないか」などと疑問を投げかけられることもあった。限界を感じ、自分で子どもの居場所を作ることを始めた。

　放課後等デイに週３回来るヤマトさん（11）は、友だちにあおられて手を出すことが多く、これまでは自分ばかりが怒られていたという。「ここではけんかがあったとき、話をちゃんと聞いてくれる。悪かったと思えることは謝れるようになった」と話す。

　シンパシー＆エンパシーは、職員が毎日６人以上勤務する。通ってくる子どもは10人ほど。職員体制は手厚い。

　「子どもの気持ちを聞く大人がいるかどうかで、子どもは変わる。大人も子どもも対等に関われる居場所と、大人が子どもの力を信じることが大切です」。一宮さんは力を込めた。（カタカナの名前は仮名です）

編集委員・大久保真紀

　③のインフォーマル（非制度的）アドボカシーとは、親、家族、友人、近所の人などより身近な存在によるアドボカシーなので、相互によく知っている関係であり日常的に相談しやすい。

　一方で、保護者が「子どものことについて一番理解しているのは自分だ」という思いや考えから、子どもの意向・意見を聴かずに、勝手に解決してしまうような対応を取ってしまうなどの問題が生じることもある。

　④のピアアドボカシーとは、社会的養護の経験者同士、障害のある子ども同士、いじめを受けた経験がある子ども同士など、子どもと類似の経験・属性・背景を持つピア（仲間）によるアドボカシーである。

　子どもにとって自分の気持ちや意見を話す相手がピアであることは、他者よ

りも深い共感が得られたり、問題をいち早く理解してもらえたりすることにつながりやすく、経験からの具体的な助言を受けられる面もある。

　しかし、ピアがアドボカシーについて理解していなければ、「自分も類似した経験があった。その時はこのように対応して解決したので、同じように対応すれば大丈夫だよ」と、子ども本人の声を聴かずに自分の経験を押し付けてしまう可能性もある。

　⑤の独立（専門）アドボカシーとは、独立性を確保した「マイク」のような役割を果たす担い手である「意見表明等支援員（アドボケイト）」が意見形成支援・意見表明支援をするアドボカシーである。

　独立（専門）アドボカシーは、他のアドボカシーとは違い、面談する相手が身近な存在ではないからこそ、権利侵害を受けた場合など学校の先生や保護者、施設職員から聴いてもらえない内容や身近であるために話しづらい内容などについて、相談しやすいというメリットがある。

　しかしながら、意見表明等支援員（アドボケイト）は身近な存在ではないので、子どもへの周知やアクセスが難しいという問題がある。

　なお、意見表明等支援員とは、簡単に言えば、子どもの指示や求めに応じて、子どもの意見・意向をさまざまな方法で聴き、意見形成や意見表明を支援するとともに、子どもが望む場合は子どもに代わって発言する支援者を言う。

　ここまで、セルフアドボカシー形式を方針とする②〜⑤の4種類のアドボカシーについて説明してきたが、それぞれにメリット・デメリットがあり、4種類のアドボカシーのうちで、どのアドボカシーが優れているというのではなく、それぞれのメリット・デメリットを認識して、子どもが自ら主体的に選択できるように環境を整備することが必要なのである（図2-5-2）。

### ③アドボカシーの担い手であるすべての国民によるアドボカシー環境づくり

　子ども自身がセルフアドボカシーを形成するためには、相互補完的な関係性にある他の4種類のアドボカシーの仕組みが確保され、子どもがそれらの中から必要な支援をいつでも利用できる環境を整備することによって達成されると考えられている。

　子どもは、自身のニーズに基づき、4種類のアドボカシーから選択して、支援を受け意見表明することによって、可能な限りニーズを満たすとともに、セルフアドボカシーを形成することが大切である。

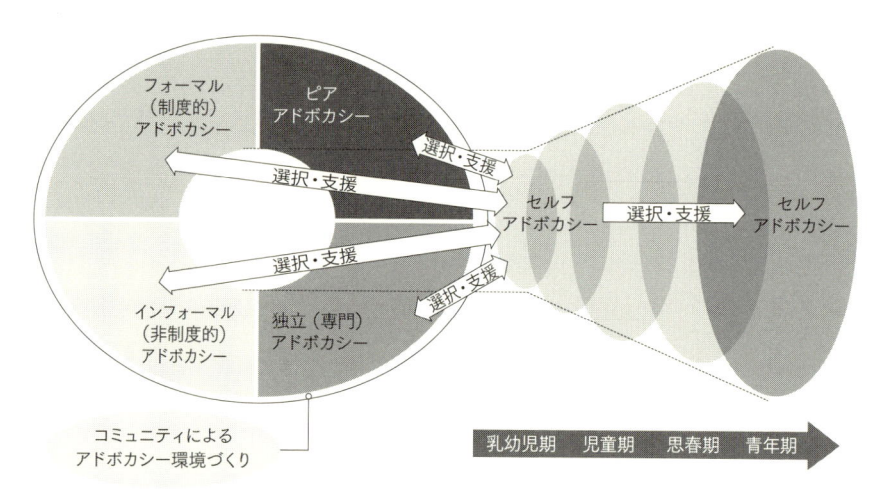

子どもは、自身のニーズに基づき、4種類のアドボカシーから選択して、支援を受け意見表明することによって可能な限りニーズを満たすとともに、セルフアドボカシーを形成することが大切。
このセルフアドボカシーの形成は4種類のアドボカシーの基本方針。4種類のアドボカシーのうちで、どのアドボカシーが効果的で優れているというのではなく、そのメリット・デメリットを認識して子ども自身が選択できるようにすることが必要。

**図2-5-2 セルフアドボカシーの形成過程**（筆者作成）

　アドボカシーの担い手であるすべての国民によって、このような総合的かつ持続可能なアドボカシー環境づくりが求められているのである。

### ④独立（専門）アドボカシーを実践する上での基本原則

　独立（専門）アドボカシーは、意見表明等支援員が実践する意見形成・表明支援などであり、「アドボカシーに関するガイドライン案」では、実践をするにあたって、特に重要な事項（①エンパワメント　②子ども中心　③独立性　④守秘　⑤平等　⑥子どもの参画）を6点抽出して「基本原則」と位置づけ、次のように述べている（表2-5-1）。

### エンパワメント

　適切なアドボカシーの実践はエンパワメントに結びつく。子どもが自分の生活など自己に影響を及ぼす事項に関する決定の主導権を得られるように支援することで、子どもの自己肯定感や自尊心を高め、子ども自身が取り組もうとしている困難な課題に対する「できそうだ」という自己効力感を高めることができる。

表 2-5-1　独立（専門）アドボカシーを実践する上での基本原則
（三菱 UFJ リサーチ＆コンサルティング，2020）

| 原則 | 概要 |
| --- | --- |
| エンパワメント | 子どもが自分の生活など自己に影響を与える事項に関する決定について、主導権を得られるよう支援し、自己効力感などを高められるようにする。 |
| 子ども中心 | 子どもの権利及び関係する情報を子どもに伝え、子どもの指示と同意のもとで行動する。 |
| 独立性 | 他の組織や個人から組織運営面でも活動面でも独立しており、子どもの権利のためだけに活動する。 |
| 守秘 | 子どものプライバシー権を尊重した方針を子どもに分かりやすく説明し、子どもの同意なしに開示や提供を原則行わない。 |
| 平等 | 子どもが年齢、性別、人種、文化、宗教、言語、障害、性的指向などによる差別を受けないように支援する。 |
| 子どもの参画 | 行政の決定や子どもに提供されるサービス内容などに、子ども自身が関わることを促す。 |

### 子ども中心

「子ども中心」の基本原則は、子どもが権利を行使する主体であることを明確に定めたものである。意見表明等支援員が活動するにあたっては、子ども自身の「こうしてほしい」という意見や希望に基づき活動し、適宜その活動について子どもが同意する必要がある。つまり、意見表明等支援員は子どもの意見に基づいて行動すること、子どもが選択を行う権利を持ち、敬意を持って意見を尊重し考慮される子どもの権利を守ることを確実に履行すべきである。

### 独立性

「独立（専門）アドボカシー」という呼称が示すように、独立性は意見表明等支援員の活動の前提条件となる。意見表明等支援員が子どもへのアドボカシーを適切に提供できるのは、意見表明等支援員が子どもの権利のためだけに行動し、他の利害との葛藤や脅威にさらされていないと子どもが確信している時だけである。そのため意見表明等支援員は、子どものものではない（意見表明等支援員自身や他の関係機関・関係者などの）意見や優先順位によって活動してはならない。

### 守秘

アドボカシーでは、守秘は原則であり、子どもが秘密が守られると感じられることが、信頼関係形成の基盤になる。意見表明等支援員が有効なアドボカ

シーを実践する上で、守秘に対する子どもからの信用は不可欠である。子ども
が話したことが、知られたくない誰かに伝わってしまうと感じると、子どもは
意見表明等支援員に重要な内容を話さなくなる。

　ただし、いじめや虐待を受けていたり、非行などの法律に違反する行動をし
ていることが判明した場合、意見表明等支援員も、法律に基づいて児童相談所
などに通告しなければならない。また、子どもの生命が危険にさらされている
場合など重大な侵害が及ぶ懸念がある時は、意見表明等支援員としての守秘義
務の限りではない。この点について意見表明等支援員は、子どもと接触する最
初の段階で合意を得ておく必要がある。


### 平等

　基本原則としての「平等」は、表 2-5-1 に示した内容に加えて、アドボカ
シー実践におけるアクセス機会の保障であり、合理的配慮としても位置づけら
れている。特に、乳幼児や障害児も意見表明等支援員によるアドボカシーが利
用できるよう、特段の対応が求められる。


### 子どもの状態像に対応した配慮

　「障害児手引き案」では、子どもの状態像に合わせた配慮について、下記の
とおり述べられている。


〈障害特性に対する合理的配慮〉
　　知的な障害のあるこどもには、非言語的な絵カードや身振り手振りサイ
　ン等でこどもが表出できるよう配慮する。伝える場合は、非言語な絵カー
　ドや身振り手振りサイン等の他、模倣をするなどしてこどもに伝える。こ
　どもの話を聞く時、伝えるときは、こどもの顔を見て、話し、ゆとりや見
　通しをもっている安心している場面で伝えるようにする。言葉で伝えられ
　ると覚えられないことがあるので、メモ等常に確認できる形で伝える。安
　心しているときに、絵カードやサインについて遊びながら、身に付けられ
　る機会を設けていると良い。言語で伝える時は、具体的に一つずつ伝える。
　　発達障害のあるこどもには、予定等の見通しを分かりやすくしたり、感
　覚の特性（感覚の過敏や鈍麻）に留意し、安心できる環境づくりが必要で
　ある。見通しを持つためには、1 つずつ伝えたり、1 番目・2 番目という

ように順番に伝える。言葉で伝えられると覚えられないことがあるので、メモ等常に確認できる形で伝える。気になる予定や視覚や聴覚等の感覚から入る情報がある場面は避け、話すこと、話していることに集中できる場を準備する。言語で伝える時は、具体的に一つずつ伝える。

　**視覚に障害のあるこども**には、聴覚、触覚及び保有する視覚等を十分に活用しながらコミュニケーションが行われるように配慮する。仕草、ジェスチャー、点字等、こどものコミュニケーション手段に合わせる配慮をする。

　**聴覚に障害のあるこども**には、保有する聴覚や視覚的な情報等を十分に活用しながらコミュニケーションが行われるように配慮する。サイン、ジェスチャー、手話等、こどものコミュニケーション手段に合わせる配慮をする。

　**精神的に強い不安や緊張を示すこども**に対しては、活動内容や環境の設定を創意工夫する必要がある。こどもにとって信頼できる職員が一緒に活動しながら場に慣れていく、人の広がりを持つ等の配慮が必要である。少人数でゆったりと落ち着いた受容的な環境を用意することが必要である。事前に練習しておく等の配慮も必要である。

　**病弱・身体虚弱のこども、医療的ケアが必要なこどもや重症心身障害のあるこども**には、病気の状態等に十分に考慮し、休息等を取り入れる等、こどもに負担がないような配慮が必要である。（以上の6項目は「児童発達支援ガイドライン」をもとに作成）

　**重症心身障害のあるこども**には、重度の知的障害及び重度の肢体不自由があるため、意思表示の困難さに配慮し、こどもの小さなサインを読み取るように努める。音声の他に目や表情、筋緊張の状態変化などかすかな表出になる場合が多く見られる。生理的指標（酸素飽和度・心拍数・血圧・体温・脳波・筋電図など）を表出として利用する場合がある。視線入力意思伝達装置、バイタルサインによる会話等、ICTを活用して表現を促したり、遊び等を通じて表出されるサインを読み取るように努める。

　**複数の種類の障害を併せ有するこども**に対しては、それぞれの障害の特性に配慮した支援が必要である。

〈トラウマを受けたこどもに対する配慮〉

　トラウマを受けたこどもには、強いストレス経験や衝動的な経験をしてきたことにより、生じているかもしれない不穏状態や不安・緊張状態に注意を向け気付くように心がけ、こどもにとっての安全、安心な環境を整える配慮をする。

　こどもの目の前の言動は、そのこどもが出さざるを得ない言動であり、こどもの言動の背景にある思考、気持ちを理解する必要があるが、簡単なことではなく、職員間や外部の専門家を招いて、ケースカンファレンス等を開き、チームでこどもの状態像の検討・理解を進めるように心がけるなどの仕組みが必要である。こどもを理解し、職員も支援技術などを身に付け、こどもとの肯定的な関わり、ストレングスの視点でのコミュニケーションなどを心がける。

### 非指示的アドボカシー

　乳幼児や障害児など、実際には明確な言語的指示などによる意見表明が困難な子どもに対しては、意見表明等支援員は、代弁（提案）をすることになる。子どもはどのような内容や方法での代弁を望んでいるのか、下記の表 2-5-2 で示したような非指示的アドボカシーの実践過程において理解し確認した上で、代弁することが求められている。

　具体的には、障害がある子どもなどに対して、可能な限りその子どもが意思

**表 2-5-2　乳幼児や障害児などのための非指示的アドボカシー**
（ダリンブル, 2013；堀, 2011 をおもに参照）

| 人間中心的アプローチ | 人権基盤アプローチ | 観察アプローチ | 最善の利益アプローチ |
|---|---|---|---|
| 中心的な方法 | 補助的な方法 | 補足的な方法 | 補足的な方法 |
| 子どもと共に時間を過ごし子どもと意見表明等支援員の間で信頼関係を構築し、子どもの生活スタイルや選好などを理解し、それらをもとにその子どもの意志を推察してアドボカシーをする。 | 子どもの権利の擁護、保障を目的に法令に基づいてアドボカシーを実施する。 | 子どもの状態を理解するために様々な場面を観察すること、特に問題が発生している場面など生活に支障をきたしているような状況についてじっくりと観察し、何を訴えたいのか、その原因は何かなどを探っていく。 | 子どもの最善の利益の実現を目指して実施するものである。 |

「人間中心アプローチを基本としながら、4 つのアプローチの中から、その子どもの状態や特性などにマッチするアプローチを活用し、非指示的アドボカシーを実施することが、肝要である。

表出できるよう、手話、トーキングエイド、文字盤、絵カード、マカトンなどのさまざまな方法を用いたり、手話通訳、ガイドヘルパーの活用など合理的配慮や支援を行うことが必要である。

障害のあるなしにかかわらず、子どもの表現方法は多様であり、その場面や状況において、言語的コミュニケーションのみならず、立ち居振る舞い、しぐさ、様相、泣き方などの行動、態度、表情といった非言語的コミュニケーションに対しても理解することが必要である。

そのためにもそのコミュニケーションを的確に記録し続けることが必要である。その上で、同様な場面・状況での様子を関連づけて検討することで、何を意味するサインか、何を訴えたいのかに気づける場合が少なくない。

あらゆる手段を駆使するなど最大限の努力を払ってもその子どもの意思表出が困難な場合には、「最善の利益」（best interest）ではなく「意思と選好の最善の解釈」（best interpretation of will and preference）に基づいてアドボカシーを実施することが求められている（国連・障害者権利委員会一般的意見第1号）。

### 子どもの参画

アドボカシーでは、意見表明等支援員をはじめとするすべての関係者に、子どもを一人の人間として尊重し、権利の主体として位置づけることを求めている。小さなことであっても、子どもの意思表示や自己決定を促し、成功体験を積み重ねることで、アドボカシーの基本方針であるセルフアドボカシーの達成が可能となる。

### ⑤実践上の原則——障害児の声を聴き尊重する技術・態度としての「確認」

障害のある子どもにアドボカシーを実践していく上で重要な実践上の原則の一つは、子どもへの「確認」である。「障害児手引き案」において、「具体的な実践において、原則として確認書という書面にて確認をしている自治体があるように、子どもの指示と同意のもとで行動することを的確に実施するためには、実践上において、子ども本人への丁寧な確認は必須だからである。障害のある子どもの中には表現することが難しい子どもや、表現をしていても本人の意図とは違う言葉使いになってしまう子ども等もいるため、入念な確認が必要である。この『確認』を意識し実践することで、大人主導の誘導的な同意取得を防ぐことになり、子どもの指示や求めに基づき子ども主導の独立アドボカシーが

展開されることにつながる。」と、「確認」の重要性を位置づけている。

　アドボカシー活動をしている意見表明等支援員（アドボケイト）の中には、確認といえば、「子どもの権利擁護スタートアップマニュアル（案）」（以下「マニュアル案」）（みずほリサーチ＆テクノロジーズ, 2023a）に「誰に何を伝えたいか、意見を伝える場面にアドボケイトも同席してほしいか等について、子どもに確認書を書いてもらう。」ことや「児童相談所等の関係機関から子どもに対して適切な対応やフィードバックが実施され、子どもがその説明に納得しているかを確認することが求められる。」と書かれているように、意見表明内容や意見に対するフィードバック内容などの確認として認識している人がいるかもしれない。

　しかしながら、ここで取り上げる「確認」とは、それだけではなく、傾聴などコミュニケーション全般における「確認」である。アドボカシー実践において、その生命線とも言えるのが子どもとのコミュニケーションの質である。そのコミュニケーションの質に深く関係しているのが確認するという技術や態度である。

### 子どもの権利を尊重する行為としての確認

　「ガイドライン」（こども家庭庁, 2023）に「いつ・どこで・誰が・何を・どのような方法で・どのような支援を受けて表明するか / 等、子どもの考えを詳しく確認します。」と述べられているように、子どもから思いや意見を聴いた際に、その内容を的確に理解しているのか判断するためには確認が必要になる。

　コミュニケーションは双方向であり、障害のあるなしにかかわらず、一人ひとりの子どもの声をしっかりと傾聴して、その子どもの思いや意見をより深く理解しようとすればするほど「確認」は求められている方法でありプロセスである。ましてや障害のある子どもや乳幼児期の子どもの思いや気持ちをより的確に理解しようとすれば、非指示的アドボカシーやさまざまな方法を駆使して確認することが必要であることは明々白々である。

　こうした確認は、子どもの権利を尊重している行為に他ならない。

### セルフアドボカシーの形成を促進するための確認

　子どもは変化する存在であるからこそ確認は重要になる。「後から考えが変わった」や「言い残したことがあった」など、子どもにはもう一度考え直すことができるということを含めた確認が大切なのである。こうした確認の過程に

おいて、子どもは再度自分の思いや気持ちを見つめなおし、自分に向き合い、自分と対話することを通して、より豊かなセルフアドボカシーを形成していくことにつなげていく。

確認を通じて、子どもが自分自身の意見や感情を表現し、それを理解する力が育まれる。子どもが自分の気持ちを認識し、それを適切に表現できるようになることは、セルフアドボカシーの形成を促進する。

### 子ども主導を確保するための確認

また、こうした確認は、子どもに意見表明内容などについての決定を求めるものであり、子どもが権利の主体として取り組むことを意味しているとともに、子どもの同意のもとで行動するといった子ども主導・中心の原則を具体的な実践の場で具現化している態度でもある。したがって、自明のことではあるが「子ども本人に『ひとこと』確認した」「ひと言確認しておく」として進めるような形式的で簡便化した軽薄な確認ではない。「子どもの同意のもと行動すること」をより明確にするための確認である。意見表明等支援員はマイクのような役割を確実に果たそうとするからこそ、あたりまえのこととして子どもへの丁寧かつ慎重な確認をすることになるのである。

### 子ども自身がエンパワメントするための確認

確認は「あなたは大切な存在」であるというメッセージの一つでもある。意見表明等支援員がパートナーシップに基づき、子どもそのままのありよう（being）を尊重し、一つ一つの思いや意見について表明支援をしようとすれば、確認は意識せずとも意図せずとも生じる態度であろう。「あなたは大切な存在」であるというメッセージとしての確認をしながら意見形成支援や意見表明支援をし続けることが大切であり、こうした過程を通して、子どもはエンパワメントし、「自分は大切な存在」であると思えるようになっていく。つまり自己肯定感を高めていくことになるのである。真に自己肯定感や自己評価が高くなれば、他者を頼ることが可能になり、セルフアドボカシーの形成に結びつく。

### アドボケイトの独立性を確保するための確認

子どもの意見を尊重し最優先に考えることを保証するため、意見表明等支援員が子どもに対して実施する子どもの意見表明の内容ついての確認や、相手に

その内容がそのまま伝えられることやその方法についての確認は、その子ども
の指示と同意のもとに異議を唱えたり、理由についての説明を要求したりする
役割を担うこと、および子どもの目線で、その子どもの意見を伝達し続けるこ
とを意味しており、利害関係者など外部関係者からの圧力や影響を受けずに、
その独立性を確保することに結びつくのである。

### アドボケイトの守秘義務を確保するための確認

「マニュアル案」において「意見表明等支援員は、子どもとの面談の際に、
話したことのうち、何を児童相談所等に話し、何を秘匿にしてほしいかを子ど
もに確認する必要がある。」と指摘しているように、子どもと守秘内容につい
て確認し合うことによって守秘義務を確保することができる。

守秘義務の尊重は、子どもがセルフアドボカシーを展開する際の重要な条件
である。確認によって子どもが自分の意見や感情を自由に表現できる環境が提供
されると、子どもはセルフアドボカシーの能力を発展させることがしやすくなる。

### 平等を確保するための確認

乳幼児や障害児などが表明した内容を理解しにくい場合、支援員は、子ども
中心の原則に基づきその子どもの主体性を尊重しつつ、丁寧に聴き返したり、
図や絵を描いたり人形を用いて遊んだりしながらコミュニケーションを図り、
その内容を理解できるまで諦めずに理解しようと確認する。その行為は、一人
一人の理解の質の平等を確保することにつながる。

異なるニーズを持つ子どもに対して、理解するために丁寧に行う確認は、公
平で差別のない取り組みにつながる一つの実践方法になる。

### 子ども参画を保障するための確認

個々の子どもに応じた説明から始まり、傾聴、意見形成・表明、フィード
バックを経て終結までの過程で、その場面ごとに実施される丁寧かつ慎重な確
認は、子ども参画を保障することにつながる行為なのである。

確認は、子どもが表現しづらい状況など、子どもが意見を表明する際に直面
する可能性のあるバリアを排除する役割を果たし、子どもが無理なく参画でき
る状況を作り出す行為である。

### 確認における留意事項

　しつこく確認したり、子どもの考えや意見をゆがめたり、自分の考えを押し付けたり、誘導的な確認にならないように、基本的な原則や考え方をふまえ、子どもの指示や求めに基づき、確認をしてほしくないという確認を含めて、丁寧かつ慎重な確認をすることが必要である。

　パーフェクトな意見表明等支援などない。個々の子どもの being を尊重し、不完全な者が不完全な者と向き合い、共に生き育ち合いながら意見表明等支援をしていることを前提とするならば、確認という態度は自ずと生じてくるであろう。身についた自然な態度として、確認をとることができるようになることが大切なのである。


　ここまで述べてきたような原則や意見表明を支援する実行可能なあらゆる方法、技術、態度などによって、障害のある子どもの声なき声を含め、その声を聴き尊重することが求められているのである。

### ◆引用・参考文献

ダリンブル、ジェーン．（2013）．平野裕二（訳）．子どもアドボカシーのジレンマと対処方法．堀正嗣（編著）．子どもアドボカシー実践講座．解放出版社．

堀正嗣（編著）．（2011）．イギリスの子どもアドボカシー――その政策と実践．明石書店．

こども家庭庁．（2023）．意見表明等支援員の養成のためのガイドライン――意見表明等支援員の養成に向けた研修を行うために．

三菱 UFJ リサーチ＆コンサルティング．（2019）．子どもの権利擁護に新たに取り組む自治体にとって参考となるガイドラインに関する調査研究．https://www.murc.jp/wp-content/uploads/2019/04/koukai_190426_13.pdf

三菱 UFJ リサーチ＆コンサルティング．（2020）．アドボケイト制度の構築に関する調査研究 報告書．https://www.murc.jp/wp-content/uploads/2020/04/koukai_200427_7_1.pdf

三菱 UFJ リサーチ＆コンサルティング．（2023）．アドボケイト（意見・意向表明支援）における研修プログラム策定及び好事例収集のための調査研究．https://www.murc.jp/wp-content/uploads/2023/04/koukai_230413_06.pdf

みずほリサーチ＆テクノロジーズ．（2023a）．権利擁護スタートアップマニュアル作成に関する調査研究．https://www.cfa.go.jp/assets/contents/node/basic_page/field_ref_resources/7bbba95c-5cbf-4767-af55-67acd3408fc5/36a5101a/policies_jidougyakutai_Revised-Child-Welfare-ActResearch_01.pdf

みずほリサーチ＆テクノロジーズ．（2023b）．障害児入所施設及び障害児通所支援事業所を利用する障害のある子どもの権利擁護の在り方に関する調査研究．https://www.mizuho-rt.co.jp/case/research/pdf/r04shogai2022_03.pdf

NPO 法人全国子どもアドボカシー協議会.（2024）. 子どもアドボカシー活動の手引き.
　　https://drive.google.com/file/d/1QhKAZ-yp2iIGiO2_sl6Z_tgkuv3wHsWs/view
大分県・大分大学権利擁護教育研究センター.（2024）. 意見表明等支援員の活動の手引き
　　Ver.1.　https://www.fwhs.oita-u.ac.jp/daigakuin/wp-content/uploads/2024/07/f81416bf3ef8
　　50ba9e6366e7b3dad2e2.pdf
WAG. (2009). A guide to the model for delivering advocacy services for children and young
　　people.

# 第6章

# こどもまんなか社会と
# 障害児施策について

有村大士

## はじめに

　2023（令和5）年度にこども家庭庁が発足した。筆者は、図らずも、その発足とともに設置されたこども家庭審議会基本政策部会、幼児期までのこどもの育ち部会の構成委員となり、併せて障害児支援部会の部会長となった。

　筆者は、ボランティアから福祉の領域に進み、こうした国の動きに何とか貢献したいという思いがあり、意義を感じて、いただいたお役目を引き受けた。引き受けたのは良いが、一方で焦りも覚えた。自分なりには悩みながら、そして時には無力感にさいなまれながらも、一つずつの発言を慎重に考えてきたつもりではある。会議で発言した内容が、それでよかったのか、あるいはこれが足りなかったのではないか、発言すべき内容が他にあったのではないか、表現や言葉遣いを間違ってしまったのではないかと自分自身を責めることも多い。一方、失敗しても、何があっても、その時求められることを考え続けるのも自分の役割だと思っている。幸い、こども家庭審議会は、秋田喜代美部会長のもと、"こどもまんなか社会"の当事者である若者も含めて、参加者のさまざまな議論により、温かい雰囲気のもとで進められている。

　何を発言するか悩むなかで、後押しになったのは、これまで直接教えを請うた先生方の声、そしてさまざまな領域を切り開いてきた先駆者からの学びだった。また、直接ヒントになったのは、自分自身が子どもと共に児童発達支援や放課後等デイサービスを利用させてもらった経験、学校をはじめお世話になったさまざまな人々、当事者も含めた学生たちとの日々の積み重ね、そして子ど

もの友人のご家庭や研究で出会った当事者の皆様の声であった。

　感謝の気持ちを込めて、本稿に向き合いたい。

　筆者自身が学びながら、支援論を再構築している最中であり、統合されていない議論となっている部分がある。もがいている筆者自身の姿をお見せすることについて、お詫びを申し上げる。

## 1.　こどもまんなか社会をめぐる社会の動きと価値の再考

### (1) こども基本法とこども家庭庁、こども大綱

　「こども基本法」は 2022（令和 4）年に制定され、翌 2023（令和 5）年 4 月 1 日に施行された。これまで子どもの法律としては児童福祉法がその中心として存在したが、児童福祉法はそのままの形で存続しながら、児童福祉法では手の届かなかった青少年の支援なども視野に入れ、「こども」の定義が設定された。「こども」の定義を「心身の発達の過程にある者」（第二条）とし、18 歳までに限定せず概ね 20 代までを視野に入れて定義された。本法は「全てのこども」を対象とし、以下のような基本理念が示された。

　　（基本理念）第三条　こども施策は、次に掲げる事項を基本理念として行われなければならない。

　　一　全てのこどもについて、個人として尊重され、その基本的人権が保障されるとともに、差別的取扱いを受けることがないようにすること。

　　二　全てのこどもについて、適切に養育されること、その生活を保障されること、愛され保護されること、その健やかな成長及び発達並びにその自立が図られることその他の福祉に係る権利が等しく保障されるとともに、教育基本法（平成十八年法律第百二十号）の精神にのっとり教育を受ける機会が等しく与えられること。

　　三　全てのこどもについて、その年齢及び発達の程度に応じて、自己に直接関係する全ての事項に関して意見を表明する機会及び多様な社会的活動に参画する機会が確保されること。

　　四　全てのこどもについて、その年齢及び発達の程度に応じて、その意見が尊重され、その最善の利益が優先して考慮されること。

　　五　こどもの養育については、家庭を基本として行われ、父母その他の保
　　　　護者が第一義的責任を有するとの認識の下、これらの者に対してこども
　　　　の養育に関し十分な支援を行うとともに、家庭での養育が困難なこども
　　　　にはできる限り家庭と同様の養育環境を確保することにより、こどもが
　　　　心身ともに健やかに育成されるようにすること。
　　六　家庭や子育てに夢を持ち、子育てに伴う喜びを実感できる社会環境を
　　　　整備すること。

　こども基本法の施行とともに、子どもについての施策を中心となって取り扱
う「こども家庭庁」が設置され、同時に会議体としては法律または政令の定め
などにより、内閣総理大臣を長とする閣僚会議である「こども政策推進会議」
と、内閣総理大臣またはこども家庭庁長官の諮問に応じて重要事項を調査審議
することなどを目的として「こども家庭審議会」が設置された。

　2024（令和6）年10月現在、「こども家庭審議会」には、11の分科会、部会
が設置され、さらに13の委員会、専門委員会等が置かれている。各分科会に
おける議論とともに、国民や子どもから直接声を聴く「こども若者★いけんぷ
らす」などによる意見収集や反映を行うなどして答申案が作成され、2023（令
和5）年12月には今後5年間の施策の方向性を示す「こども大綱」に加え、
「幼児期までのこどもの育ちに係る基本的なビジョン（はじめの100か月の育ち
ビジョン）」、「こどもの居場所づくりに関する指針」が示された。また、2024
（令和6）年度には、各年度ごとの目標等を示す「こどもまんなか実行計画」が
初めて取りまとめられた。

## (2) 周縁化されることに対する恐れ

　こども家庭審議会に参加した当初、筆者が最も懸念したのは障害児支援の領
域が周縁化されてしまうことであった。特に子どもの成長や発達に関する議論
の際、障害のある子どもたちの育ちが「特別」なものとして扱われるのではな
いかという不安があり、発言も行った。子どもの育ちを段階的に想定した施策
のあり方には一定の意義がある。しかし、子どもの育ちを単純化することとも
捉えられ、個々の子どもたちの豊かな特徴や個性が失われる恐れも秘めている。
「子どもの育ち」の中心を定義することで、何らかの特徴を持つ子どもたちが

周縁化されてしまうことを恐れた[※1]。

　筆者は、障害のある子どもだけでなく、社会的養護を利用せざるを得なかった子ども、ひとり親家庭の子ども、多様な性を持つ子どもなど、これまで周縁化されがちだった子どもから学ぶことが、「こどもまんなか社会」のあり方を考える上で重要だと考える。これらの学びをいかに反映していくかは、今後もきわめて重要な課題だと認識している。

## (3) 尊厳と権利

　こども家庭審議会の一連の議論の中で、障害のある子どもたちの権利をありのままに捉えるために欠かせないのは、「権利」以前に「尊厳」というキーワードではないかと考えた。筆者は以下の 2 つの点において、改めて捉え直しが必要だと思った。

### ①障害のある子どもたちとその育ちや養育を支えていくために、権利だけで充分か

　そもそも権利はそれを認める人々や環境があって初めて成立する。人類は、これまでの歴史、あるいは悲惨な戦争の反省から、人権、そして子どもの権利の考え方を獲得してきた。人間、そして子どもの権利を世界が共通して守っていくために、国際連合において、国際人権規約（1966）や児童の権利に関する条約が作られ、各国が批准してきた。ただし障害児支援の領域では、まだまだ制度が行き届かないところが多い。こうしたなかで報酬にはならない部分への支援が大切だと考え、生み出そうと努力をしてきた実践者や市民は多い。一方で、サービスを受けるにあたっては、法律に書かれていない、規則にない、この事業には含まれていない、報酬にならない、という理由で対応されず権利が守られない場面があるのも事実である。　筆者は「『全てのこども』はこども」と考えていくためにも、社会全体で育むべき「権利」が何かについて、改めて「固有の尊厳」から捉え直す必要があると考える。

---

※1　周縁化、あるいは周縁化された集団とは、「支配的な文化集団によってほとんど重要視されていない相対的に無力な人々」を指す（Baker, 2014 をもとにした日本語訳）。

## ②尊厳は外から規定できるものだろうか

　日本においては、どちらかといえば外から見た尊厳が意識されているのではないか。たとえば「障害者虐待の防止、障害者の養護者に対する支援等に関する法律」、「高齢者虐待の防止、高齢者の養護者に対する支援等に関する法律」、「障害者の日常生活及び社会生活を総合的に支援するための法律」では、それぞれ第一条において、以下のように示されている。筆者が意図を充分理解しているとは言えないかもしれないが、特に、権利が主体的なものであるからには、その元となる尊厳も主体的なものであるべきではないか。特に高齢者虐待防止法については違和感を感じる。

　　**障害者虐待の防止、障害者の養護者に対する支援等に関する法律**
　　第一条　この法律は、障害者に対する虐待が障害者の尊厳を害するものであり、障害者の自立及び社会参加にとって障害者に対する虐待を防止することが極めて重要であること等に鑑み、（後略）

　　**高齢者虐待の防止、高齢者の養護者に対する支援等に関する法律**
　　第一条　この法律は、高齢者に対する虐待が深刻な状況にあり、高齢者の尊厳の保持にとって高齢者に対する虐待を防止することが極めて重要であること等にかんがみ、（後略）

　　**障害者の日常生活及び社会生活を総合的に支援するための法律**
　　第一条（前略）障害者及び障害児が基本的人権を享有する個人としての尊厳にふさわしい日常生活又は社会生活を営むことができるよう、（後略）

　先述のような違和感を持つ理由は、国際連合の規約や条約を比較するからである。国際連合等では、尊厳が一人ひとりに固有で、かつ内在的なものとして位置づけられているのに対し、国内法では少し幅があるように感じるのである。そして、やはり固有の尊厳があって、権利が語られなければならないのではないだろうか。これは後から触れる、「こども大綱」を検討する過程でも、強く感じたことである。

「経済的、社会的及び文化的権利に関する国際規約（A 規約）」の前文より

　　この規約の締約国は、

　　国際連合憲章において宣明された原則によれば、人類社会のすべての構成
　　員の固有の尊厳及び平等のかつ奪い得ない権利を認めることが世界におけ
　　る自由、正義及び平和の基礎をなすものであることを考慮し、

　　これらの権利が人間の固有の尊厳に由来することを認め、

　　世界人権宣言によれば、自由な人間は恐怖及び欠乏からの自由を享受する
　　ことであるとの理想は、すべての者がその市民的及び政治的権利とともに
　　経済的、社会的及び文化的権利を享有することのできる条件が作り出され
　　る場合に初めて達成されることになることを認め、

　　人権及び自由の普遍的な尊重及び遵守を助長すべき義務を国際連合憲章に
　　基づき諸国が負っていることを考慮し、

　　個人が、他人に対し及びその属する社会に対して義務を負うこと並びにこ
　　の規約において認められる権利の増進及び擁護のために努力する責任を有
　　することを認識して、

　　次のとおり協定する。

　また筆者は社会福祉士を始めとするソーシャルワーカーを養成する大学に勤
務している。現在のソーシャルワーカー養成の肝は、ソーシャルワーカーが持
つ価値を示し、世界で共通して教育、実践の基盤とされる『ソーシャルワーク
専門職のグローバル定義』にある。そこでは、原則において、以下のように示
されている。

　　The overarching principles of social work are respect for the inherent
　　worth and dignity of human beings, doing no harm, respect for diversity
　　and upholding human rights and social justice.
　　ソーシャルワークの大原則は、人間の内在的価値と尊厳の尊重、危害を加
　　えないこと、多様性の尊重、人権と社会正義の支持である。

　障害のある子どもたちを含む、すべての子どもたちの尊厳は、その本人のも
のである。どのような状況にあろうと、どのような障害があろうと、たとえ日
本の国籍があろうがなかろうが、生きている一人ひとりに内在的な価値があり、

そして尊厳がある。一人ひとりの子どもたちの、その一瞬一瞬の命の輝きを大切なものとして捉えていくために、もう一度、尊厳から捉え直していくことが必要ではないだろうか。

## （4）ウェルビーイング（well-being, wellbeing）

### ①身体 – 心理 – 環境（社会）

　2023（令和 5）年 12 月に閣議決定された「こども大綱」では、大綱が目指す「こどもまんなか社会」について、以下のように示された。

> 　「こどもまんなか社会」とは、全てのこども・若者が、日本国憲法、こども基本法及びこどもの権利条約の精神にのっとり、生涯にわたる人格形成の基礎を築き、自立した個人としてひとしく健やかに成長することができ、心身の状況、置かれている環境等にかかわらず、ひとしくその権利の擁護が図られ、身体的・精神的・社会的に将来にわたって幸せな状態（ウェルビーイング）で生活を送ることができる社会である。

### ②権利行使の主体としての子どものウェルビーイング

　日本の社会福祉領域において、ウェルビーイングという用語を先駆的に導入し、支援のあり方を語ってきたのは高橋重宏である。高橋は、ウェルフェアに対してのウェルビーイングを紹介し、吸引的、そして支援者主体の福祉から権利行使の主体としての当事者主体のサービスのあり方を提唱した。高橋は権利主体としての子どものウェルビーイングを考える際に、2 つの点を強調した。一つは権利が尊重されていることである。まず人として子どもとして尊重されることを強調した。2 点目は自己実現である。これは将来うまくいった、うまくいかなかったという話だけでは済まない。子どもたちが頑張ること、選択すること、取り組むことも含め、現在今この瞬間を自分らしく生きられているのか、その実感を持って生きられているかを自己実現と表現した。

### ③「幼児期までのこどもの育ちに係る基本的なビジョン（はじめの 100 か月の育ちビジョン）」におけるウェルビーイング

　「こども大綱」と同時にまとめられた「幼児期までのこどもの育ちに係る基本

的なビジョン」において、ウェルビーイングは、以下のようにまとめられた。

### 生涯にわたる身体的・精神的・社会的ウェルビーイングの向上
#### 「ウェルビーイング」の基本的な考え方

本ビジョンにおいては、全ての人で支えるべき「こどもの育ちの質」について、こども基本法の目指す、こどもの生涯にわたる幸福、すなわちウェルビーイングの考え方をふまえて整理した。この「ウェルビーイング」は、身体的・精神的・社会的（バイオサイコソーシャル）に幸せな状態にあることを指す。また、ウェルビーイングは、包括的な幸福として、短期的な幸福のみならず、生きがいや人生の意義など生涯にわたる持続的な幸福を含む。このようなウェルビーイングの向上を、権利行使の主体としてのこども自身が、主体的に実現していく視点が重要である。

なお、ウェルビーイングは、生涯にわたる全ての時期を通じて高めることが重要であり、こどもとともに育つおとなにとっても重要なものである。こどももおとなも含め、一人一人多様な個人のウェルビーイングの集合として、社会全体のウェルビーイング向上の実現を同時に目指すことが必要である。

また、障害のあるこどもたちの育ちについて、以下のように示している。

本ビジョンは、特別な支援や配慮を要するこどもであるか否かにかかわらず、どのような環境に生まれ育っても、また、心身・社会的にどのような状況にあっても、多様な全てのこども一人一人をひとしく対象としている。特に、障害児については、他のこどもと異なる特別なこどもと考えるべきではなく、一人一人多様な育ちがあるなかで個々のニーズに応じた丁寧な支援が必要なこどもと捉えることが大切であり、障害の有無で線引きせず、全てのこどもの多様な育ちに応じた支援ニーズの中で捉えるべきである。また、心身の状況にかかわらずひとしく育ちを保障するために、周囲の環境（社会）を整える視点も重要である。

# 2. 周縁化と社会的障壁

## （1）国連子どもの権利委員会の勧告から

### ①子どもの権利条約（児童の権利に関する条約）の役割

　これまで権利についてたびたび言及してきたにもかかわらず、肝心な「子どもの権利条約」にあまり触れてこなかった。「子どもの権利条約」はその第一部に示される、いわゆる4つの原則がよく紹介される。すなわち、①生命、生存及び発達に対する権利（命を守られ、成長できること）、②子どもの最善の利益（子どもにとって最も良いこと）、③子どもの意見の尊重（意見を表明し、参加できること）、④差別の禁止（差別のないこと）である（UNICEF, 1989）。その他にも、第一部では第1条から第41条まで、子どものさまざまな権利が示されている。

　加えて本条約の醍醐味は、動きがある生きた条約だということである。第二部では、各国がこの条約において負う義務の履行の達成に関する進捗の状況を審査するため「児童の権利に関する委員会」が設置され、各国は定期的に状況を報告しなければならない。さらに、国の報告だけでは実際の状況の把握が不十分なため、民間団体が各国の状況を委員会に報告する仕組みがあることも重要である。それらに基づく検討や対話によって、加盟している各国に対し、評価および改善すべき点などを示した勧告が示される。

### ②周縁化についての指摘

　日本政府からの第4回、5回政府報告に関する児童の権利に関する委員会の総括所見には、周縁化に関する次の指摘があった。

　パラ17
　（c）　周縁化された様々な集団に属する児童に対する社会的差別が根強く残っていること。
　パラ18
　（c）　アイヌを含む民族的少数者の児童、被差別部落出身の児童、韓国・朝鮮人（Korean）等の日本国籍以外の児童、移住労働者の児童、LGBTIの

　　児童，婚外子並びに障害児に対する実質的な差別を減らし，防止するために，意識啓発プログラム，キャンペーン及び人権教育を含む措置を強化すること。

　ここで言う「周縁化された集団」とは、先にも述べたように「支配的な文化集団によってほとんど重要視されていない相対的に無力な人々」である。この周縁化された集団に、障害のある子どもも含まれている。

### ③実質的差別を考える重み

　こども家庭審議会 基本政策部会（第7回）では、国連子どもの権利委員会で委員長も担った大谷美紀子弁護士からお話があった。YouTube にも公開されているので、是非ご覧いただきたい。子どもの権利条約の一般的実施措置と一般原則、また子どもの参画の重要性など、質疑応答も含めて、子どもの権利条約にどう向き合うのか、大きなヒントをいただいた（こども家庭庁, 2023）。

　大谷先生のお話で強調され、また筆者自身が改めてその重要性を認識したのが、実質的差別についてであった。人が他者に差別的な発言をしたとかしていないといったレベルではなく、社会の営みの結果として差が出てしまうことへの着目、つまり実質的差別問題の重要性が強調された。

　本書の第1部で取り扱った、障害のある子どもの死亡事例が、出生後だけでなく、幅広い年齢で発生していることも、障害のある子どもを育てる親が追い詰められているという実質的な差別として捉えていく必要もあるのではないか。そしてそれを生み出してしまっている、社会から親への過剰な責任論を、改めて認識していく必要があるのではないか。

## （2）周縁化が集積してしまう社会の中で

### ①障害のある子どもを育ててきた親の声から

　第I部の障害児死亡事例の分析と共に、厚生労働科学研究では、ペアレンティング・プログラムの作成、検証や当事者の声を聴き、整理を行った。この当事者の声からの学びを整理してご紹介したい。

　調査の対象は、かつて障害のある子どもを育てていた親御さんたち（その中には子ども虐待をしていた方も含まれる）で、現在は何らかの形で支援に加わっ

ている皆さんである。日本子ども虐待防止学会やさまざまな場所で、自分自身がどのような養育を受け、苦しみ、そして子どもに対してのどのように向き合ってきたのか、支援を受けて変わったのか、生き直すことができたのかについて紹介されている方々である。質的分析法にて、お話を整理したところ、4つの段階に整理できた。

　第1段階は支援につながるまでの段階、第2段階は、支援につながるがまだ支援者を信じることができていない段階、第3段階は、支援者を信じることができるようになり、さまざまなサポートを受け入れられるようになった段階、そして第4段階は、支援者として活動する段階であった。

### 第1段階

　第1段階では、自分自身の被虐待や不適切な養育を受けて育った経験などから、トラウマやPTSDなどがあった。また自己肯定感が低く、自分自身を信じることができない、パワレスな状況であった。そのため、DV等を受けても、このような自分自身だから仕方がないのだと感じ、なす術もなく現状に従い、「不幸」を受忍していた。また他者への不信感も強く、社会からも孤立し、自分自身が困っていても相談しない。顕在化・内在化した将来に対する不安がありながらも、他者に相談しても意味がないと感じており、相談の動機はなかった。しかしながら、DVや孤立、子どもの障害等によるニーズなどで問題が顕在化しやすい状況が生まれ、子どもへの不適切な養育や虐待も行っていた。そのような状況の中で、子どもに障害があることにより、支援につながる前の段階であった。

### 第2段階

　第2段階では、子どもの安全を確保しつつ、必要な支援が開始されていた。一方親御さんも、受容的に受けとめられる環境が整備されていた。親御さん自身は、受けとめられつつも、まだ支援者を信じることができない状況であった。顕在的、潜在的な過去への怒りと共に、自分への不信、パワレスは続いていた。受けとめられる環境があっても、社会や支援者への不信から、支援者を試すような行動も行っていた。その中で、受容的な環境、認められる環境の中で自分自身への気づきがある一方、変化できない、変化しづらい自分自身に葛藤するなどの、アンビバレントな状態も見られた。

### 第3段階

　第2段階を経て、第3段階は、支援者が信じられると確信し、変わっていく段階であった。本人に対しての、トラウマケアをはじめとするさまざまな治療的なプログラムやアプローチが行われていた。また、子どもに向き合うために、ペアレントトレーニングを中心としたプログラムが導入され、学校をはじめとする地域へのアプローチ、環境へのアプローチも行われていた。また、DVなどの被害に対する対応として、加害者から逃れるためのアプローチについての言及もあった。

　親御さん本人は、さまざまなプログラムを受けるなかで、自分自身の育ちについての文脈を理解し、自己覚知が進んでいた。それは自分自身への許しや、自分自身への「責め」からの解放につながっていた。また他者や子どもについて考える機会、考え直す機会があり、子どもも含め他者のために考えることで自身が認められる体験にもなっていた。同時に、自分だけでなく、他者も人として見る力を獲得し、子どもに謝罪を伝え、適切なパートナーシップへの移行も見られた。

### 第4段階

　最後の第4段階では、自己肯定感を一定程度回復し、どのような支援が自分自身に必要か、深い自己覚知が進んでいた。また、他者や支援を肯定的に受けとめ、受け入れるとともに、感謝を伝え、支援や他者と共存できる状態になった。加えて、子どもにも謝罪だけでなく感謝を伝えていた。そして支援者として他者へ思いを馳せる力を発揮していた。子育てや自分自身の育ちに痛みや困り感を持つ他者（利用者）に共感し、敏感なニーズキャッチ力を活かし、自分自身の当事者性を活かすことも含め、支援者、あるいは社会を変える役割を担っていた。

## ②支援のあり方についての再考

　第1段階から第4段階までを振り返り、改めて社会から障害のある子どもを育てる親への支援を再考する必要を感じる。児童福祉法、こども基本法では、子どもの養育の第一義的責任を親におき、国や自治体はそれを支援することが明記されている。しかしながら子どもを育てる親に、親としての義務を果たすことを求める一方、当事者が必要とする支援は十分に行われてきたとは言い難

いのではないか。ましてや障害のある子どもを育てる親は負担が大きいにもかかわらず、本人の支援のニーズに目を向けることなく、親役割を押しつけてきたのではないか。

　また、親への理解はどうだろう。他者に受け入れられることで、親自身も変化し、子どもを認められるように変わることができる可能性がある。にもかかわらず、子どもの障害に葛藤しながらも他者を信じることができない親が支援を受けないことに対して、親のせいにするだけで終わっていなかっただろうか。親が葛藤し、支援を受け入れるか否かも含め、迷い、葛藤している第1段階、第2段階の状態で、ただ問題のある親とだけアセスメントしていなかったか。子どもに人間的な対応をするよう親に求めながら、社会の側は親を人間的に認めていたのか、など考える材料は十分ある。

## （3）当事者と共にある支援、社会への変革の必要性

### ①インターセクショナリティと障害のある子どもと家庭の「もうひとつの声」

　親の声からは、ただ単に「障害のある子を育てる親」というだけでなく、さまざまなニーズを持つ可能性が示唆される。完璧な子育てなどなく、人は誰しも育ちの中で一つ、二つの不利益な状況を持つ。さまざまな要素、特に個別性が高い場合、さらにさまざまなニーズを持つインターセクショナリティな状態にある存在として捉えて、支援を行っていく必要があるのではないか。

　ジェンダーの領域で大きな影響を与えたキャロル・ギリガンは、著作『もうひとつの声で』（ギリガン, 2022）とそれに対する議論を受けた再分節化の中で、「なぜ男性の経験が人生の経験を意味してきたのかと問いかけただけではなく、その人間の経験を基に構築された理論が、いかに女性たちの生に影を投げかけ、女性たちから声を奪ってきたのかを明らかにしようとした」。また、「男性のライフサイクルの中で、女性に与えられた居場所は、養育者、ケア提供者、そして内助としてのそれであり」、「女性がケア関係に無関心であると、身勝手、自己中心的であると社会的に負の烙印を押されて、女性たちは強迫的にその役割を担わされてきた」（岡野, 2024）。日本において、「生活保障レジームは、男性稼ぎ主の安定雇用を実現しつつ、社会保障や福祉は退職後のための支出に集中し、家族支援は抑制するところに特徴があった」（宮本, 2017）ことの名残もある。障害のある子どもが生まれると、社会が、障害児の親という烙印を押し、

その責任を求め、成長することを義務づけてきた、そのような流れはなかった
だろうか。男性、女性の給与格差も大きいなかで、男性が働き、女性がケアを
する構図を強制的に求めていなかっただろうか。障害児の虐待死における加害
者は、第 1 部第 2 章で紹介したとおり、実母の割合が高く、心中において特に
高い状況は、この状況を裏付ける。また心中が家族全体というよりも、実母、
実父、祖父など、単独で行われていることから、女性だけでない、ケアを担っ
た人々が役割の限界に達した様子も見えるのではないか。

　障害児に対する虐待死の実態は、障害のある子どもを育て、追い詰められた
ケア者が、社会に対して発した「もう一つの声」なのではないのか。実質的な
差別を生み出しているのは私たち一人ひとりである。社会を構成する、私たち
が重く受けとめる必要があることは言うまでもない。

## ②一人ひとりの文脈からの学び

　フランスの哲学者、ファビエンス・ブルジェールは、『ケアの社会　個人を
支える政治』「第 2 章　個人を支えること」(2016) において、現代の個人主義
のパラドクスとして、個人がひとりで孤立して形成されないこと、そして複雑
化する社会の中で、個人が行動し、自己実現しようとするなら、他者から支え
られることを必要とする点を指摘した。また、個人主義の拡大は、最も脆弱な
人々への援助を困難にすることを指摘し、「第三の近代（モデルニテ：支えるこ
と）」の意味について整理した。また、第三の近代を実現するためには、当事
者の文脈に寄り添い、付き合い、同時に本人の力の発揮を妨げず、また尊重と
相互性に基づき「保護すること、あるいは付き合うこと」が必要であるとした。
そして、「支えること、すなわち承認すること」では、「支えは、承認と結びつ
いて」おり、「愛と友情の関係を超えて、また、法の権利を超えて、承認の社
会を形成する」ことにより、「個人や集団は、承認、すなわち他者からの尊重
を不可欠とする主体性を実現することができる」とした。また、「個人を支え
る政治の推進は、権利の問題と、主体の経験の問題との交叉を受け入れるこ
と」であり、「生きられた経験の平等の問題」を取り上げ、「この生きられた経
験が、共同体において平等に承認される」ことの重要性を指摘した（ブル
ジェール, 2016)。

　障害のある子ども、養育する親、支援者のそれぞれの文脈は、そもそも社会
の文脈だけでは語り得ない。それらの当事者の声から学び、平等に承認される

社会を作ることは重要である。

### ③社会の変革

　障害について、抑圧的な社会の産物として再検討を行った障害の社会モデルから、それを拡張した形でも捉えられ、抽象的なレベルでも、物質世界の側面の重要性の両方を捉える、批判的障害学などが生み出され、動きがある。その中でも、子ども虐待については、障害のある子どもが、当事者として意見を述べている論文もある。

　ソーシャルワークとしてはどうだろう。北島（2016）はMullalyの整理を参考に、①個人変革から②従来型、そして③革新的ソーシャルワーク実践へと移り変わる視点とアプローチを整理した。①個人変革のタイプでは、精神力動や行動変容、クライアント中心、臨床的、家族療法、ケースワーク、行動変容など、本人を変える取り組みを挙げた。続いて②従来型のソーシャルワークでは、生態学的モデルや生活モデル、ストレングス視点など、「環境の中の個人」を位置づけた個人変革、あるいは限定的な社会変革についての視点／アプローチを整理した。それに対して、比較的新しい③革新的なモデルでは、フェミニストソーシャルワーク、構造的ソーシャルワーク、反抑圧的ソーシャルワーク、批判的ポストモダンソーシャルワークといった、当事者と共に取り組み、根本的社会変革／変換を行うソーシャルワークを挙げた。

　ここまで述べてきたとおり、支援においても、これまでは当事者が力を発揮するための支援だけにとどまっていたのではないか。障害のある子どもを育てる親に変革を求めるだけではなかったか。周縁化された当事者の声が、当事者、あるいは当事者の集団として状況を捉え直し、社会を変革する力となる。そのためには、当事者を変革するのではなく、当事者と共に社会を変革する視点が重要となる。先述の「障害のある子どもを育ててきた親の声から」で示した第4段階は、他者のために力を尽くす当事者の姿が捉えられた。当事者をパワレスな存在として捉えるだけでなく、すべての子どもたちのウェルビーイングを補償できるための社会を構築すべく、子どもの支援、親支援を共に考えていきたい。

# おわりに

## （1）私たちに何ができるのか──今あるツールを再点検する

　2024（令和6）年7月には、児童発達支援ガイドライン等がまとめられた。その中では、子ども施策全体の基本理念がまず掲げられ、その上で障害児支援の基本理念として以下の5つが挙げられた。これまで本章で述べてきた要素の多くは、この基本理念に含まれている。

　これらの基本理念に基づいた支援と共に、簡単ではあるが、以下の2つの点を強調したい。

### ①当事者の文脈に沿った、支える支援

　障害児虐待の死亡事例分析では、さまざまな要素を持った当事者像が明らかになった。日々、子どもへのケアを積み重ねるなかで子どもと家庭が追い詰められないよう、必要な支援を整えていく必要がある。特に支援においては、障

表 2-6-1　障害児支援の基本理念（こども家庭庁，2024 より）

| （1）障害の特性をふまえたニーズに応じた発達支援の提供 | ・こどもの発達全般や障害の特性・行動の特性等を理解し、こどものウェルビーイングの向上につながるよう、必要な発達支援を提供すること。<br>・こどもの特性に合わない環境や不適切な働きかけにより二次障害が生じる場合があることを理解した上で支援を提供するとともに、こども自身が内在的に持つ力を発揮できるよう、エンパワメントを前提とした支援をすること。 |
|---|---|
| （2）合理的配慮の提供 | ・障害のあるこどもや保護者と対話を重ね、物理的な環境や意思疎通、ルールや慣行など、何が障害のあるこどもの活動を制限する社会的なバリアとなっているのか、また、それを取り除くために必要な対応はどのようなものがあるか、などについて検討していくこと。 |
| （3）家族支援の提供 | ・家族の支援にあたっても、こどもの支援と同様、家族のウェルビーイングの向上につながるよう取り組んでいくこと。家族自身が内在的に持つ力を発揮できるよう、エンパワメントを前提とした支援をすること。 |
| （4）地域社会への参加・包摂（インクルージョン）の推進 | ・障害児支援だけでなく、こども施策全体の中での連続性を意識し、こどもの育ちと個別のニーズを共に保障した上で、インクルージョン推進の観点を常に持ちながら、こどもや家族の意向もふまえ、保育所、認定こども園、幼稚園等の一般のこども施策との併行利用や移行に向けた支援や、地域で暮らす他のこどもとの交流などの取組を進めていくこと。 |
| （5）事業所や関係機関と連携した切れ目ない支援の提供 | ・こどものライフステージに沿って、地域の保健、医療、障害福祉、保育、教育、社会的養護、就労支援等の関係機関や障害当事者団体を含む関係者が連携を図り、切れ目のない一貫した支援を提供する体制の構築を図ること。 |

害のある子ども、あるいはその家庭の支援を、障害児だけでなく、一般施策も含めて支えていく重要性を示唆する。つまり、2024（令和6）年4月よりスタートした、市町村に設置されるこども家庭センター等において、ニーズに応じたサポートプランが作られていく必要があるのではないか。そのサポートプランは、子どもの障害や子育てについての悩みだけでなく、親の育った背景や生活歴、障害、家族関係等も含めてニーズキャッチを行い、家族が追い詰められないようつながり続け、支え続ける必要がある。その際のニーズキャッチは、支援者や社会の文脈ではなく、当事者の文脈で捉えるとともに、対話を基に作成される必要がある。そこには、当事者によるニーズキャッチも重要な役割を果たす可能性がある。

　2023（令和5）年2月に取りまとめられた障害福祉サービス報酬改定においては、障害児支援の領域でもピアサポートが加算されることになった。当事者でなければ理解できない文脈を支援の中に取り入れていくためには、当事者との連携も含めて、ピアサポート加算などをしっかり活用できる状況も作りたい。個人主義の前提において孤立する親を開き、必要な支援につなげていくためにも重要である。

### ②障害のある子どもと家庭を支える地域づくり

　2022（令和4）年に改正され、2024年度に施行された改正児童福祉法では、児童発達支援センターが地域における障害児支援の中核的機能を担うこととされた。児童発達支援ガイドラインによれば、児童発達支援センターがつながるのは他の児童発達支援事業所や、自立支援協議会の子ども部会等に留まらず、こども家庭センターや児童相談所、放課後等デイサービス事業所、学校、保育所や幼稚園、医療機関、市町村等と連携する必要が示された。

## (2) こども家庭審議会における「こども大綱」（答申案）の検討過程から

　閣議決定された「こども大綱」からは、外されることとなったが、こども家庭審議会において検討した最終案では、「おわりに」という章があった。そこでは、「こども・若者は、一人一人がとても大切な存在である。全てのこども・若者が自分らしく健やかに幸せに成長できるように、社会全体で支えていくことが重要である。」と冒頭に示された。また、中盤においては、次のよう

な文言が盛り込まれていた。

> 「こどもまんなか社会」の実現のためには、こども・若者や子育てに対する優しい眼差しが、属性や世代の垣根を越えて、我が国社会の隅々まで行き渡ることが重要である。すなわち、国民全体の理解と行動が不可欠であり、こども、若者、子育て当事者、ニーズのある当事者に配慮することで、全ての国民が生きやすい社会となる。

障害のある子どもたちを含め、周縁化された状況にある子どもたちや家庭に光が当たることにより、すべての子どもたちにとっての「こどもまんなか社会」を実現することを、改めて強調したい。

### ◆引用文献

Barker, R. L.（2014）. The Social Work Dictionary. NASW Press.

ブルジェール，ファビエンヌ．原山哲・山下りえ子・阿部又一郎（訳）．（2016）．ケアの社会——個人を支える政治. 風間書房.

ギリガン，キャロル．川本隆史・山辺恵理子・米典子（訳）．（2022）．もうひとつの声で——心理学の理論とケアの倫理. 風行社.

北島英治．（2016）．グローバルスタンダードにもとづくソーシャルワーク・プラクテイス——価値と理論. ミネルヴァ書房.

こども家庭庁．（2024）．児童発達支援ガイドライン（令和6年7月）（詳細版①）. https://www.cfa.go.jp/assets/contents/node/basic_page/field_ref_resources/32675809-3f98-486b-9c03-efc695ede0bb/3889dfba/20240710_policies_shougaijishien_shisaku_06.pdf

こども家庭庁．こども家庭審議会．（2023）．基本政策部会（第7回）. https://www.cfa.go.jp/councils/shingikai/kihon_seisaku/0BIQadgF/

国際人権規約．（1966）. https://www.mofa.go.jp/mofaj/gaiko/kiyaku/2b_001.html

宮本太郎．（2017）．生活保障のレジームと少子化——日本型レジーム再編の方向. 医療と社会, 27（1）, 99-109.

岡野八代．（2024）．ケアの倫理——フェミニズムの政治思想. 岩波書店.

UNICEF.（1989）．子どもの権利条約. https://www.unicef.or.jp/crc/

# あとがき

2016年のことになるが、神奈川県の障害者支援施設「津久井やまゆり園」で、元職員の男性が刃物を持って侵入し、入所者43名、職員3名が刺されるなどして19名が死亡、27名が負傷するという事件が発生し、社会を震撼させた。

本事件については、その後「津久井やまゆり園事件検証委員会」が立ち上げられ、事件発生までの経緯、対応のあり方などを記載した詳細な報告書が出されているが[※1]、その中に、「障がい者への偏見や差別的思考の排除」という項目がある。そこでは次のように指摘されていた。

> 「利用者が安心して暮らすことのできる場所であるはずのこの施設において、元職員であった被疑者が夜間に侵入して、多くの利用者を殺傷したというこの事件は、その事実だけでも社会に大きな衝撃を与えた。さらに、被疑者が『障がい者はいなくなった方がいい』といった差別的思考を持って事件を引き起こしたと伝えられたことから、障がい者やその家族、施設で働く職員、関係団体をはじめ多くの人々に、言いようもない衝撃と不安を与えた。加えて、事件の発生以降、被疑者の差別的な思考に同調する意見なども散見されることから、この事件をきっかけに、社会の中で障がい者に対する差別や偏見が助長されるのではないかと強く懸念されている」

本書では、第1部で障害児の虐待死を取り上げたが、そのほとんどは、保護者が孤立し、支援の手が届かないなかで養育に疲れ、追い詰められた末の事件

---

※1　津久井やまゆり園事件検証委員会（2016）『津久井やまゆり園事件検証報告書』

だった。一方、「津久井やまゆり園事件」は、露骨な障害者差別が事件を誘発したもので、本書で取り上げた事例とは大きく異なっている。だが、こうした差別意識はまだまだ根強く、最近も、同じ神奈川県内の障害者施設で起きた虐待に関する報道に接して、同じような懸念を感じることとなった。第三者委員会の調査によると、この施設では 2014、2015 年頃から 2023 年までの間に、元職員を含む職員 9 人による計 38 件の行為について、障害者虐待防止法に抵触する恐れがあったとされ、「腹部をボクサーのように何度も殴る」「頭をスマホやゴムハンマーでたたく」「自慰行為を強要する」などが横行していたという。

厚生労働省によると、障害者福祉施設従事者等による障害者虐待は、2022 年度に 4,104 件通告され、そのうち虐待と判断された件数は 956 件に上り、障害者を雇用する事業主や職場の上司など、いわゆる「使用者」による障害者への虐待も、1,230 事業所で通告があり、虐待と判断されたもの 430 件だったという[2]。しかも 2023 年度は、同 1,512 事業所、447 件となっていて[3]前年度より増加している。

本書発刊の 2024 年は、「障害者の権利宣言」が第 30 回国連総会（1975 年）で採択されてからちょうど半世紀、日本が 1994 年に「子どもの権利条約」を批准して 30 年の節目の年に当たっている。にもかかわらず、障害児者に対する虐待は後を絶たない。つまり、「権利がある」と声高に叫んだからといって権利が守られるわけではなく、その内容を社会に定着させるためには不断の努力が不可欠なのである。加えて言えば、「障害者の権利宣言」や「子どもの権利条約」を周知するだけでは足りず、それらを実現するための制度、施策の充実があって初めて、こうした権利は内実を伴うのではないだろうか。

障害児の虐待死というのは大変重いテーマであり、出版することについても逡巡したのだが、福村出版の宮下社長の後押しがあって決意し、編集を担当された松元美恵さんの尽力があって日の目を見ることとなった。この場を借りて深く御礼申したい。また、虐待死を防ぐために何をすればいいのか、分からな

---

※2 厚生労働省（2023）「令和 4 年度都道府県・市区町村における障害者虐待事例への対応状況等（調査結果）」

※3 厚生労働省（2024）「令和 5 年度使用者による障害者虐待の状況等」

いことばかりだったが、第 2 部の原稿が届くたびに種々のヒントを得ることができ、希望を見出すこともできた。改めて執筆を快く引き受けていただいた方々に、心より感謝したい。

　なお、第 1 部は、川﨑二三彦・相澤林太郎『2019 ～ 2022 年度 障害児の虐待死に関する研究』（子どもの虹情報研修センター, 2023）を、本書発刊に際して大幅に加筆、修正したものだが、この報告書自体、もともと以下の研究の分担研究として執筆したものを、許可を得てまとめたものである。

　第 1 章は、令和元年度厚生労働省障害者総合福祉推進事業「障害児虐待等についての実態把握と虐待予防に関する家族支援の在り方、障害児通所 事業所・障害児入所施設における事故検証について」（研究実施団体、一般社団法人日本子ども虐待防止学会）、第 2 章は、令和 3 年度厚生労働科学研究費補助金 疾病・障害対策研究分野 障害者政策総合研究「障害児（その疑い）の虐待予防のための研究」（研究代表者、有村大士日本社会事業大学社会福祉学部准教授）、第 3 章は、令和 4 年度厚生労働科学研究費補助金 疾病・障害対策研究分野 障害者政策総合研究「障害児（その疑い）の虐待予防のための研究」（研究代表者、有村大士日本社会事業大学社会福祉学部准教授）である（所属、職名等は当時）。

　こうした研究に参加する貴重な機会を与えていただいたことについても、伏して感謝の意を表したい。

川﨑二三彦

**編者**

- 川﨑二三彦（かわさき　ふみひこ）
  子どもの虹情報研修センター　センター長


**執筆者（執筆順）／執筆担当箇所**

- 川﨑二三彦／はじめに、第1部第1章、第3章（心中以外）、おわりに
- 相澤林太郎（あいざわ　りんたろう）／第1部第2章、第3章（心中部分）
  国立武蔵野学院
- 米山　明（よねやま　あきら）／第2部第1章
  全国療育相談センター　センター長
- 中田洋二郎（なかた　ようじろう）／第2部第2章
  立正大学　名誉教授
- 北川聡子（きたがわ　さとこ）／第2部第3章
  社会福祉法人麦の子会　理事長・総合施設長
- 江原伯陽（えばら　はくよう）／第2部第4章
  エバラこどもクリニック　院長
- 相澤　仁（あいざわ　まさし）／第2部第5章
  山梨県立大学・大分大学　特任教授
- 有村大士（ありむら　たいし）／第2部第6章
  日本社会事業大学社会福祉学部　教授

# 障害児の虐待死問題
### 事例の分析と障害児支援・家族支援

2024 年 12 月 15 日　初版第 1 刷発行

| | |
|---|---|
| 編著者 | 川﨑二三彦 |
| 発行者 | 宮下基幸 |
| 発行所 | 福村出版株式会社 |
| | 〒 104-0045　東京都中央区築地 4-12-2 |
| | 電話　03-6278-8508 ／ FAX　03-6278-8323 |
| | https://www.fukumura.co.jp |
| 装　　幀 | 臼井弘志（公和図書デザイン室） |
| 印　　刷 | 株式会社文化カラー印刷 |
| 製　　本 | 本間製本株式会社 |